はしがき

　本書は、「地方公共団体の財政の健全化に関する法律」成立直後の平成20年に発行した旧著『自治体財政健全化法』の全面改訂版です。前著は、新法成立後、できるだけ早く出版することをめざしましたので、法律の制定過程に多くの記述が割かれ、制度運用に関する記述は不十分でした。そこで、章立ても含めてすべて見直し、新著としました。法施行以来、10年間の運用過程で明らかになったさまざまな技術的な課題や、直近までの制度改正の内容を織り込んでいます。

　この法律は、地方財政制度を理解するうえで1つの技術的な壁になっています。そこでは、地方財政制度と会計学の両方の知識が求められるからです。それがなければ、財政指標の意味するところが理解できません。壁があることすら意識されていない可能性があります。また、法成立の経緯が制度に反映されているところもあります。それらの点を掘り下げることに、本書のねらいがあります。

　同法が制定された直後は、まったく新しい手続きが多数導入されましたので、自治体の担当者の関心も高まりましたが、施行後10年が経過すると、前年度の作業を踏襲するだけで、制度の意味を掘り下げて考えることは少なくなっている印象です。しかし、それではいけません。改めて、同法がどのような考え方で成り立っているのか、本書を手がかりにじっくりと考えていただきたいです。

　監査委員による健全化判断比率などの算定の審査についても同様です。前年度と同じ手続きで算定されていることを確認しただけで算定が適正、と判断している可能性があります。本当に、従来の算定が正しいのか、常に、法令に沿って点検することが必要です。健全化判断比率などの監査委員による審査は、この法律の運用の生命線です。監査が適正に行われているかの判断材料としても、本書を活用ください。

小西　砂千夫

目次

序章 自治体財政健全化法と地方債の安全性 …… 7

第1章 制度の枠組み …… 13

1 法制定の経緯
　——自治体財政の破綻を予防する制度として …… 14
2 「破綻」の定義をめぐって …… 15
3 旧再建法との比較 …… 16
4 制度の大枠 …… 18
5 監査の役割 …… 21
6 自治体財政健全化法に基づく財政健全化の仕組み …… 23

第2章 健全化判断比率等とその読み方 …… 27

1 対象となる会計区分 …… 28
2 健全化判断比率①——実質赤字比率 …… 32
3 健全化判断比率②——連結実質赤字比率 …… 33
4 一般会計等の赤字の意味 …… 35
5 資金不足＝財政運営の行き詰まりだが
　デフォルトにはならない …… 36
6 実質赤字比率における繰越範囲などの定義 …… 37
7 健全化判断比率③——実質公債費比率 …… 40
8 健全化判断比率④——将来負担比率 …… 43
9 公営企業の経営健全化基準である資金不足比率 …… 58
10 早期健全化と財政再生基準、
　経営健全化基準の設定 …… 61
11 早期健全化基準と財政再生基準のあり方 …… 64
12 早期健全化団体でなければ健全なのか …… 68
13 健全化判断比率4指標の関係 …… 70
14 解消可能資金不足の意義 …… 72
15 都市計画税の実質公債費比率と
　将来負担比率への反映 …… 75
16 自治体財政健全化法の見直し …… 76
17 国等に対する寄附禁止の緩和 …… 77

第3章　算定と監査 …… 79

1 健全化判断比率の算定における注意事項
　　——「Q&A」から …… 80
2 監査の役割の重要性 …… 98
3 議会への報告や指標の公表 …… 107

第4章　早期健全化・再生規定 …… 113

1 財政の早期健全化となったときにどうなるのか …… 114
2 財政の再生となったときにどうなるのか …… 117
3 経営健全化となったときにどうなるのか …… 127
4 財政の早期健全化等で注意すべきこと …… 129
5 財政健全化計画の実際 …… 135
6 監査委員の役割と個別外部監査のあり方 …… 136

第5章　債務調整の是非 …… 139

1 債務調整という問いかけ …… 140
2 竹中総務大臣の「地方分権21世紀ビジョン懇談会」 …… 143
3 いわゆる"再生型破綻法制"の整備 …… 144
4 債務調整の導入の是非をめぐる議論 …… 145
5 甘受すべき自治体のガバナンスに対する批判 …… 147
6 地方財政制度の機能 …… 149
7 デトロイト市の破綻の教訓 …… 152

第6章　夕張市の財政再生 …… 155

1 夕張市の事例の特異性 …… 156
2 財政破綻の経緯 …… 157
3 財政再建計画・財政再生計画の策定 …… 159
4 財政再生計画の見直しとリスタート …… 161

第7章 ▶ 自治体財政健全化法以降の諸改革
― 第三セクター等・公会計・地方公営企業 ― ……………… 165
 1 健全化が進む自治体財政 …………………………… 166
 2 第三セクター等の破綻処理 ………………………… 169
 3 地方公会計の推進 …………………………………… 173
 4 地方公営企業改革 …………………………………… 181

終章 ▶ 自治体財政健全化法と自治体の財政運営 ……………… 187

資料
 1 財政健全化計画の策定等に当たっての留意事項について ……………………………………… 192
 2 財政再生計画の策定等に当たっての留意事項について ……………………………………… 198
 3 第2号様式　財政健全化計画（長野県王滝村）……… 207
 4 財政健全化計画書（青森県大鰐町）………………… 210
 5 財政健全化計画完了報告書（青森県大鰐町）……… 223
 6 地方公共団体の財政の健全化に関する法律による個別外部監査の実施に係る質疑応答 ……………… 230
 7 第8号様式　財政再生計画書（北海道夕張市）……… 235

序章 自治体財政健全化法と地方債の安全性

総務省のホームページで「地方債の安全性」の欄をみると、次のように書かれています。

地方債の安全を守る仕組み（概観）
地方債の元利金は、以下の仕組みのもと確実に償還され、BIS規制の標準的な手法におけるリスクウェイトは0%とされています。
1　地方債の元利償還に対する国の財源の確保
○自らの課税権に基づいて地方税収入を確保
○地方財政計画の歳出に公債費（地方債の元利償還金）を計上
○公債費を含めた歳出総額と歳入総額が均衡するよう地方交付税の総額を確保
○地方交付税の算定において標準的な財政需要額（基準財政需要額）に地方債の元利償還金の一部を算入
→　地方債の元利償還に必要な財源を国が保障
2　早期是正措置としての起債許可制度
○実質公債費比率が18％以上の地方公共団体に対する起債制限
○赤字団体への起債制限
→　個々の地方公共団体が地方債の元利償還に支障を来さないよう、地方債の発行を事前に制限
3　「地方公共団体の財政の健全化に関する法律」の施行
○財政指標の公表による情報開示の徹底
○財政指標が早期健全化基準以上となった団体について自主的な改善努力に基づく財政健全化
○財政指標が財政再生基準以上となった団体について国等が関与した財政再生

すなわち、1で地方債の元利償還金である公債費にかかる財源をマクロ（地方財政計画）で保障しつつミクロ（個別団体）でも一部については地方交付税によって財源保障することで、地方債の償還財源を、枠組みとして国が保障する仕組みがあるとしています。それがいわば前提条件となります。ついで、2では、個別団体でみて、財政状況が悪化している団体に対し、地方債の返済が困難になるほどの悪化を未然に防ぐために、地方債のさらなる発行を制限するとしています。そして、3では「地方公共団体の財政の健全化に関する法律」（本書では自治体財政健全化法）によって、財政状況を開示しつつ、一定以上に財政状況が悪化すれば自主的な財

政健全化を図る法律上の規定を発動し、さらに悪化が進めば、国が関与して強制的に財政健全化を図る法律上の規定を発動させるとしています。そのことによって、地方債の安全性は保たれるというわけです。

　つまり、自治体財政健全化法は、地方債が確実に償還されるための最後の砦と位置づけられています。なぜ、確実に償還されるかといえば、それは、一種の同義語反復ですが、法律の規定に基づき、確実に返済するように財政健全化の手続きを強いるからということです。

　そうなると、そこで真に問題になるのは、「本当に返済できるか」ではありません。強制的に財政再建過程を適用する法律上の引き金（財政指標の設定値）が、「財政再建を最優先する予算を組む限り、地方債の償還は可能」という水準以内に設定されているかが最重要となります。併せて、その財政指標が抜け穴だらけで操作可能なものではないことも要件です。自治体が確信犯で虚偽の数値を報告することも回避できなければなりません。この３つが、自治体財政健全化法の生命線です。

　自治体財政健全化法は平成19年に成立し、20年度決算から本格適用となりました。旧来の自治体の財政再建法制である地方財政再建促進特別措置法を廃止して、新しい法律として制定されたものです。そのねらいは、まさにその３つについて、旧法では対応できなかったところを大幅に見直すところにありました。その結果、自治体財政健全化法を最後の砦として、地方債の安全性は守られているといえます。

　地方債は、国が肩代わりするとはうたわれていませんが、返済は問題なく行われることから、「暗黙の政府保証」があるなどといわれます。いざとなれば、国が明に暗に乗り出して、なんとかするというイメージでしょうか。しかし、そのようなものは存在しません。あるのは、自治体財政健全化法などの法律上の仕組みです。

　地方債の安全性を担保する３つの条件の内容を正しく理解するには、一定の制度的・法律的な知識が必要です。地方債という金融商品を取り扱う金融関係者に、それを求めるのはなかなかたいへんなことです。暗黙の政府保証があるという理解は正確ではありませんが、地方債の償還確実性という結果が大切ですので、誤解をしていること自体は問題とはなりません。

しかし、自治体の関係者はけっして誤解をしてはいけません。地方債が償還確実なのは、本当に財政状況が悪くなったときに、国が特別なサポートをしてくれるからではなく、あくまで自力再建であって、最終的には厳しい財政再建規定に従うことを強いられるからです。いいかえれば、自分で借りた金は最後の1円まで自力で返済するということです。

　したがって、自治体財政健全化法は、少なくとも自治体のモラルハザードを誘うことはありません。その一方で、財政状況を悪化させた責任が当該団体にあるとしても、国が自治体の財政再建に関与するのは強権発動が過ぎるのではないかという批判はあり得ます。それはつまり、自治体財政健全化法における強制的に財政再建過程を適用する法律上の引き金（財政指標の設定値）が、十分自力で再建できる範囲であってはならないということです。そうだとすれば過剰介入だからです。つまり、もはや自力再建が危ういけれども、財政再建を最優先する予算編成に転換すれば、自力再建が可能な状態に引き戻すことができる水準に設定しなければならない、ということです。

　では、なぜ自力返済にこだわる必要があるのでしょうか。理由は2つあります。1つは、本質的に自治体は民間の活動を支援することはあっても、自らがその阻害要因となってはいけない、ということです。これはいわば本源的性格とでもいうものです。自治体が破綻をすれば金融や経済は混乱し、個人や地域経済の活動に重大な影響を与えます。それは許されません。もう1つは、どこか特定の自治体が財政破綻をすれば、他の自治体でも同じことが起きるのではないかと受け止められ、関係のない自治体までもリスクありとして、金利が上昇する懸念があることです。つまり、特定の自治体が他の自治体に迷惑をかけることはあってはなりません。自治体は一種の共同体を形成しているからです。法と秩序を守るという本源的な性格から派生することとして、自治体同士が協力し合って迷惑をかけないことが求められます。

　法的な枠組みで地方債の安全性を守る際に、残された問題は、貸し手のモラルハザードは放置していいのかということです。自治体からの借入の申し入れに対して、不適法で適債性のない借入かもしれないと感じていても、返済確実性があるならば貸してしまえ、と金融機関が判断するのはモ

ラルハザードといえるからです。それを回避するには、債権放棄を一部であっても課すべきという論理はあり得ます。もっとも論理的にはあり得ても、本当にそれをすることが、一体どれほどの社会的なメリットがあるのかを考えれば、それをすべきとはとてもいえません。

　以上が、自治体財政健全化法に係るコアとなる論理であり、考え方です。それに同意するならば、残りの問題は、本当にそのねらい通り機能させるには、どのように制度設計すべきかの技術的な諸課題と、自治体財政健全化法の運用と他の制度との整合性などの政策論となります。以下で、順にそれを検討していきますが、特に技術論はなかなか難しいところがあります。抽象論ではなく、実務に係るだけに困難は大きいです。自治体財政健全化法は施行後、一度、小幅に改正されましたが、それは制度のねらいが変わったのではなく、ねらい通りに機能させるための見直しとしてのものでした。今後も制度の手直しが必要になることは十分予想されます。また、技術的に困難を伴うだけに、全国の自治体のすべてで正しく運用されることも容易なことではありません。それらは常に大きな課題です。

　自治体財政健全化法は、地方財政に係る秩序を守っています。その意味で重要なものです。普段はその働きがみえない方が望ましい。みえるときは危機が訪れたときだからです。また、みえないだけに、意識的にその機能を十分に理解する必要があります。本書では、同法が制定された過程を振り返りながら、その機能と効果を説明し、制度理解に資するように努めます。

　第1章から第4章は、実務編ともいうべき内容で、制度運営にあたる自治体の担当者を含めた制度の基本を理解したい読者に向けた解説としました。第5章から第7章までは、いわば政策編として、債務調整の是非、唯一の再生団体である夕張市の再建、第三セクター改革や地方公会計、地方公営企業改革などの関連する制度運営を取り上げ、終章では健全な財政運営のうえで留意すべきことに触れています。政策企画を指向する読者に向けて書かれた部分です。

　自治体財政健全化法については、制度解説の参考となる資料はあまりあ

りませんが、次の2つは是非参照してください。
・三橋一彦「地方公共団体の財政の健全化に関する法律」『地方財務』2007年8月号
・平嶋彰英「地方公共団体財政健全化法成立から三年を経て〜制度設計を振り返り、影響を検証する〜」『地方財政』2010年7月号

第1章

制度の枠組み

1 法制定の経緯──自治体財政の破綻を予防する制度として

　平成19年6月、自治体財政健全化法が成立した当時、バブル崩壊後の金融危機の激動の時代を経て、不良債権処理が進められ、金融機関の再編が大きく進んでいました。その一方で、第三セクターの経営悪化や土地開発公社の保有する土地で大きな含み損を抱えるなど、自治体はみえにくい赤字や負債を抱えていました。自治体財政健全化法という呼び方も、金融機関の再生のための仕組みを連想させるところがありました。法制度の検討を進めているさなかに、夕張市が一般財源の数倍にもあたる赤字を抱えて、準用再建団体に適用された件も大きく報道されました。それを契機に、多くの自治体の財政が悪化しているという話が飛び交うようになりました。ついに自治体も破綻し、連続して倒産する時代に入ったのかという雰囲気も漂いました。

　しかし、この法律のねらいは、破綻させるための手続き法ではありません。自治体は民間企業以上に、破綻すると、その社会的影響は大きいものがあります（国家財政が破綻してしまうと国民経済全体が致命的な影響を受けます）。同法は、自治体の財政破綻を回避する手段であり、新たに予防措置を設けるなど、万全を期そうとしました。新しい法律でしたので、当初はいくつかの自治体が不幸にも予防的措置である「財政の早期健全化」の規定の適用を受けましたが、それも程なく「健全段階」の状態になりました。本格的な健全過程である「財政の再生」の過程を踏んでいるのは、唯一、夕張市だけです。この法律ができたことで、制度によほど大きな抜け穴がない限り、よしんば財政状況が悪化して「財政の早期健全化」になったとしても、そこからさらに悪化して、「財政の再生」の適用を受ける自治体は、今後はないはずです。

　このように、自治体の破綻を防ぐうえで自治体財政健全化法は画期的な意味を持っています。しかし、それだけに技術的には常に難しい課題を抱えています。平成28年度から運用面の見直しをしましたが、今後も、そのような必要が生じる可能性があります。

2 「破綻」の定義をめぐって

　破綻という言葉は、直感的に訴えるものがありますが、法律上の用語ではなく明確な定義がありませんので、多様な意味で使われていることに注意が必要です。一般的には、何らかの意味で、地方債の償還などの支出ができなくなって、貸し手に対して債務の減免やリスケジュール（償還期間を基本的に延長する方向での見直し）をすることを指します。それらは一般的に債務調整と呼ばれます。

　一方、夕張市は、地方財政再建促進特別措置法（以下、旧再建法と略す）の枠組みの下で、準用再建団体の指定を受けて、国の管理下で財政再建を開始し、その後、自治体財政健全化法の「財政の再生」の適用を改めて受けることとなりました。夕張市は、準用再建団体に指定されたことを、自ら「破綻」と呼んでいます。国の監督下で財政運営をしなければならなくなったという意味で破綻には違いありませんが、債務調整をしたかといえば、地方債の償還に支障を来したわけではありません。一時借入金の金利負担なども行っています。金融機関への金利や元本の償還が一部でもできなくなる、あるいは延期されるという意味でのいわゆるデフォルト（債務不履行）は起こしていません。住民サービスは一部で引き下げられ、小・中学校はそれぞれ1校に統合されましたが、すべて廃校になったわけでも、住民票の発行ができなくなったわけでもありません。住民サービスへの影響はぎりぎりのところで食い止められています。

　政府ではなく、格付け会社は、それぞれ独自に破綻を定義しています。そのなかで、夕張市を破綻したとみなしていない会社もあります。一方、破綻したと認定している格付け会社は、北海道が夕張市に貸し付けた資金の金利について、道が一部減免したなどを根拠に破綻とみなしています。

　いずれにしても、本書では、破綻とは債務調整を行うことを指すとみなします。その場合、自治体財政健全化法は、自治体を破綻させないで、財政の健全化を促す法的枠組みであるとなります。一方、破綻しなくても、自治体財政健全化法で、財政運営に行き詰まり自力で再生が難しい状態に陥ったと認定され財政再生団体になると、きわめて厳格な再生スキームが

適用されます。その結果、財政運営は厳しい状態に陥ります。破綻していなくても、債務を減免してもらったり肩代わりしてもらったりすることはなく、救済されるわけではないことに注意が必要です。

3 旧再建法との比較

　自治体財政健全化法は、旧再建法を実に52年ぶりに改正したものです。旧再建法は昭和30年の法律ですし、その当時に赤字になった団体に対する法制度でした。その後、財政状況が悪化し、赤字比率が一定基準を超えると、旧再建法の規定の一部を準用するというかたちをとってきました。それに対して、自治体財政健全化法は、期限を切って適用する法律ではありません。

　旧再建法以来、この50年間の地方財政制度を取り巻く環境は、劇的なほど大きく変化しています。昭和30年代と比較して、地方財政がカバーしている行政分野や内容、予算の規模も当時では考えられないほど変わりましたし、資金調達面では地方債制度の多様化が進みました。また、その間に工業団地の造成や住宅開発、再開発事業、観光事業などの地域開発系の事業も膨らみましたし、公社や出資法人、第三セクターなどの手法が拡大してきました。そしてバブル崩壊によって、開発財政の失敗による財政負担が自治体を苦しめる結果となりました。それに伴って、自治体財政の再生に必要な考え方や、予防措置も変わらなければなりません。旧再建法は、その点でいくつかの難点がありました。

　一般会計だけを対象にしていたので、下水道や病院などの公営企業会計の経営悪化や、第三セクターや土地開発公社等（以下「第三セクター等」という）の行き詰まりに伴う自治体の財政負担が、財政指標に直接反映されていませんでした。そのため、再建制度発動のトリガー（引き金）が効かないという問題が生じます。また、決算報告や財政指標の算定に対する監査の体制も不備でした。夕張市の財政悪化には、それらがすべて関係しており、旧再建法の枠組みの不備が浮き彫りになる結果となりました。そうした制度の不備を全面的に見直すこととしました。

旧再建法の見直しにあたっては、1つの問題提起がされました。いわば次のようなストーリーです。「自治体は再建制度に守られているので、財政悪化を起こしても借金返済ができないということがない。そのために財政悪化を起こしても大丈夫という親方日の丸体質が生まれている。その状態を根こそぎ変えるためには、自治体にも破綻制度を導入すべきではないか。そうなれば、貸し手である金融機関は自治体向けの債権の回収が完全にできない可能性が出てくるので、貸すに際して自治体財政に対して厳しい目が向けられるようになる。貸し渋りが進めば、自治体は資金繰りが容易にできない状態が生まれるので、自治体は嫌でも健全化をしなければならない状態に追い込まれる。それが最大の財政再建を促す政策ではないか」というわけです。

　こういった、いわば市場主義的な制度改革の提言は、自治体の財政再生スキームに限らず、自治体健全化法の検討が始まった当時の小泉純一郎内閣では、内閣主導の諸政策に共通した発想であり、その方向で再建制度を見直すことも相当深く検討されました。しかし、最終的には、破綻の要素を抜いた財政再建制度とされました。その方が、社会的に望ましいという政策判断からでした。なぜ、破綻させない方が望ましいのか、いいかえれば、国が関与してでもあくまで自力再建が望ましいのか、については第5章で取り上げることとします。

　短く述べれば、旧再建法も自治体財政健全化法であっても、金融機関が自治体向け債権の貸し倒れに陥ることがないことは同じですが、そのことと自治体が親方日の丸体質に陥って、財政放漫化を怖がらなくなることとは明らかに別の問題です。夕張市は、現在、たいへんな思いをして巨額の負債の返済を続けていますが、その姿をみれば、自治体は自分がつくった負債や赤字は、最後まで自力で返済しなければならないことは明らかです。法制定当時に、破綻制度の導入を支持する意見があったのは、序章で述べた「暗黙の政府保証」などという思い込みの議論がされたことと、そもそも一部の自治体が、地方債が安全債券であるという説明に対して、国が保護してくれるといった誤った感覚を持っていたことがあります。「自治体は破綻しない」は「国が自治体を保護してくれる」ではなく、「自力再建させる法的枠組みを国が自治体に強制適用する」ということです。

4 制度の大枠

　図1−1は、自治体財政健全化法の制度の枠組みを示しています。同法は第1条で目的を「この法律は、地方公共団体の財政の健全性に関する比率の公表の制度を設け、当該比率に応じて、地方公共団体が財政の早期健全化及び財政の再生並びに公営企業の経営の健全化を図るための計画を策定する制度を定めるとともに、当該計画の実施の促進を図るための行財政上の措置を講ずることにより、地方公共団体の財政の健全化に資すること」と定めています。

　ついで、第2条では4つの財政指標である実質赤字比率、連結実質赤字比率（全会計の実質赤字等の標準財政規模に対する比率）、実質公債費比率、将来負担比率（公営企業、出資法人等を含めた普通会計の実質的負債の標準財政規模に対する比率）を定義しています。4つのうち、連結実質赤字比率と将来負担比率は、同法によって新しく導入された財政指標です。それによって、一般会計等以外の特別会計の資金不足や、地方公営企業や第三セクターなどの負債のうち、一般会計等が実質的に負担することが予定されている額が捕捉されることとなりました。これが旧再建法とのいちばんの違いです。

　将来負担比率は、元利償還金ではなく、地方債残高を問題にしたという意味で初めてのストック指標と説明されます。実質公債費比率は負債の重さを公債費やそれに準じる準公債費で量るフロー指標であるのに対して、将来負担比率は負債の重さを残高で量るのでストック指標です。一方、実質赤字比率や連結実質赤字比率の「赤字」は、マイナスの繰越金なので、実はフローではなくストック概念です。実質赤字比率は以前からあった（ストック）指標ですから、将来負担比率は新たなストック指標といいますが、厳密にいうと初めてではありません。このように一種の誤用ではありますが、実質赤字比率や連結実質赤字比率は、自治体財政健全化法の解説ではフロー指標と呼ばれていることに注意が必要です。

　その4つの指標で、自治体（都道府県、市町村および特別区、自治体財政健全化法では特に特別区を含むことに注意）を「健全段階」「財政の早

図1-1 自治体財政健全化法の制度の枠組み

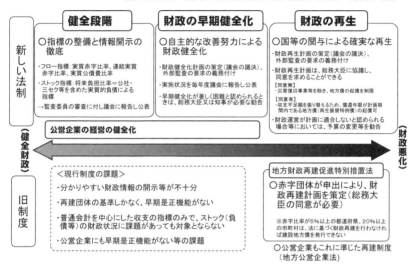

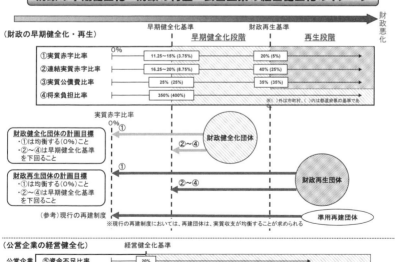

出所:総務省ホームページ

期健全化」、「財政の再生」の3つに区分し、「財政の早期健全化」や「財政の再生」になった場合には、法が定めるそれぞれの手続きに従って財政健全化が促されます。また、それと並行して、地方公営企業についても経営健全化のスキームを設け、財政の早期健全化に準じた手続きで健全化が促されます。

　この4つの指標をまとめて健全化判断比率と呼びます。4つの指標のうちのどれか1つでも早期健全化基準以上になれば財政の早期健全化となり、財政再生基準以上になれば財政の再生とされ、それぞれ、「財政健全化団体」「財政再生団体」と呼ばれます。もっとも将来負担比率は再生段階には適用されず、どれほど比率が悪化しても早期健全化段階までです。また公営企業の経営の健全化は早期健全化までです。

　図1-1をみると、いちばん左が青信号（ゴー）、真ん中が黄色信号（注意）、右が赤信号（ストップ）のかたちで並んでいます。サッカーの試合にたとえて、真ん中をイエロー・カード、右をレッド・カードと呼んだりします。赤信号はおろか、黄色信号でも自治体財政健全化法の枠組みに沿って財政健全化の過程を経なければなりませんので、自治体はそれを回避する努力をしなければなりません。また公営企業が単独で経営健全化になっても、健全化のための過程を踏むことが必要となります。それはけっして容易なことではありません。

　ここで重要なことは、イエロー・カードをもらってしまった自治体で、さらに財政状況が悪化して「財政の再生」に陥ることが現実的に許されるかということです。財政の早期健全化となった段階で、すでに法律の枠組みによって、健全化の過程を踏むことが義務づけられています。議会が財政再建の過程を監視することとなります。計画上は、期限を切って、赤字をなくすか負債を償還して、健全化判断比率を下げることとしています。そうしたなかで、さらに財政状況が悪化することは、議会の責任において認めることはできません。したがって、自治体財政健全化法では、財政の早期健全化になっても、早期是正措置が機能することで、財政の再生に陥ることを未然に防ぐことが想定されています。

5 監査の役割

　自治体財政健全化法第3条第1項では「地方公共団体の長は、毎年度、前年度の決算の提出を受けた後、速やかに、実質赤字比率、連結実質赤字比率、実質公債費比率及び将来負担比率（以下「健全化判断比率」という。）並びにその算定の基礎となる事項を記載した書類を監査委員の審査に付し、その意見を付けて当該健全化判断比率を議会に報告するとともに、当該健全化判断比率を公表しなければならない」とし、第22条第1項では「公営企業を経営する地方公共団体の長は、毎年度、当該公営企業の前年度の決算の提出を受けた後、速やかに、資金不足比率及びその算定の基礎となる事項を記載した書類を監査委員の審査に付し、その意見を付けて当該資金不足比率を議会に報告し、かつ、当該資金不足比率を公表しなければならない」としています。つまり、健全化判断比率や資金不足比率については議会に報告し、また公表しなければならず、その際には監査委員の審査に付して、間違いなく算定されているかどうかのチェックを受ける必要があります。

　なお、決算を承認する議会を12月の定例議会に設定しているところなどがありますが（最近は前倒しして9月議会にするところも増えています）、監査委員の審査による健全化判断比率の公表にあたっては、決算の議会承認を必要としていませんので、公表時期に合わせて、決算審議を行う議会の開催を早める必要はありません。

　ただし、自治体財政健全化法の「財政健全化計画の実施状況の報告等」を定めた第6条第1項には「財政健全化計画を定めている地方公共団体（以下「財政健全化団体」という。）の長は、毎年9月30日までに、前年度における決算との関係を明らかにした財政健全化計画の実施状況を議会に報告し、かつ、これを公表するとともに、都道府県及び指定都市の長にあっては総務大臣に、市町村及び特別区の長にあっては都道府県知事に当該財政健全化計画の実施状況を報告しなければならない。この場合において、当該報告を受けた都道府県知事は、速やかに、その要旨を総務大臣に報告しなければならない」とあり、「財政再生計画の実施状況の報告等」

を定めた第18条第１項では「財政再生団体の長は、毎年９月30日までに、前年度における決算との関係を明らかにした財政再生計画の実施状況を議会に報告し、かつ、これを公表するとともに、総務大臣に（市町村及び特別区の長にあっては、都道府県知事を経由して総務大臣に）当該財政再生計画の実施状況を報告しなければならない」とされています。したがって、財政健全化団体や財政再生団体では、９月30日という期限が決まっているので、決算の調製についてはそれに間に合わせる必要があります。

自治体財政健全化法の制度設計に対して、夕張問題の及ぼした影響は大きなものがあります。自治体の財政再建のための法制度を改めるべきという発想は、夕張問題が表面化する前から政治的に問題提起されていたものですので、夕張問題がきっかけではありませんが、検討過程で夕張問題が表面化したこともあって、夕張問題の再発防止という観点も、制度設計における重要な課題となりました。

自治体の財政収支の比率や財政指標は、当然、これまでも公表されてきました。健全化判断比率の１つである実質赤字比率は、従来の財政指標の実質収支比率と事実上同じものです（厳密には少し定義が異なります）が、夕張市の場合には、不適切あるいは不透明な決算処理によって、黒字という決算報告がされていたにもかかわらず、実際には事実上、多額の資金不足を抱え込んでいました。そうしたことを防止するために、自治体財政健全化法では監査委員の審査に付したうえで公表することになりました。

自治体における議会による決算のチェックや監査委員による決算審査は、執行部である首長部局の暴走を避け、健全性や決算報告の正確性が担保されるなどの機能が期待されているものであり、民主主義におけるガバナンスの基本のようなものです。自治体財政健全化法では、そうした基本的な枠組みを働かせようとしています。その一方で、自治体の監査は、形骸化して十分働いていないのではないかというような批判がありました。夕張市でも残念ながら監査のチェック機能は働いたとはいえません。

もっとも、自治体財政健全化法以前は、自治体の監査では、民間企業のように、決算の数値そのものの信憑性を「職業的懐疑心をもって監査する」というような考え方はほとんどありませんでした。そこでいう職業的懐疑心とは、専門的知識をもった者が、虚偽記載の可能性があることを前

提に監査を行うことであり、監査人の専門性と独立性が前提になります。特に監査委員が2名の市町村では、議員1人と自治体出身者が1人の構成となり、監査事務局の職員が自治体職員であることから、独立した存在とはいえず、業務への万全の専門性を有していることは期待できないという問題があります。財務関連の監査では例月現金出納検査、定期監査、決算審査の3つの業務が行われるのですが、多くの自治体では決算報告が正しいかどうかという決算審査に重点が置かれるのではなく、税金等の公金が法令等に則って、適正に事務処理が行われているかどうかの定期監査に重点が置かれています。そこでは、個別の支出のあり方（入札手続きがルール通りに執行されているか、領収書等の添付があるか、目的に照らして適切な支出といえるかなど）がもっぱら問題視されてきました。

しかし、自治体財政健全化法は、監査部門にそれ以前とは異なる責任を求めました。監査部門の役割は飛躍的に大きくなりました。具体的には、第3章で述べます。

健全化判断比率が、早期健全化または再生の基準を超えたときには、個別外部監査の要求が義務づけられています。従来の監査委員による監査のほかに、公認会計士や税理士等による包括外部監査が都道府県や政令指定都市、中核市で義務づけられ、毎年度、実施されています。それに対して、健全化判断比率が基準を超えたときの外部監査は個別外部監査であり、財政健全化計画や財政再生計画、後に述べる公営企業の経営健全化計画の策定時に、基本的に1回に限って行われます。その際の個別外部監査契約に基づく監査に要する経費については、従来から特別交付税の算定対象とされています。

6 自治体財政健全化法に基づく財政健全化の仕組み

自治体は、健全化判断比率を監査委員の審査に付したうえで議会に報告し、公表しなければなりません。健全化判断比率のうちのいずれかが早期健全化基準以上の場合には、財政の早期健全化に該当します。

健全化判断比率のうちのいずれかが早期健全化基準以上の場合には、先

に図1-1で示したように、財政健全化団体として、自治体財政健全化法に基づいて財政健全化計画を定めなければなりません。同計画は、議会の議決を経て定め、速やかに公表するものとされています。財政健全化団体は、毎年度、同計画の実施状況を議会に報告し、公表することとされています。また、これらについては、総務大臣・都道府県知事への報告、総務大臣・都道府県知事による公表が義務づけられています。このように、財政健全化団体は議会の監視の下で、議会の議決を得た財政健全化計画の進捗管理が行われることで、確実に財政再建が進められることがめざされています。財政健全化計画の実施状況を踏まえ、財政の早期健全化が著しく困難であると認められるときは、総務大臣又は都道府県知事は、必要な勧告をすることができるとされています。

　財政状況が悪化した場合に、まず、財政健全化団体として自主的に財政健全化をめざすことから、早期健全化の仕組みと位置づけられています（さらに、その前段には、地方財政法に基づく主として実質公債費比率をトリガーにした起債制限の仕組みがあります）。

　ついで、財政の再生の場合です。図1-1で示したように、健全化判断比率のうち将来負担比率を除く3指標である再生判断比率のいずれかが財政再生基準以上の場合には、財政再生団体となって、自治体財政健全化法に基づいて財政再生計画を定めなければなりません。財政再生計画は、議会の議決を経て定め、速やかに公表するとともに、総務大臣に協議し、その同意を求めることができるとされています。もっとも、再生判断比率のうちのいずれかが財政再生基準以上である地方公共団体は、財政再生計画に総務大臣の同意を得ている場合でなければ、災害復旧事業等を除き、地方債の起債ができません。

　つまり、財政再生計画を総務大臣と協議し同意を得ることは任意ですが、同意がなければ地方債の発行ができないので、通常の場合、財政運営に大きく支障を来すこととなり、事実上、総務大臣との協議をせざるを得ません。総務大臣は、自治体財政健全化法の趣旨に照らして、財政再建を最優先する財政再生計画であるかどうかなどを勘案して同意をします。総務大臣協議を任意にしているのは、財政再生団体になっても、地方債を原則発行せずに自力で再建できる余地が皆無ではないからです（1年間だけ

大幅な赤字が発生し、次年度には確実に解消されるなどの極端な例が想定されますが、現実にはまずありません)。また、その場合でも、財政再生計画の策定、議会の議決、公表までは義務づけられます。

　以上の枠組みを通じて、財政再生団体は、総務大臣の監視の下で財政健全化を計画的に進めることとなります。なお、財政再生計画を定めている地方公共団体(財政再生団体)は、毎年度、その実施状況を議会に報告し公表することや、これらについて総務大臣への報告、総務大臣による公表が義務づけられていることは、早期健全化の場合と同様です。

　財政再生計画に同意を得た財政再生団体は、収支不足額を振り替えるため、赤字債の発行を禁止している地方財政法第5条の規定の例外として、総務大臣の許可を受けて、償還年限が財政再生計画の計画期間内である地方債(再生振替特例債)を起こすことができます。再生振替特例債が発行できなければ、資金不足は、年度を越えた一時借入金の借換を続けることとなります。資金調達の事務が発生することと、金利の変動があれば計画的な財政再生に支障を来しますので、再生振替特例債の発行は、円滑な財政再建に資するものです。

　また、財政再生団体の財政の運営が計画に適合しないと認められる場合等においては、総務大臣は、予算の変更等必要な措置を勧告できるとされています。この勧告は、法令上のものですので、一定の強制力があります(地方自治法第245条の4に規定する勧告であるので、従うべき法的義務までは生じません)。総務大臣が同意した計画の範囲で財政再建が進むようにすることで、進捗管理が図られる仕組みです。国や他の地方公共団体は、再生振替特例債の資金に対する配慮等、財政再生計画の円滑な実施について適切な配慮を行うと法に定められています。ちなみに、唯一の財政再生団体である夕張市の再生振替特例債は、政府資金によって調達されています。

　なお、健全化判断比率のうちのいずれかが早期健全化基準以上となった場合等には、既述のように、自治体の長は個別外部監査契約に基づく監査を求めなければならないとされています。

　ついで、地方公営企業の経営の健全化については次のような枠組みに沿って行われます。地方公営企業を経営する自治体は、毎年度、公営企業ご

とに資金不足比率を監査委員の審査に付したうえで議会に報告し、公表することになります。もしも経営健全化指標の資金不足比率が20％以上となった場合には、財政健全化団体になった場合に準じる扱いとして、個別外部監査契約に基づく外部監査を求め、議会の議決を得て経営健全化計画を定めなければなりません。経営健全化計画は公表され、毎年度、その実施状況を議会に報告し公表することが求められます。早期健全化が著しく困難であると認められるときは、総務大臣または都道府県知事から勧告を受けることも同じです。経営健全化計画には、財政健全化計画と同じ内容のものとして、①資金不足比率が経営健全化基準以上となった要因の分析、②計画期間、③経営の健全化の基本方針、④資金不足比率を経営健全化基準未満とするための方策、⑤各年度ごとの上記方策に係る収入および支出に関する計画、⑥各年度ごとの資金不足比率の見通し、⑦その他、経営の健全化に必要な事項、を盛り込まなければなりません。

第2章
健全化判断比率等とその読み方

1 対象となる会計区分

　健全化判断比率とはどのようなものかを理解するうえで、まず、重要なのは、それぞれが対象としている会計の違いです。自治体では、一般会計と特別会計があって、さらに、特別会計のなかで地方公営企業法の法適用（発生主義会計で経理）をしているものとそうでないものの3つに区分されます。その場合、特別会計を設けて区分経理することが法令上で求められているものを除けば、一般会計に含めるか特別会計を設けるかは、自治体の任意とされています。たとえば、地方債の償還を一般会計から切り離して特別会計で経理をしている例もあります。そのために、自治体の一般会計は、対象が異なるので、厳密にいえば比較ができません。

　そこで、全国一律の区分として、普通会計とそれ以外の公営事業会計として、総務省に対する報告義務を課しています。したがって、自治体は決算結果を普通会計と公営事業会計に組み替えて、報告しなければなりません。図2－1は、横浜市の例を示しています。横浜市では、一般会計のほか、16の特別会計と、7つの公営企業会計（法適用）で区分経理を行っています。特別会計のうち、図中で（a）と表記した勤労者福祉共済事業費会計、母子父子寡婦福祉資金会計、新墓園事業費会計、公害被害者救済事業費会計、公共事業用地費会計、市債金会計、みどり保全創造事業費会計の7事業会計は、総務省の区分では普通会計に属します。そこで、一般会計にこれらの7事業会計を連結したものを普通会計として報告しています。地方財政状況調査（決算統計と呼ばれます）やその概略である決算カードなどの資料は、この普通会計ベースで作成されています。

　横浜市の特別会計のうち、残る9事業のなかで、図中で（b）風力発電事業費会計、港湾整備事業費会計、中央卸売市場費会計、中央と畜場費会計、市街地開発事業費会計、自動車駐車場事業費会計の6事業は法非適用の公営企業会計であり、残る社会保険にかかる国民健康保険事業費会計、後期高齢者医療事業費会計、介護保険事業費会計の3会計（図中で（c）と表記）は公営事業会計のうちの公営企業会計以外の部分となります。横浜市における法非適用の公営企業会計は先にあげた6事業であり、そのほ

かに法適用企業として、図中で（d）と表記した水道事業会計、工業用水道事業会計、自動車事業会計、高速鉄道事業会計、病院事業会計（以上は地方公営企業法の当然適用、病院事業は財務規定のみ当然適用）、埋立事業会計、下水道事業会計（以上は任意適用）の７事業があります。

平成27年度の時点で、横浜市では、市の区分としての一般会計、特別会

図２－１　一般会計と普通会計の例

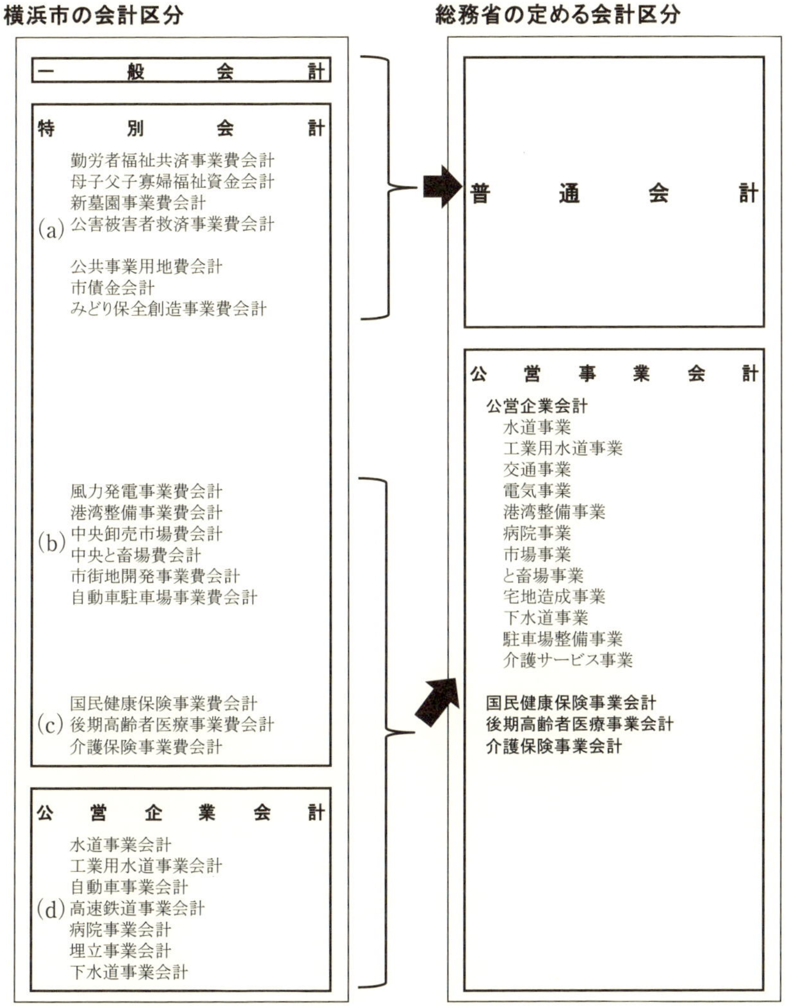

横浜市の会計区分

一　般　会　計

特　別　会　計
(a)
- 勤労者福祉共済事業費会計
- 母子父子寡婦福祉資金会計
- 新墓園事業費会計
- 公害被害者救済事業費会計

- 公共事業用地費会計
- 市債金会計
- みどり保全創造事業費会計

(b)
- 風力発電事業費会計
- 港湾整備事業費会計
- 中央卸売市場費会計
- 中央と畜場費会計
- 市街地開発事業費会計
- 自動車駐車場事業費会計

(c)
- 国民健康保険事業費会計
- 後期高齢者医療事業費会計
- 介護保険事業費会計

公　営　企　業　会　計
(d)
- 水道事業会計
- 工業用水道事業会計
- 自動車事業会計
- 高速鉄道事業会計
- 病院事業会計
- 埋立事業会計
- 下水道事業会計

総務省の定める会計区分

普　通　会　計

公　営　事　業　会　計

公営企業会計
- 水道事業
- 工業用水道事業
- 交通事業
- 電気事業
- 港湾整備事業
- 病院事業
- 市場事業
- と畜場事業
- 宅地造成事業
- 下水道事業
- 駐車場整備事業
- 介護サービス事業

国民健康保険事業会計
後期高齢者医療事業会計
介護保険事業会計

出所：『横浜市の財政状況』（平成27年度）、19ページ

第２章　健全化判断比率等とその読み方

計、公営企業会計を、総務省が定める普通会計と公営事業会計（公営企業会計とその他）に区分する際に、１つの特別会計を普通会計分と公営企業分に分割して、後者を「想定企業会計」として作成するような事例はありませんが、自治体ごとの特別会計等の設置状況に応じて、そのようなことを行う必要がある場合もあります。

　さて、図２－２は、健全化判断比率の対象を示したものです。図２－１において、健全化判断比率の１つである実質赤字比率の対象会計である一般会計等は、横浜市の例でいえば、普通会計に一致し、一般会計等に図２－１の（a）で示した７事業を加えたものです。図２－２の①は、横浜市の場合、図２－１の（a）に対応しています。一方、旧制度である地方財政再建促進特別措置法では、実質赤字比率の対象会計は、自治体財政健全化法よりも広いですが、その差である②は収益事業会計と公立大学付属病院事業（横浜市には該当会計がない）などに加え、(b) の１つである自

図２－２

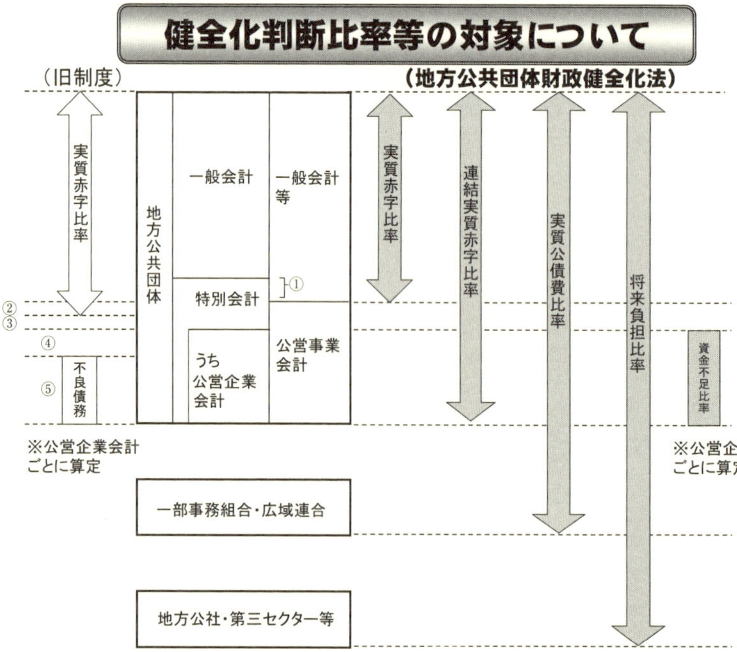

健全化判断比率等の対象について

（旧制度）　　　　　　　　　　　　　　　（地方公共団体財政健全化法）

動車駐車場事業費会計です。図2－2の③は、図2－1では（c）の社会保険3会計にあたります。図2－2の④は公営企業会計の当然適用を除いた会計にあたりますので、図2－1では（b）から自動車駐車場事業費会計を除き、（d）のうち埋立事業会計と下水道事業会計を加えたものとなります。

　一方、地方公営企業の会計ごとに算定される不良債務は、改正前の地方公営企業法では当然適用の6事業と財務規定が適用される病院事業が対象であるのに対して、自治体財政健全化法においては、資金不足比率を算定して単体で健全化の規定が適用される地方公営企業の範囲は大きく広がっています。図2－2の④は、政令で定める地方公営企業とされており、図2－1では基本的に（b）に該当しますが、自動車駐車場事業費会計は対象外です。

　横浜市の場合には想定企業会計を設ける必要がないことはすでに述べましたが、自治体財政健全化法の一般会計等では、現実に法的に存在している会計を単位に算定するために、想定企業会計を算定しません。主たる事業を行うのがどちらであるかに応じて、一般会計等に含めるか、公営事業会計とするかを判断することとなります。想定企業会計の算定をしていない理由としては、自治体財政健全化法では、決算に基づいて監査が行われることがあります。その場合、決算の対象となる現存する会計をベースにした財政指標とする方が自然です。もしも想定企業会計を導入すると、按分計算の適切さが問われますので、監査委員は按分の妥当性について判断が必要となります。現実に監査をすることを考えると、判断をしなくてもよいとする方がより適正な審査がしやすくなります。

　また、図2－2で示したように、実質公債費比率は公債費に準じる性格を持った準公債費も対象となっており、一部事務組合や広域連合への負担金のうち、公債費に準じる部分が含まれています。一方、土地開発公社や第三セクターなどのうち、一般会計で負担することが予定されている債務保証や損失補償は、将来負担比率において地方債に準じるものとして取り扱われます。

2 健全化判断比率①──実質赤字比率

　実質赤字比率は、一般会計等を対象とした実質赤字の標準財政規模に対する比率であり、その算定式は

$$実質赤字比率 = \frac{一般会計等の実質赤字額}{標準財政規模}$$

です。

　ここでいう一般会計等は、一般会計および特別会計のうち、次の①～③以外のものを指します。
①地方公営企業法第2条の適用企業に係る特別会計
　→水道事業（簡易水道事業を除く）、工業用水道事業、軌道事業、自動車運送事業、鉄道事業、電気事業、ガス事業、病院事業
②地方財政法第6条の公営企業に係る特別会計（地方財政法施行令第46条に定める事業）のうち、①以外のもの
　→水道事業、工業用水道事業、交通事業、電気事業、ガス事業、簡易水道事業、港湾整備事業（埋立事業並びに荷役機械、上屋、倉庫、貯木場及び船舶の離着岸を補助するための船舶を使用させる事業に限る）、病院事業、市場事業、と畜場事業、観光施設事業、宅地造成事業、公共下水道事業
③上記①及び②に掲げるもののほか、政令で定めるもの
　→国民健康保険事業、介護保険事業、後期高齢者医療事業、老人保健医療事業（平成23年3月31日まで）、農業共済事業、介護サービス事業、駐車場事業、交通災害共済事業、公営競技に関する事業、公立の大学又は大学の医学部若しくは歯学部に附属する病院に関する事業及び有料道路事業に係る特別会計

　次に、実質赤字額は次のように定義されます。

$$実質赤字額 = 繰上充用額 + （支払繰延額 + 事業繰越額）$$

ここでいう繰上充用額は、「歳入不足のため、翌年度歳入を繰り上げて充用した額」であり、形式赤字＋（継続費の逓次繰越額＋繰越明許費繰越額＋事故繰越額－未収入特定財源）と定義されます。また、支払繰延額は「実質上歳入不足のため、支払を翌年度に繰り延べた額」、事業繰越額は「実質上歳入不足のため、事業を繰り越した額」です。

　なお、実質赤字比率をはじめ健全化判断比率の分母は標準財政規模ですが、その定義は「地方財政法第5条の4第1項第2号に規定する標準的な規模の収入の額として政令で定めるところにより算定した額（地方財政法施行令（昭和23年政令第267号）附則第12条第2項の規定により臨時財政対策債発行可能額を含む）」です。具体的には、地方税（都市計画税などの目的税の一部を除く）＋普通交付税＋地方譲与税＋交通安全対策特別交付金＋臨時財政対策債発行可能額であり、厳密な定義ではありませんが、特別交付税を除く一般財源の総額と考えればいいでしょう。直感的にいえば「自治体が標準的な状態で通常収入が見込まれる一般財源の規模」と説明されています。自治体間の赤字の相対的な大きさを比較するには、標準財政規模を分母にして比率にするのが適当です。

3　健全化判断比率②——連結実質赤字比率

　連結実質赤字比率の「連結」とは、一般会計等だけでなく発生主義会計方式を採る公営企業会計を含む全会計の資金不足額の純計として定義されています。「連結」と呼んでいますが、民間企業における連結決算とは異なり、あくまで現金主義会計における資金不足額を把握しようとしたものです。すなわち、連結実質赤字比率とは、全会計を対象とした実質赤字（または資金の不足額）の標準財政規模に対する比率であり、その算定式は

$$連結実質赤字比率 = \frac{連結実質赤字額}{標準財政規模}$$

です。

　連結実質赤字額は、次の①および②の合計額が、③および④の合計額を

超える場合、その当該超える額とされます。
① 一般会計および公営企業（地方公営企業法適用企業・非適用企業）以外の特別会計のうち、実質赤字を生じた会計の実質赤字の合計額
② 公営企業の特別会計のうち、資金の不足額を生じた会計の資金の不足額の合計額
③ 一般会計および公営企業会計以外の特別会計のうち、実質黒字を生じた会計の実質黒字の合計額
④ 公営企業の特別会計のうち、資金の剰余額を生じた会計の資金の剰余額の合計額

なお、地方公営企業法適用企業の資金の不足額および資金の剰余額の算定にあたっては、一般会計等と法適用企業に係る特別会計との会計方式の違いにより生じる負債または資産の計上額の重複を防ぐために、一定の負債または資産の額を、控除することとしています。また、実質黒字は、次のように定義されます。

実質黒字額＝歳入（繰上充用額、支払繰延額および事業繰越額を除く）が歳出を超える場合の当該超える額

もっとも、発生主義会計による決算書を作成する公営企業会計では、実質収支というかたちで資金不足を求めることはできません。そこで、

流動負債＋建設改良費以外の経費に係る地方債の現在高－流動資産

を資金不足とみなしています（資金不足の額を公営企業会計特有の用語として不良債務と呼んでいます）。

建設改良費等以外の経費の財源に充てた地方債のうち、経常収支が黒字の企業が発行した地方債で客観的に解消可能と認められるもののほか、法定計画の策定に基づいて許可された退職手当債やそれに準じて取り扱うことができる地方債（未稼働資産等整理債等）の残高については、自治体財政健全化法上の資金不足額から控除されます。公立病院改革のガイドラインのなかに盛り込まれた公立病院特例債なども控除対象となります。

すべての会計の資金不足の純計を測るのが連結実質赤字比率ですが、この指標が必要になったのは、いうまでもなく、一般会計の資金不足だけに

注目していたのでは、一部の自治体で、特別会計へ繰り出すべき繰出金を意図的に抑制し、そこで資金不足を発生させることで一般会計の黒字を確保するなどの動きがあったからです。一方、下水道事業や地下鉄事業などは、相当大きな設備が必要であり、それにかかる地方債の償還期間を長期にしても、減価償却期間よりもなお短いといった事業の場合には、地方債の償還が進み、事業が成熟段階に入るまでは、ある程度の資金不足は生じてもやむを得ないところがあります。仮に、成熟段階前に資金不足が出ないならば、受益者負担が必要以上に大きくなるとともに、地方債の償還が終わると、一転して相当額の資金余剰が生じることになります。したがって、その場合には、資金不足が出ているとしても、事業の性格によってはやむを得ないものもあります。そこで、そうした事業の資金不足は、連結する際に何らかのかたちで斟酌する必要があります。自治体財政健全化法では、解消可能資金不足額という考え方で、実際の資金不足額から、やむを得ない額を控除する考え方をとります。その点は、後に詳しく述べます。

4 一般会計等の赤字の意味

　一般会計等と地方公営企業法が適用されていない特別会計は現金主義会計、地方公営企業法が適用されている公営企業は発生主義会計です。発生主義会計の赤字と現金主義会計の赤字はまったく意味が異なります。発生主義会計の赤字とは、当期の収益で当期のコストが回収できず利益が出なかった場合を指しますが、現金主義会計では当期に入ってきた現金で当期に出ていく現金を調達できなかったことを指します。つまり、現金主義会計の赤字とは、資金ショートを意味します（実質赤字比率の実質とは、繰越事業とそれにかかる特定財源を勘案することで、実質的な意味での資金不足を算定する趣旨です）。

　政府であっても企業であっても、長期的に持続可能であるためには、当期利益（にあたるもの）が安定して黒字であることが求められます。財政では長期的に黒字であることを、世代間の負担の公平という観点で捉え、

負担の先送りがされていなければ財政は健全であるとみますが、それは当期利益にあたるものに注目しているといえます。

その一方で、短期的に資金ショートが起きることは、政府であっても企業であっても避けなければなりません。支払いが滞り、企業の場合には手形が落ちなくなりますので、信用取引が行えなくなり、倒産の危機に陥ります。自治体の場合にも資金ショートで支払いが滞るようなことが起きれば、地域経済に与える影響は大きいので、それを何とか避けることに腐心します。

一般会計等では資金不足が生じていないことをもって持続可能性があるとみなしています。自治体財政健全化法は、どちらかといえば現金主義会計の資金不足を中心に財政指標を組み立てています。なぜそうしているのでしょうか。第7章の地方公会計に関する箇所で述べますが、世代間の公平に原則に基づいて地方債の発行を建設債に制限する法規制を行っているために、結果的に貸借対照表が資産超過となって、発生主義会計でみると財政状況は健全であり、財政問題は現金主義会計の資金不足に集約される構造にあることがあります。そこで、自治体財政健全化法では、資金不足を示す指標を中心に財政状況を診断しています。

5 資金不足＝財政運営の行き詰まりだがデフォルトにはならない

実質収支が赤字とは資金不足が生じている状況ですので、それは尋常ではない事態です。もっとも、自治体には基金と呼ばれる貯金があります。預金や流動性の高い金融資産のかたちで基金を持っていれば、たとえ実質収支が赤字であっても、本当の意味では資金ショートは起きていないことになります。実際に、一部の自治体で特定の年度で、基金を積み立てた結果、実質収支が赤字になるということも起きています。そのあたりは十分に注意して、過剰反応しない方がよいでしょう。その一方で、基金が底をついた状態で実質収支が赤字になると、本格的な意味で資金が不足しており、財政運営の行き詰まりが近づいているといえます。

赤字が発生して、基金が枯渇した状態では、基金の繰替運用で資金不足

を埋めることはできません。そうなると、金融機関からの一時借入金で資金不足を埋めることとなります。その償還が不確実と金融機関がみなせば、最初は金利を上げ、そのうち融資を断るようになると、デフォルト（債務不履行）という事態に陥ることになりかねません。では、自治体財政健全化法の枠組みの下で、なぜそれが生じないのでしょうか。同法の下では、赤字が一定規模以上になって、特に再生段階となると、自治体としては、総務大臣の監視下で再建を進めざるを得ません。その際、一時借入金等で調達している赤字は、いったん、再生振替特例債という長期債に振り替えられ、その元利償還を計画的に行っていくことで、赤字を消す枠組みが適用されます。したがって、金融機関としては、一時借入金の融資をしても、その返済が滞ることは基本ないとみることができます。

6 実質赤字比率における繰越範囲などの定義

　普通会計の決算統計（正式には財政状況調査表）における実質収支は、形式収支から翌年度に繰り越すべき財源（支出することが確定している繰越額の金額と、支出の際に入ってくると想定される国庫支出金や地方債などの特定財源を除いた純計分）を差し引いたものです。一般会計の決算書における実質収支と、普通会計における実質収支、自治体財政健全化法における一般会計等の実質赤字は、プラスとマイナスの符号が逆になっていることはもちろんですが、繰越金にかかる定義が異なります。

　一般会計と一般会計等では、対象会計が重なるものの異なることなので、当然定義が異なりますし、繰越金そのものの定義が、一般会計および自治体財政健全化法の一般会計等と、普通会計の間では異なります。一般会計の決算書には、実質収支に関する調書という項目がありますが、そこでは継続費逓次繰越額、繰越明許費繰越額、事故繰越額の３つが繰越額とされます。継続費とはあらかじめ複数年度にわたって事業を分割して実施すると決めているものであり、国では防衛費で自衛艦の建造などにみられるものです。繰越明許費は、たとえば補正予算で決めた景気対策のための公共事業は、実施期間が十分なく、年度を越してからでないと執行できな

いので、あらかじめ議会に繰り越すことを認めてもらいますが、そのようなものを指します。事故繰越は、文字通り、避けがたい事故のために年度内に支払いが終わらなかったものという意味です。

　その一方で、普通会計の決算統計では、繰越額のカテゴリーとして、さらに事業繰越（例外的な措置として当年度に執行すべき事業を翌年度に繰り越すもの）、支払繰延（文字通り支払いを繰り延べたもの）の２つがあり、それだけ定義が広くとられてきました。決算分析の資料としての性格がある決算統計として、決算書に比べて繰越額の範囲を広くすることは正当なことです。もっとも、事業繰越と支払繰延は、性格としては資金不足そのものです。自治体財政健全化法の実質赤字比率の算定では、実質赤字は、一般会計における繰越金に事業繰越と支払繰延を加えたものと定義されています。

　総務省は自治体財政健全化法の施行にあたって、自治体から意見等を求め、それに対して「地方公共団体財政健全化法に関するＱ＆Ａ」（以下、Ｑ＆Ａとして）で回答をしています。そのなかで、たとえば事業繰越については自治体から「国の予算等貸付金債による助成を受けたものであっても、年度末までの貸付需要を考慮すれば不用額を０とすることは事実上不可能、また、沿岸漁業改善資金助成法等に基づくものは、国費分を返納した後に再度の助成は困難と国から指導されていること、特会内に資金を留保させているため繰越明許費扱いは難しいこと等から、事業繰越額の実質赤字比率への算入については見直しをお願いしたい」という意見が出ていますが、それに対する総務省の回答は厳しいものでした。「「国の予算等貸付金債」に基づく助成を受けるために設けた特別会計の不用予定額については、制度上、①国からの貸付金を国へ繰上償還するとともに団体の一般会計への繰り戻しを行うか、又は②繰り越すことが必要となっている。／一般的には決算上の不用額（純剰余金）は黒字要素であり、基金へ編入するか又は純繰越金として翌年度の歳入に編入することになるが、これは翌年度における使途が決められてはいない財源だからである。一方、当該特別会計における不用予定額については、上記①の場合を除き、翌年度に繰越し、当該特別会計の歳出予算の財源としなければならないため、実態としては、当該財源部分は翌年度以降の事業に対応した財源として当該年度

の財源から控除すべき部分であると認められる。したがって、事業繰越額として扱わざるを得ないものである。／なお、このような取扱いは、これまでの決算統計や地方財政再建促進特別措置法における取扱いを変更するものではない」と原則論の立場に立って、厳しい姿勢を示しています。それらに対して、支払繰延の方は、通常の財政運営ではほとんど実例がないものとみられています。

　関連した事項として、自治体から寄せられた意見のなかに、「老人保健事業や介護保険事業については、国・道負担金や支払基金交付金が概算交付され翌年度精算する仕組みになっており、単年度の決算値をもとに指標を算出するのではなく精算に係る部分を考慮すべきと考えます」というものがあります。老人保健医療事業や介護保険事業では、国等からの補助金が、次の年度の出納整理期間が終わったときに交付され、そこで精算される仕組みとなっているので、その部分を考慮しなければ赤字となってしまいます。これらの会計の決算統計では、実質収支の欄が2つに分かれていて、「翌年度負担金等精算予定額」を含めたものと含めないものからなります。前者は黒字でも、後者は赤字になることが普通です。先の意見等は、そうした事情を考慮して、翌年度負担金等精算予定額を含めた実質収支を、連結実質赤字比率では連結対象とすべきであるという考えを示しています。

　それに対して、総務省の回答は「健全化法においては、財政情報の開示を徹底する観点から、ご指摘の老人保健事業等に係る特別会計も含め、当該団体の全会計を通じた赤字（資金不足）を対象とする指標が設けられているところ。／これは、当該団体の財政運営の実態を広く明らかにする上で重要な指標であるが、仮に制度上の課題がある会計が指標の悪化の原因となっている場合でも、まずは実態として明らかにすることが重要であると考えている。／なお、老人保健事業に係る国庫負担金については、厚生労働省において当該年度に必要な国の予算が確保されず、所要額よりも減額して概算交付決定され、不足分については翌年度に精算交付されている実態があり、総務省としては、このような国の予算措置の不足が、市町村における連結実質赤字比率の算定に影響を及ぼすことがないよう、当該国庫負担金については、当該年度に所要額を交付するよう、厚生労働省に対

して申し入れを行っているところである」と、これまた厳しい姿勢を示しています。事情は理解できるものの、財政運営の実態を明らかにするという制度の趣旨からいえば、安易に斟酌できるものではないという考え方と思われます。確かに、年度を越えてからでないと精算されない仕組みは問題であり、その点は厚生労働省に見直しを要請するものの、それに対して特段の配慮はしないというわけです。

　実質赤字比率と連結実質赤字比率では、早期健全化基準や財政再生基準に一定の差が設けられ、連結実質赤字比率の方が赤字幅が高く設定されていますが、その背景には、そのような自治体の財政運営の努力とは関係のないところで出てしまう赤字の存在にも配慮した部分もあるといえます。

　また、実質赤字比率の分母は標準財政規模であり、かつてはそこに臨時財政対策債発行可能額は含まれておらず、実質公債費比率の分母の標準財政規模に臨時財政対策債発行可能額が含まれていることで対称的ではありませんでした。その点は平成19年度決算から改められ、健全化判断比率の分母はすべて臨時財政対策債発行可能額を含めた標準財政規模となりました。同時に、決算統計の実質収支比率の定義も実質赤字比率に準じて変更されました。

7　健全化判断比率③──実質公債費比率

　実質公債費比率は、一般会計等が負担する元利償還金および準元利償還金の標準財政規模に対する比率であり、その算定式は

$$\text{実質公債費比率（3か年平均）} = \frac{(\text{地方債の元利償還金}+\text{準元利償還金})-(\text{特定財源}+\text{元利償還金・準元利償還金に係る基準財政需要額算入額})}{\text{標準財政規模}-(\text{元利償還金・準元利償還金に係る基準財政需要額算入額})}$$

です。

　実質公債費比率は、地方債の発行の協議制が導入されたときに、従来の

起債制限比率ではカバーできなかった公債費に準じるものである準公債費を加味することが必要との判断から、その目的で新たに開発された財政指標であり、自治体財政健全化法の導入によって新設されたものではありません。準公債費は、次の7つからなります。

① PFI事業に係る債務負担行為に係るもの（地方債に関する省令第7条第1号）
② いわゆる五省協定等により、利便施設及び公共施設を買い取るために行った債務負担行為に係るもの（地方債に関する省令第7条第2号）
③ 土地改良事業並びに旧独立行政法人緑資源機構、独立行政法人水資源機構及び独立行政法人環境再生保全機構の行う事業に対する負担金（地方債に関する省令第7条第3号）

図2-3 実質公債費比率の考え方

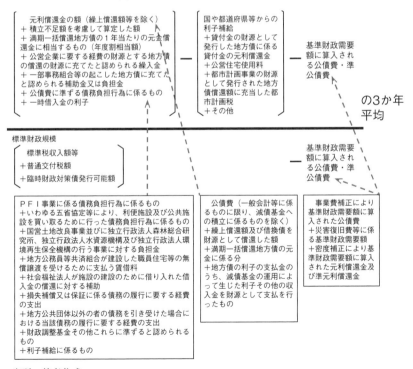

出所：筆者作成

④ 地方公務員等共済組合が建設した職員住宅等の無償譲渡を受けるために支払う賃借料（地方債に関する省令第7条第4号）
⑤ 社会福祉法人が施設の建設のために借り入れた借入金の償還に対する補助（地方債に関する省令第7条第5号）
⑥ その他これらに準ずると認められるもの（地方債に関する省令第7条第8号）
⑦ 利子補給に係るもの（地方財政法施行令第11条第4号）

実質公債費比率の算定では、公債費や準公債費のうち、その一部または全部が地方交付税の基準財政需要額に算入されることがありますので、その相当額は分子の公債費および準公債費から控除され、同時に分母の標準財政規模からも控除されます。実質公債費比率の算定式は、図2－3のように示されます。

また、公債費・準公債費に対する特定財源も控除されます。特定財源は「国や都道府県等からの利子補給、貸付金の財源として発行した地方債に係る貸付金の元利償還金、公営住宅使用料、都市計画事業の財源として発

図2－4

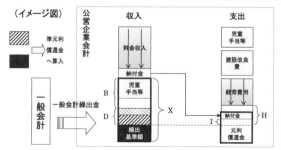

出所：総務省ホームページ

行された地方債償還額に充当した都市計画税等」が該当します。そのうち、都市計画税は、自治体財政健全化法の創設にともなって加えられることとなったものです（後に詳述します）。

実質公債費比率の意味は、一般財源に対する公債費・準公債費の割合（の3か年平均）であり、基準財政需要額に算入される部分の効果を除いたものですので、それが大きいほど財政運営がタイトであることを意味します。

図2－4は、準公債費の算定において、指定管理制度を利用している場合の特例について説明しています。指定管理者制度利用料金制を導入している場合、按分対象繰出金の按分に際して、按分率の分子として、元利償還金から指定管理者が納付する納付金を充てたと認められる額（元利償還金または減価償却費に充てることが指定管理者と締結した協定書等において確認できるものに限る）を控除することとしています。

8 健全化判断比率④——将来負担比率

将来負担比率は、一般会計等が将来負担すべき実質的な負債の標準財政規模に対する比率であり、その算定式は

$$将来負担比率 = \frac{将来負担額 －（充当可能基金額＋特定財源見込額＋地方債現在高等に係る基準財政需要額算入見込額）}{標準財政規模－（元利償還金・準元利償還金に係る基準財政需要額算入額）}$$

です。

健全化判断比率等にストック指標が必要であるという意見を踏まえて、将来負担比率が導入されました。実質公債費比率も従来の経常収支比率も、地方債の負担の重さはフローである公債費（元利償還金）で量られてきました。しかし、本来、地方債の重さは残高で量られるべきです。あらゆる団体の償還期間がたとえば10年間の元利均等償還ですと、地方債の残高と公債費は、公債発行額の変動が小さい場合にはほぼ比例するといえま

すが、近年では地方債の金融機関引き受けが増えたこともあり、借換えが比較的しやすくなり、償還期間を延ばしている自治体があります。公募債の場合には満期一括償還が普通であるなど、償還ルールの多様化が相当進んでいます。その結果、残高と元利償還金の相関関係は、団体によっても、また時系列的にみても薄くなってきています。その意味では残高であるストックの指標が必要でした。また残高の指標ですと、財政調整基金や減債基金などの基金と相殺した純負債の概念が導入できるというメリットがあります。その反面で、将来負担比率は、自治体財政健全化法の創設にあたって新たに設けられた財政指標であり、具体的にどの数値をどのように当てはめて計算していくかについては、技術的に相当難しい課題がありました。

図2－5は、将来負担比率の考え方を示しています。まず、将来負担

図2－5 将来負担比率の考え方

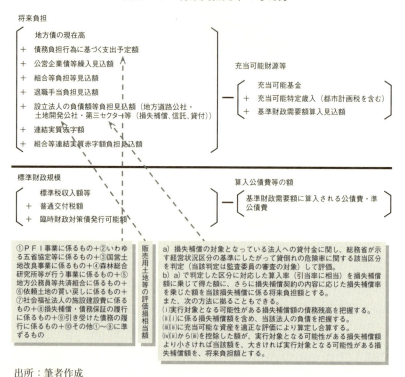

出所：筆者作成

は、次の(1)～(7)項目の合計です。
(1) **地方債の現在高**
　満期一括償還地方債の現在高を含めた実額ベースの現在高を計上。
(2) **債務負担行為に基づく支出予定額**
　債務負担行為に基づく支出予定額のうち、地方財政法第5条各号に規定する経費の支出に係る比率算定年度の前年度末日において支出が確定している額であって、当該団体の一般会計等において実質的に負担することが見込まれる額。
　具体的には、同条各号に規定する経費に係る以下に掲げる額のうち、当該団体の一般会計等において実質的に負担することが見込まれる額（当該年度以降の利払いに要する支出予定額を除く）である以下の①～⑦の合計額となります。
　① ＰＦＩ事業に係るもの：PFI事業に係るもののうち、公共施設又は公用施設の建設事業費等に係る経費の支出予定額
　② いわゆる五省協定等に係るもの：大規模な宅地開発又は住宅建設に関連して地方公共団体に代わって住宅・都市整備公団等の宅造融資を受けた者が行う公共施設等の建設に要する経費のうち当該地方公共団体が負担する費用の支出予定額
　③ 国営土地改良事業に係るもの：国営事業等（国営土地改良事業・農地等保全管理事業・農業生産基盤整備事業等で、当該事業に要する費用の全部又は一部に財政融資資金が充てられているものに限る）に対する負担金に係る経費の支出予定額
　④ 森林総合研究所等が行う事業に係るもの
　⑤ 地方公務員等共済組合に係るもの：地方公務員共済組合が建設した職員住宅その他の施設の無償譲渡を受けるために支払う賃借料に係る支出予定額
　⑥ 依頼土地の買い戻しに係るもの：公有地の拡大の推進に関する法律第17条第1項第1号に規定する土地の取得に要する額
　⑦ その他①～⑥に準ずるもの：①～⑥に掲げるもののほか、これらに準ずるものとして当該団体において合理的に算定した支出予定額
　図2－6は債務負担行為に基づく支出予定額を示しています。将来負担

を構成するのは債務負担行為の全額ではなく、地方債をその財源とすることができる地方財政法第5条各号の経費に係るもので、当該地方公共団体の一般会計等において実質的に負担することが見込まれる額を指します。図2－6では対象外となるものとその理由について言及されています。

(3) **公営企業債等繰入見込額：一般会計等以外の特別会計に係る地方債の償還に充てるための一般会計等からの繰入見込額**

原則として、会計ごとに(a)と(b)のいずれか大きい額を計上（ただし、経常利益の額がある企業については(b)の額）。

(a) 現在の繰出基準で元金償還金へ繰出すことが予定される債務残高の額
(b) 一般会計等以外の会計の元金償還に係る一般会計等の負担割合（一般会計等から一般会計等以外の特別会計への繰出金のうち一般会計等以外の特別会計の元金償還に充てられた額の割合）を当該年度の前年度末における地方債の現在高に乗じた額

ただし、宅地造成事業については、事業清算時における一般会計等で負

図2－6

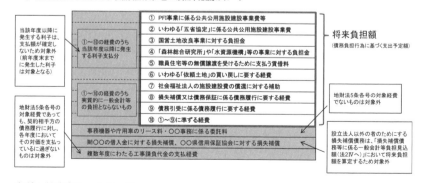

出所：総務省ホームページ

図2－7

一般会計等以外の特別会計（宅地造成事業以外の事業）に係る将来負担額の算定方法について【省令第9条関係】

一般会計等以外の特別会計に係る将来負担額については、宅地造成事業以外の事業にあっては、当該特別会計の地方債の現在高に直近三か年の元金償還金に対する一般会計等からの繰入の割合を乗じて算出。また、総務大臣が指定する地方債（指定地方債）及びすべての地方債が据置期間中の特別会計について、特則が設けられている。（指定地方債には、H21.5.15 総財公第78号総務大臣通知により、公立病院特例債が指定されている。）

【第1号】 宅地造成事業以外の事業のみを行う公営企業に係る特別会計（前年度において元金償還金がないもの）
当該特別会計の地方債の元金償還金に対する繰入計画額又は基準額のいずれか大きい額
・繰入計画額：事業計画等において予定された元金償還の財源に充てるための一般会計等からの繰入金の当該年度以降の総額
・基準額：地方債の現在高のうち一般会計等から繰入れるべき額として、繰出基準にしたがって算出した額

【第2号】 宅地造成事業以外の事業のみを行う公営企業に係る特別会計（前年度において元金償還金があるもの）

$$\frac{（地方債の準元金償還金 －指定地方債の準元金償還金）}{（地方債の元金償還金 －指定地方債の元金償還金）} 【三か年平均】 \times （地方債の現在高 －指定地方債の現在高） + 指定地方債の繰入計画額$$

指定地方債の準元金償還金：事業計画等において予定された指定地方債の元金償還の財源に充てるための一般会計等からの繰入額
※ ただし、経常利益等がない公営企業で、上記により算定された額が基準額を下回る場合にあっては、基準額とする。

【第7号】 公営企業に係る特別会計以外の特別会計

$$\frac{地方債の準元金償還金}{地方債の元金償還金} 【三か年平均】 \times 地方債の現在高$$

※ ただし、前年度において元金償還金がない特別会計にあっては、当該特別会計の地方債の繰入計画額。

出所：総務省ホームページ

担することが見込まれる負債（債務超過＝負債－資産）の額。

　図2－7は、公営企業債等繰入見込額である「一般会計等以外の特別会計に係る将来負担額」の算定方法について説明したものです。宅地造成事業以外の事業にあっては、当該特別会計の地方債の現在高に直近3か年の元金償還金に対する一般会計等からの繰入の割合を乗じて算出するとしています。また、総務大臣が指定する地方債（指定地方債）およびすべての地方債が据置期間中の特別会計について、特例が設けられています。

　ついで、図2－8は宅地造成を行う地方公営企業の将来負担の算定方法を説明しています。実質的に債務超過である額を将来負担として算定しています。

(4) **組合等負担等見込額：組合等が起こした地方債の償還に係る地方公共団体の負担等見込額**

　地方公共団体の一般会計等から、当該団体が加入する組合又は当該団体が設置団体である地方開発事業団が起こした地方債の元金の償還に充てる

図2-8

一般会計等以外の特別会計（宅地造成事業）に係る将来負担額の算定方法について【省令第9条関係】

宅地造成事業については、実質的な債務超過額（連結実質赤字額に算入される資金の不足額を除く）を算出。

(参考)地方公共団体の財政の健全化に関する法律施行規則の一部を改正する省令（平成22年総務省令第31号）の内容
宅造事業が資産超過である場合に、宅造事業以外の事業の将来負担額及び公営企業に設けられた基金から他会計への貸付金の現在高から、当該資産超過の額を控除しないことを明確にする他所要の整理を行った。（以下、下線は主な改正部分）

【第3号】 宅地造成事業のみを行う法適用企業に係る特別会計
　当該年度の前年度の末日における資産等の額について次の算式により算定した額（当該額が零を下回る場合には、零とする。）
　算式：(A－B)－(C－D＋E)－F
A　借入資本金の額及び負債の額の合算額から他の会計からの長期借入金の現在高を控除した額
B　令第3条第1項第2号イ及びロに掲げる額の合算額
C　資産の額
D　流動資産の額から当該年度の前年度において執行すべき事業に係る支出予算の額のうち当該年度に繰り越した事業の財源に充当することできる特定の収入で当該年度の前年度において収入された部分に相当する額及び第3条に規定する流動資産の額から控除すべき資産の額の合算額を控除した額
E　未売却土地の収入見込額
F　健全化令第4条第2号イに掲げる額が同号ロ及びハに掲げる額の合算額を超える場合における当該超える額（同号ニ及びホに掲げる額の合算額を限度とする。）

【第5号】 宅地造成事業のみを行う法非適用企業に係る特別会計
　当該年度の前年度の末日における地方債の現在高について次の算式により算定した額（当該額が零を下回る場合には、零とする。）
　算式 ：A－(B＋C)－D
A　当該法非適用企業の建設又は改良に要する経費の財源に充てるために発行した地方債の現在高
B　未売却土地収入見込額
C　固定資産の額に相当する額
D　健全化令第4条第4号イ及びロに掲げる額の合算額が同号ハ及びニに掲げる額の合算額を超える場合における当該超える額（同号ホ及びヘに掲げる額の合算額を限度とする。）

※　宅地造成事業とその他の事業を併せて行う法適用（法非適用）企業に係る特別会計
　当該宅地造成事業のために起こした地方債については第1号又は第2号、その他の事業のために起こした地方債については第3号（第5号）に準じて算定した額を合算。（第4号、第6号に規定）

出所：総務省ホームページ

ことが見込まれる額。

(5) 退職手当負担見込額：退職手当支給予定額に係る一般会計等負担見込額

　退職手当の支給業務を組合に処理させている地方公共団体にあっては、当該額に、比率算定年度の前年度末日に当該組合が解散するものと仮定した場合にその解散に際し当該団体が組合に対して納付すべき額又は当該団体に組合から返還されるべき額を加算若しくは控除した額。

(6) 設立法人の負債額等負担見込額

① 地方道路公社

　図2-9は地方道路公社の負債に係る一般会計等負担見込額について説明しています。地方道路公社の負債のうち、当該道路公社の財務内容その他の経営の状況を勘案して、当該道路公社を設立した自治体の一般会計等において実質的に負担することが見込まれる額を、将来負担額として将来負担比率に算入します。図中の「負債額」から「償還財源見込額」を控除

図2−9

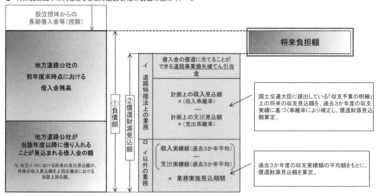

出所:総務省ホームページ

した額を、将来負担比率に算入する将来負担額とし、共同設立法人である場合は、地方道路公社に対する出資割合等により按分した額をそれぞれの将来負担額とするとされています。

② 土地開発公社

販売用土地等の評価損相当額(依頼土地の買い戻しに係るものは債務負担行為に算入)が将来負担となります。図2−10は土地開発公社の負債に係る一般会計等負担見込額の算定方法を示しています(ただし、当該土地開発公社を設立した自治体以外による損失補償または保証がない場合について、当該土地開発公社を設立した自治体以外による損失補償または保証がある場合については総務省のホームページ参照)。

まず、土地開発公社の貸借対照表上の負債を把握(設立団体からの借入金等のうち設立団体が依頼土地の取得のために貸し付けたと認められる貸付金の償還金の額等以外の額であって当該年度以降に返済する額をこの負債から控除)します。次に、土地開発公社の負債(控除前)から、依頼土

図2−10

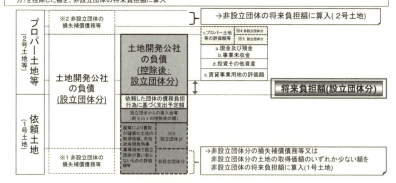

出所:総務省ホームページ

地に係るもので、依頼した地方公共団体の買取りに係る債務負担行為に基づく支出予定額を控除します。控除された依頼土地に係る部分は、債務負担行為として、別途、依頼自治体の将来負担に算入されています。また、土地開発公社の負債(控除前)から、国等の依頼による土地はその買取りが確実かつ合理的な場合に限り控除し、市街地再開発事業等用地であって設立団体が買い取らないものは低価法による評価を行い控除します。土地開発公社の負債(控除後)が、次のaからeに掲げる額を合算した額を超える場合の当該超える額を当該設立団体の将来負担額に算入(共同設立の場合には、当該設立団体で合理的かつ適切な算定方法により按分した額とします。

a. 現金および預金の額
b. 事業未収金の額(プロパー土地に係るものに限る)
c. プロパー土地等の評価額
d. 投資その他の資産の額(eは除く)

e. 賃貸事業用地の評価額

ここでは、販売用の土地の時価評価が求められています。土地の時価評価の方法については、図2-11のように定められています。時価評価が求められるのは、①宅地造成事業（公営企業）における土地の売却による収入の見込額の算定（連結実質赤字比率、将来負担比率）、②土地開発公社が保有する自主事業用地の時価の算定（将来負担比率）、③第三セクターの保有する土地の時価の算定（将来負担比率）の3つです。時価評価における低価法とは、土地の価額は、販売用土地の帳簿価額（取得価額）と、時価評価による価額から販売経費を除いた価額とを比較し、いずれか少ない額とすることをいいます。

土地の時価評価の方法は、次の(1)〜(5)のいずれかに基づくとされています。(1)から(5)は優先的に採択すべき順を示していることに注意が必要です。(4)の固定資産税評価額を調整する方法は、固定資産税の課税台帳に記載されている土地についてのみ可能であり、それ以外の場合に、固定資産

図2-11

地方公共団体財政健全化法における販売用土地等の評価方法

1. 販売用土地等の時価評価が必要な主なケース

① 宅地造成事業（公営企業）における土地の売却による収入の見込額の算定（連結実質赤字比率、将来負担比率）
② 土地開発公社が保有する自主事業用地の時価の算定（将来負担比率）
③ 3セクの保有する土地の時価の算定（将来負担比率）

→ 土地の価額は、販売用土地の帳簿価額（取得価額）と、時価評価による価額から販売経費を除いた価額とを比較し、いずれか少ない額とする。（低価法の適用）

2. 時価評価の方法

次のいずれかの方法により評価

(1) 販売見込額（販売公表価格）を時価とする方法（ただし、売出開始から1年以上経過した後は、近傍類似の土地の価格の変動を勘案し、各年1割以上の割落としを行う。）
(2) 不動産鑑定評価を用いる方法（当該年度前3年度内の不動産鑑定評価を用いる場合は、公示地価等の変動を勘案して時点修正を行う。）
(3) 販売用土地の近隣の公示地価又は近隣の基準地価格を調整する方法
(4) 固定資産税評価額を調整する方法
(5) 相続税評価額を調整する方法

出所：総務省ホームページ

税を課税する際の評価方法を準用することが認められているわけではないことに、特に注意が必要です。この点は、自治体の運用で誤解があるのではないかと懸念されます。
(1) 販売見込額（販売公表価格）を時価とする方法（ただし、売出開始から1年以上経過した後は、近傍類似の土地の価格の変動を勘案し、各年1割以上の割落としを行う）
(2) 不動産鑑定評価を用いる方法（当該年度前3年度内の不動産鑑定評価を用いる場合は、公示地価等の変動を勘案して時点修正を行う）
(3) 販売用土地の近隣の公示地価又は近隣の基準地価格を調整する方法
(4) 固定資産税評価額を調整する方法
(5) 相続税評価額を調整する方法
③ 第三セクター等
　a）損失補償の対象となっている法人への貸付金に関し、総務省が示す経営状況区分の基準にしたがって貸倒れの危険率に関する該当区分を判定

図2-12

損失補償債務等に係る一般会計等負担見込額の算定基準

1. 地方公共団体からの財政援助を受ける出資法人等の債務に対する損失補償

標準評価方式

①～③により地方公共団体が損失補償を付した法人に対する金融機関等からの融資を、以下の債務区分に分類。
A）正常償還見込債務（10％以上）、B）地方団体要関与債務（30％以上）、C）地方団体要支援債務（50％以上）、D）地方団体実質管理債務（70％以上）、E）地方団体実質負担債務（90％以上）

① 財務諸表評価方式（公表された財務諸表等から債務区分等を判定する方法）
　Ⅰ　一般法人型
　Ⅱ　インフラ法人型
　Ⅲ　不動産取引型
② 外形事象評価方式（経済的取引や出資地方公共団体の支援等の事象から判定する方法）
③ 格付機関の格付け等の専門の第三者の評価から判定する方法

個別評価方式

① 資産債務個別評価方式
② 個別経営計画評価方式
③ 損失補償付債務償還費補助評価方式

2. 公的信用保証、制度融資等に係る損失補償

　損失補償見込額 ＝ 損失補償残高 × 平均残存年数 × 損失補償実行率

3. その他の形態の損失補償、債務保証

出所：総務省ホームページ

（当該判定は監査委員の審査の対象）して評価。

　b）a）で判定した区分に対応した算入率（引当率に相当）を損失補償額に乗じて得た額に、さらに損失補償契約の内容に応じた損失補償率を乗じた額を当該損失補償に係る将来負担額とする。

　また、次の方法に拠ることもできる。

　(i)実行対象となる可能性がある損失補償額の債務残高を把握する。

　(ii)(i)に係る損失補償額を含め、当該法人の負債を把握する。

　(iii)(ii)に充当可能な資産を適正な評価により算定し合算する。

　(iv)(ii)から(iii)を控除した額が、実行対象となる可能性がある損失補償額より小さければ当該額を、大きければ実行対象となる可能性がある損失補償額を、将来負担額とする。

　図2－12は、損失補償債務等に係る一般会計等負担見込額の算定基準について説明しています。算定基準のうち、地方公共団体からの財政援助を受ける出資法人等の債務に対する損失補償は標準評価方式と個別評価方式からなります。標準評価方式では、自治体が損失補償を付した法人に対する金融機関等からの融資を、次に示す5つの債務区分に分類します。括弧のなかは、損失補償額に対して将来負担に算入する割合を示しています。

　A）正常償還見込債務（10％以上）
　B）地方団体要関与債務（30％以上）
　C）地方団体要支援債務（50％以上）
　D）地方団体実質管理債務（70％以上）
　E）地方団体実質負担債務（90％以上）

　標準評価方式であって、かつ財務諸表評価方式を採用する場合には、公表された財務諸表等から債務区分等を判定します。その場合、貸借対照表の純資産の額と損益計算書上の経常損益の額から算定します。一般法人型、インフラ法人型、不動産取引型からなる3類型のうち、一般法人型について示したのが図2－13です。残る2類型についても数値は異なりますが同じ形式の図に沿って算定されます。標準評価方式には、そのほかに外形事象評価方式（経済的取引や出資地方公共団体の支援等の事象から判定する方法）と、格付け会社の格付け等の専門の第三者の評価から判定する方法があります。標準評価方式ではなく、個別評価方式による場合には、

資産債務個別評価方式、個別経営計画評価方式、損失補償付債務償還費補助評価方式の３つがあります。

また、公的信用保証、制度融資等に係る損失補償については、

$$損失補償見込額＝損失補償残高×平均残存年数×損失補償実行率$$

として算定します。

(7) **連結実質赤字額**
(8) **組合等連結実質赤字額負担見込額**

ついで、将来負担から控除される充当可能財源等は、図２－５で示したように、(a)充当可能基金、(b)充当可能特定歳入（都市計画税を含む）、(c)基準財政需要額算入見込額からなる。

(a) 充当可能基金：地方債の償還額等に充当可能な基金

当該地方公共団体に設置されている地方自治法第241条の基金のうち次

図２－13

財務諸表評価方式（一般法人型の例）

別紙１－１　財務諸表評価方式（一般法人）

		損益計算書上の経常損益							
		経常損益が黒字			経常損益が赤字				
		債務超過額の３分の１以上	債務超過額の５分の１以上３分の１未満	債務超過額の10分の１以上５分の１未満	債務超過額の10分の１未満	経常赤字の損失補償債務額に対する割合			
						20分の１未満	20分の１以上10分の１未満	10分の１以上５分の１未満	５分の１以上２分の１未満	２分の１以上
貸借対照表上の純資産	資産超過	10年後において資産超過	A							A
		５年後において資産超過であって、10年後において債務超過								B
		５年後における債務超過額又は５年後における損失補償付債務額のいずれか少ない額が損失補償付債務額の４分の１未満					B	B	B	B	C
		５年後における債務超過額又は５年後における損失補償付債務額のいずれか少ない額が損失補償付債務額の４分の１以上２分の１未満					B	B	B	C	D
		５年後における債務超過額又は５年後における損失補償付債務額のいずれか少ない額が損失補償付債務額の２分の１以上４分の３未満					B	B	B	C	D
		５年後における債務超過額又は５年後における損失補償付債務額のいずれか少ない額が損失補償付債務額の４分の３以上損失補償債務額未満					B	B	C	D	E
		５年後における債務超過額又は５年後における損失補償付債務額のいずれか少ない額が損失補償付債務額以上					B	B	C	D	E
	債務超過		債務超過額の３分の１以上	債務超過額の５分の１以上３分の１未満	債務超過額の10分の１以上５分の１未満	債務超過額の10分の１未満	経常赤字の損失補償債務額に対する割合			
							20分の１未満	20分の１以上10分の１未満	10分の１以上５分の１未満	５分の１以上２分の１未満	２分の１以上
		債務超過額が損失補償付債務額の４分の１未満	B	B	B	B	C	D	E	E
		債務超過額が損失補償付債務額の４分の１以上２分の１未満	B	B	B	B	C	D	E	E
		債務超過額が損失補償付債務額の２分の１以上４分の３未満	B	B	B	C	D	E	E	E
		債務超過額が損失補償付債務額の４分の３以上損失補償付債務額未満	B	B	C	D	E			
		債務超過額が損失補償付債務額以上	B	C	D	E				

※　Ａ、Ｂ、Ｃ、Ｄ及びＥとは、債務区分のＡ、Ｂ、Ｃ、Ｄ及びＥのことをいう。
　資産超過額とは、資産の額が負債の額を超える場合において当該超える額をいい、損失補償付債務額とは、損失補償付債務の額をいう。

出所：総務省ホームページ

の①〜④以外の基金（比率算定年度の前年度末日に当該基金を廃止するものと仮定した場合に国及び他の地方公共団体に返還することとならない部分に限る）であって、現金、預金、国債、地方債及び政府保証債等として保有しているもの
　① 災害救助法第22条に定める災害救助基金
　② 高齢者の医療の確保に関する法律第116条に定める財政安定化基金
　③ 介護保険法第147条に定める財政安定化基金
　④ 地方財政法第6条の公営企業に設けられた基金その他法律又は政令の規定により地方債の償還額等に充てることができないと認められる基金
(b) 充当可能特定歳入（都市計画税を含む）：地方債の償還額等に充当可能な特定の歳入
　次の①〜⑤の合計額。
　① 国庫支出金、都道府県支出金又は他の地方公共団体からの分担金及び負担金
　② 地方債を原資として貸し付けた当該貸付金の償還金
　③ 公営住宅の賃貸料その他の使用料
　④ 都市計画税
　⑤ ①〜④に掲げるもののほか、その性質により将来負担額に充てることができると認められる特定の歳入
(c) 基準財政需要額算入見込額：地方債の償還等に要する経費として基準財政需要額に算入されることが見込まれる額
　地方債の償還等に要する経費として、公債費又は事業費補正もしくは密度補正により比率算定年度以降において基準財政需要額に算入されることが見込まれる額として、総務大臣の定めるところにより算定した額。

　以上のように、将来負担比率の算定はたいへん複雑で手間がかかるものです。また、技術的にも難解なものです。改めて、その意味を考えてみましょう。その意義は大きく分けて2つあります。1つは、債務を発生ベースで包括的に捕捉したことです。まずは、退職金にかかる将来負担を退職給付引当金として捕捉し加算していることです。ついで、公営企業に係る一般会計からの財政負担を将来にわたる額を含めて認識しています。土地

開発公社の保有する土地のうち、販売用の土地については時価評価を行い取得価格との差額である含み損を毎年度算定する方法を採っています。いわゆる減損会計に該当するものですが、毎年度、時価評価によって含み損にあたるものを算出するところは企業会計よりも徹底した方法といえます。第三セクターにおける損失補償契約に関する債務の算定では、その時点で清算した場合に一般会計負担となるとみられる額の算定を行っています。このように、債務を包括的に把握して、一般会計負担額に置き直しているという意味で画期的なものです。また、それだけに算定作業には十分な知識が求められます。

　もう1つは、債務と相殺できる資産を捕捉して、将来負担として相殺したことです。そのうち、まずは基金ですが、法律に基づき造成されたものであって、使途が明確に決まっているものを除き、すべての保有する基金を相殺の対象としています。そこでは、特定目的金で使途を条例で指定しているものも含まれます。将来負担比率は、早期健全化の適用の判断に用いられますので、そこまで財政状況が差し迫っている場合には、特定目的基金といえども、債務と相殺するのが適当という考え方が反映されています。いいかえれば、通常の財政状況では債務と相殺することが想定されていない基金までも対象にしています。その点は重要なところです。

　もう1つは、地方債であってその元利償還金が基準財政需要額に算入される部分については、債務から実質的に除いていることです。地方交付税による財源保障機能を重視した算定方法であるといえます。臨時財政対策債は、したがって、理論償還ベースで、実質的な債務とはみなされません。地方債の残高があっても将来負担比率がマイナスとなるケースの多くが、地方債残高の相当部分が臨時財政対策債であって債務とみなされないことによります。将来負担比率の算定では、元本償還のうち基準財政需要額に算入される見込みの額を残高ベースで分子から控除することとの見合いで、分母からも算定年度の元本償還のうち基準財政需要額に算入される額を標準財政規模から控除されます。

　将来負担比率の算定で、特に注意を要する点を3つあげます。まず、土地開発公社に関しては、自治体から寄せられた意見への回答（Q&A）のなかで、総務省は「設立団体からの長期貸付金は設立団体が実質的に負担

することが見込まれない債務として取り扱うことを予定。なお、資金つなぎとして設立団体から土地開発公社へ短期貸付を行っているものについては、負債に含まれる」と回答しており、実質的な債務の把握にあたり設立団体からの長期貸付金は除外しています。土地開発公社で取得した土地は基本的に設立団体によって再取得されるべきであり、長期貸付金は土地購入費の「先払い」と考えるからです。もっとも、損失補償契約を行っている第三セクターに対する設立団体からの長期貸付金は、自治体の負担責任はそもそも限定的であるため、「三セクへの貸付金を全額返済しなくてもよいと扱うことは不適当」とみなし、除外していません。

　次に、地方独立行政法人や一部事務組合、地方開発事業団については、現に発生している欠損金や実質赤字を将来負担としてカウントすることです。それに対して、地方住宅供給公社や第三セクターなどは、すでに述べたように、一般会計等で負担すべき額を算定しています。損失補償を行っている場合に、それが将来負担となる蓋然性はありますが、損失補償額そのものを必ず一般会計で負担しなければならないとは限りません。経営状況等に照らして、損失補償契約をしている金額を上限に、一般会計で負担することになる額を推定します。地方公共団体の財政の健全化に関する法律施行規則第12条の各号にそれらについて規定されています。

　もう1つは、将来負担から相殺される基金である充当可能基金の対象外となるものに関することです。公営企業の特別会計にかかる基金は、すでに述べたように対象外です。当該基金は、地方公営企業の更新投資や企業債元利償還金に充当されるべきものであることからです。もっとも、地方公営企業も減資が可能になるなど、資本制度の自由化が進みましたので、その点は、やや取り扱いに注意が必要なところです。同じく、充当可能基金の対象外として、合併特例債により造成した基金があります。取り崩して地方債償還等の財源に充てることは法が予定しているところではないためです。都道府県が基金を活用して市町村に貸し付けている場合には、その部分は充当可能基金から除外されます。基金としてはあるものの、年度を越えた繰替運用で実質的に残高としてカウントできないものも、充当可能基金から除外されるのと同じ理由からです。

9 公営企業の経営健全化基準である資金不足比率

資金不足比率は、公営企業ごとの資金の不足額の事業の規模に対する比率であり、その算定式は

$$資金不足比率 = \frac{資金不足額}{事業の規模}$$

です。

まず、分子である資金の不足額の算定方法は、次に示すように、法適用企業と法非適用企業では異なります。

資金の不足額（法適用企業）
＝［流動負債（建設改良費等以外の経費の財源に充てるために起こした地方債を除く）＋建設改良費等以外の経費の財源に充てるために起こした地方債の現在高－流動資産］－解消可能資金不足額

資金の不足額（法非適用企業）
＝［歳出－歳入＋支払繰延額・事業繰越額＋建設改良費等以外の経費の財源に充てるために起こした地方債の現在高］－ 解消可能資金不足額

すでに述べたように、法適用企業の場合には、資金不足にあたるものがないので、それに近似したものを算定します。いわゆる不良債務であることはすでに述べました。流動負債には1年未満の未払金、流動資産には1年未満の未収金が入りますので、厳密な意味での資金不足とはいえませんが、おおむねそれに近いものです。

また、この場合、解消可能資金不足額が適用されます。事業の性質上、事業開始後一定期間に構造的に資金の不足額が生じる等の事情がある場合において、資金の不足額から一定額（次の①②の合計額）を控除するものです。

① 次のいずれかの方式で算定した額
・累積償還・償却差額算定方式
・減価償却前経常利益による耐用年数以内負債償還可能額算定方式

・個別計画策定算定方式(基礎控除額算定方式)
② 資金不足額にカウントされている特定の地方債の現在高のうち経常利益のある企業が起こしたもの、同意又は許可を得て発行したものの現在高

その含意については後述しますが、ここでは、現時点で資金不足が発生していても将来的に解消が見込まれる額については除くものという説明にとどめます。また、地方債のうち同意又は許可を得て発行したものの現在高では退職手当債などが該当します。なお、宅地造成事業を行う公営企業については、土地の評価に係る流動資産の算定等に関する特例を設けています。

解消可能資金不足額の算定方法を示したのが図2－14です。そのなかでもっとも一般的と考えられる累積償還・償却差額算定方式では、すべての地方公営企業について、減価償却費を上回って元金償還費が発生すること

図2－14

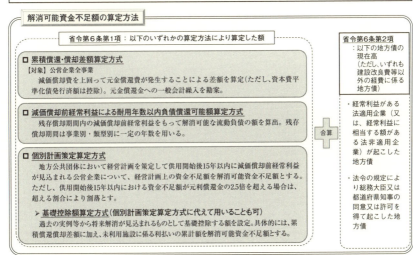

出所：総務省ホームページ

による差額として算定（ただし、資本費平準化債発行済額は控除）され、元金償還金への一般会計繰入を勘案するものです。

　一方、資金の剰余額の算定では、解消可能資金不足額を加算することはありません。宅地造成事業を行う公営企業については、資金の剰余額の算定上、土地の造成等に要する経費の財源に充てるために起こした地方債の残高（および他会計借入金の現在高）を控除します。

　次に、分母である事業の規模の算定方法は、次に示すように、法適用企業と法非適用企業では異なります。

・事業の規模（法適用企業）　＝営業収益の額－受託工事収益の額
・事業の規模（法非適用企業）＝営業収益に相当する収入の額－受託工事
　　　　　　　　　　　　　　　収益に相当する収入の額

　なお、指定管理者制度（利用料金制）を導入している公営企業については、営業収益の額に関する特例が設けられています（図２－４参照）。

　もっとも、宅地造成事業については、恒常的な料金収入が営業収益と見込まれる事業ではないことから、営業収益を分母とすることはできません。総務省の研究会は、その理由として、将来的には事業の終了が前提となっていること、営業収益は売却収入であることから年度間の収入の増減が大きく、比率が安定的に推移しないこと、健全経営でも営業収益がゼロの年度は比率が無限大となってしまうことの３つをあげています。そこで、宅地造成事業における資金不足比率の分母は、宅地造成会計における事業経営のための財源規模（調達した資金規模）を示す貸借対照表上の貸方である負債＋資本（流動負債＋固定負債＋繰延収益＋自己資本金＋剰余金又は繰越欠損金）を分母としています。非適用事業の場合には、実質赤字額（一時借入金）＋地方債残高＋他会計借入金が相当するものとなります。

10 早期健全化と財政再生基準、経営健全化基準の設定

　早期健全化基準は、実質赤字比率、連結実質赤字比率、実質公債費比率、将来負担比率について定められています。一方、財政再生基準は、実質赤字比率、連結実質赤字比率、実質公債費比率について定められ、将来負担比率については定められていません。

　実質赤字比率については、図2-15で示したように、
　　　財政再生基準：市町村（特別区を含む）は20％
　　　　　　　　　　道府県は5％
　　　早期健全化基準：市町村（特別区を含む）は財政規模に応じ11.25～15％
　　　　　　　　　　　道府県（東京都は別途設定）は3.75％
とされています。財政再生基準は、旧再建法である地方財政再建促進特別措置法の起債制限の基準を踏襲しています。「財政規律を確保する上で事実上の規範として定着していた」と総務省のホームページでは説明されて

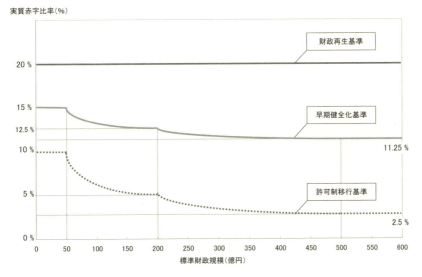

図2-15
実質赤字比率に係る市町村の早期健全化基準と財政再生基準のイメージ

出所：総務省ホームページ

第2章　健全化判断比率等とその読み方

図2−16

連結実質赤字比率に係る市町村の早期健全化基準と財政再生基準のイメージ

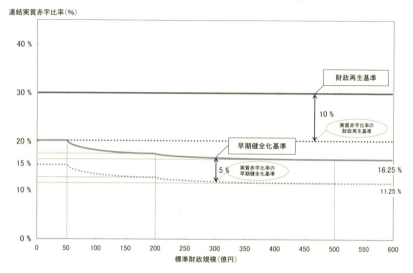

出所：総務省ホームページ

います。早期健全化基準については、地方債協議・許可制度における許可制移行基準（特別区を含む市町村2.5％〜10％、都道府県は2.5％）と財政再生基準との中間の値とされました。

次に、連結実質赤字比率については、図2−16で示したように、

　　財政再生基準：特別区を含む市町村は30％

　　　　　　　　　道府県は15％（実質赤字比率の財政再生基準に10％加算）

　　早期健全化基準：特別区を含む市町村については財政規模に応じ16.25〜20％

　　　　　　　　　　道府県（東京都は別途設定）については8.75％

とされています。

早期健全化基準について実質赤字比率の早期健全化基準に5％加算しているのは、「公営企業会計等における経営健全化の状況等を踏まえた」と総務省のホームページでは説明されています。また、東京都については県と市の両方の要素があるところから、実質公債費比率や連結実質赤字比率

の基準は、両者の平均をとるような複雑なかたちとして政令で定められています（健全化法施行令第7・8条）。

なお、制度導入から3年間の経過措置として、平成21～23年度の間、連結実質赤字比率については経過措置として10～5％の引上げが設けられましたが、その理由は、自治体財政健全化法で導入された新しい指標であることに鑑みて、財政運営に大きな制約を与える財政再生基準については経過的に緩和する趣旨とされています。

一方、実質公債費比率の設定については、それまでの地方債協議・許可制度において用いられてきた基準を踏襲しています。すなわち、市町村・都道府県とも、

　早期健全化基準：25％＝地方債協議・許可制度において一般単独事業の
　　　　　　　　　　　　許可が制限される基準

　財政再生基準：35％＝地方債協議・許可制度において公共事業等の許可
　　　　　　　　　　　が制限される基準

とされています。

将来負担比率については、早期健全化基準のみであり、市町村は350％、都道府県および政令市は400％とされています。それは、実質公債費比率の早期健全化基準に相当する将来負担額の水準と平均的な地方債の償還年数を勘案したものとされています。一般に都道府県の大半と政令市は地方債の公募団体であることもあって、地方債の調達期間が、一般市町村よりも長くなります。そこで、将来負担比率の早期健全化基準が、都道府県と政令市で高く設定されています。

将来負担比率において財政の再生基準を設けなかった理由については、「①再生段階は、国等の強い関与を伴う段階であることから、財政悪化が切迫したことを示す指標として、フローの指標である実質赤字比率、実質公債費比率及び新たなフロー指標を念頭に検討すべきであること、②ストック指標は、将来のフロー悪化の可能性を捉えているものの、それ自体では直ちに財政悪化が切迫した状況とは必ずしもいえず、現実に切迫した状況はフロー指標で捉えられること」（三橋一彦「地方公共団体の財政の健全化に関する法律」『地方財務』2007年8月号）と説明されています。

自治体財政健全化法において、財政の健全化と財政の再生のそれぞれに

ついて健全化判断比率の基準を設けたことに対して、地方財政法の起債制限はそれらに対するさらに早期是正措置として位置づけられることとなりました。地方財政法は、民間資金に対する協議不要（事前届出）、協議、許可の３段階で起債制限を行っています。

また、公営企業ごとの資金不足比率に対する経営健全化基準（早期健全化基準に相当する基準）についても、地方債協議・許可制度における許可制移行基準である10％を勘案して、その２倍である20％とされました。20％の赤字であれば、１年間の営業収益の５％程度の合理化努力を続ければ、４年間程度で解消できる水準と考えられています。

11 早期健全化基準と財政再生基準のあり方

基準の設定にあたってはさまざまな議論がありました。まずは、連結実質赤字比率の早期健全化基準や財政再生基準において、実質赤字比率からの上乗せをしたことです。公営事業会計は、一般会計からの繰出しがあるとはいえ、それによって収支均衡であるのが建前であるので、上乗せ自体必要でないといえます。実際にはそれでは厳しすぎるということで上乗せされましたが、実際に自治体財政健全化法が施行されてしばらく経過すると、公営事業会計の収支は改善され、収支均衡のところも増えてきました。また黒字の会計もありますので、連結実質収支は黒字であって、黒字幅が実質収支よりもむしろ大きいという自治体は少なくありません。

筆者自身の受け止め方として、実質赤字比率の財政再生基準となる赤字比率を20％として、地方財政再建促進特別措置法の準用再建団体の基準を引き継いだことに若干の異論があります。地方財政再建促進特別措置法では法制定時の赤字団体に対して、財政再建団体となって国の監視下で再建を進めることを任意としました。ただし、財政再建団体として本再建になると、再建期間に応じた償還期間の財政再建債の発行が認められました。多くの赤字団体は、本再建を選択しましたが、選択しない団体もありました。そうした団体が、自主再建として、段階的に赤字を減らせばいいですが、赤字を放置しておくことは避けなければなりません。そこで、一定以

上の赤字であれば、強制的に再建規定を準用する準用再建団体とすることにしました。準用再建の場合には財政再建債の発行は認められません。準用再建団体の基準となる赤字幅は、最初は大きく、次第に小さくしていきました。赤字団体は、当然、準用再建団体にならないように、赤字幅を小さくしようとします。準用再建団体にすることが目的ではなく、赤字を縮小することが目的なので、それで構わないわけです。

　20％の赤字という基準は、赤字幅を小さくしていって最後に落ち着いた水準です。すなわち、財政再建債を発行して、赤字を長期債務に振り替える必要がもはやなくなった水準が20％でした。というのは、当時は、1年間で、標準財政規模の10％程度の赤字を縮小することで財政再建計画を策定していました。したがって、20％程度の赤字ならば、基金を崩したり普通財産を売却したりして債務の解消に充てると、再建期間は2年とかからず、財政再建債の発行は不要だからです。

　そうなると、20％以上の赤字に対して、自治体財政健全化法の財政再生基準としたことは適切であるのかは難しいところです。自治体財政健全化法では、早期健全化の仕組みを導入したことで、そもそも財政の再生の段階に至らないことが目的であるので、甘すぎるならばともかく、厳しすぎる基準としたことは問題ではないともいえます。

　一方、将来負担比率の早期健全化基準の水準は、少し甘かったのではないかと考えられます。なぜならば、実質公債費比率はフローで測った地方債の重さであり、将来負担比率はストックで測った地方債の重さであるので、両者の水準は、どちらかの方がクリアしやすいものであってはなりません。もしそうなっていれば、財政健全化が進まなくなるからです。第三セクター等の改革を促すために、期限を切って第三セクター等改革推進債の発行を認めてきましたが、ごく一部の団体で、第三セクター等改革推進債を発行しないと将来負担比率の早期健全化の基準は下回っているものの、発行してしまうと、実質赤字比率あるいは実質公債費比率が抵触する懸念があって、第三セクター等改革推進債の発行を躊躇するといったことがありました。そういうことは本来はあってはならないわけです。

　将来負担比率の場合には、基金を控除しますが、その場合の基金の範囲は相当程度広いものです。特定目的基金の多くを控除対象に含めていま

す。実際に取り崩さずとも、そのように算定します。したがって、第三セクター等改革推進債を発行して、毎年度の公債費が大きくなっても、そうした特定目的基金を取り崩して地方債を繰上償還するなどをすれば、実質公債費比率も実質赤字比率もクリアしますが、それは面倒なことであり、なるべく避けたいと考えるでしょう。そうなると、実質公債費比率の水準に、平均的な償還期間で割返して設定した将来負担比率の早期健全化基準は、基金の作用を十分に勘案できていないといえそうです。

実質公債費比率の早期健全化基準や財政再生基準は、すでに述べたように、地方債協議・許可制度における起債制限の2つのトリガーを踏襲しています。もっともかつては、実質公債費比率25％以上の最初のトリガーで一般単独事業債の許可が制限され、35％以上で公共事業債等の許可が制限されるとして、地方債の発行対象による違いを設けていました。自治体財政健全化法では、そのような起債対象による違いは災害対策関係を除けば設けていません。早期健全化計画などのなかで、地方債の発行を全体として抑制する方向が働く以上、地方債の種類に応じて規制する必要はもはやないといえます。

一方、実質公債費比率の早期健全化基準や財政再生基準は、全団体で共通ではたしてよいのかという問題があります。実質赤字比率や連結実質赤字比率、将来負担比率は、早期健全化基準については、自治体の規模等によって差が設けられています。それぞれ別の理由からです。実質赤字比率や連結実質赤字比率は、単年度の収支ですので、小規模な団体だと比較的変動が大きいことを念頭においてのことと考えられます。それに対して、財政再生基準についていえば、実質赤字比率や連結実質赤字比率で団体の規模によって差を設けていません。どれほど年度間の変動があっても、それを超える赤字は構造的なものであり、是正の対象であるということになります。一方、将来負担比率については、実質公債費比率の基準が変わらないことを前提に、地方債の償還期間の違いを勘案して設けたものです。

健全化判断比率の基準の設定では、基本的に自治体ごとの財政力の違いを勘案していませんが、実質公債費比率に関していえば、本来はその必要があるといえます。標準財政規模は標準税収入に普通交付税を加えたものですが、それは次のように加工できます。

標準財政規模＝標準税収入＋普通交付税
　　　　　＝（基準財政収入額＋留保財源）＋（基準財政需要額－基準財政収入額）
　　　　　＝基準財政需要額＋留保財源

　つまり、標準的な財政需要のうち、基準財政需要額に算入されることで厳密に財源保障される部分と、割落とされる部分があり、それは留保財源対応となることを意味しています。実質公債費比率は、公債費のうち基準財政需要額に算入されない部分の相対的な重さを示したものですので、留保財源対応となる公債費の重さといいかえることもできます。したがって、実質公債費比率の適正規模は留保財源の大きさに応じて決まってくるといえます。その場合、実質公債費比率に関する早期是正基準や財政再生基準は財政力指数に応じて定めることが適当となります。

　一部の自治体から、実質公債費比率が高くても、財政運営にさほどの支障を来していない実態に照らすと、早期健全化基準を緩和してほしいという疑問の声が出るのも、当該自治体の財政力指数が高ければあり得るところです。実質公債費比率の基準に係る問題は、むしろ財政力指数の低い自治体で起きています。財政力指数がかなり低く、留保財源が小さい自治体の場合、実質公債費比率が早期健全化基準よりもはるかに低い水準であっても、実質公債費比率の分子である基準財政需要額に算入されない公債費・準公債費が留保財源を上回ってしまいます。実質公債費比率が早期健全化基準に達するまでは、借入を行っても健全だなどと誤解をすると、財政運営に支障を来すことになりかねません。

　最後は、将来負担比率に財政再生基準を設けなかったことの妥当性についてです。財政健全化団体になれば、法的な枠組みに沿っているとはいえ、自主的な取組みによって財政健全化をめざすといえますが、財政再生団体になると自治権が強く制限された状態です。したがって、財政再生団体を適用するためには、自力で再生することがもはや困難であると認定できるほど財政状況が悪化していることが要件となります。

　民間企業の場合、財務状況が悪化して株価が下がってもなお自力再建の可能性があります。資金ショートに対する手当てができなくなって手形が

不渡りになり、信用取引が停止される状況に至れば、自力再建は困難となるでしょう。同様に、自治体でも財政運営が真に行き詰まった状態であるとは、資金ショートが悪化したときとみなすべきです。健全化判断比率のうち、実質赤字比率と連結実質赤字比率は、どちらも資金ショートの程度を表す指標ですので、財政再生基準とするにふさわしいといえます。それに対して、将来負担比率は、実質的な負債の財源総額に対する規模に対して大きいかどうかをみるものですので、それが大きいことは、資金ショートが近い将来生じる蓋然性があることを意味します。そこで、そうならないように財政健全化に努めてもらうために、予防措置として財政の健全化の規定を適用することは望ましいといえます。しかし、それ以上に財政再生団体とするのは無理があるといえます。

 そのようにみていくと、実質公債費比率に財政再生基準が設けられていることははたしてどうかとなります。将来負担比率と実質公債費比率はいわば兄弟のような関係ですので、実質公債費比率にも財政再生基準を設けないことはあり得たところです。

12 早期健全化団体でなければ健全なのか

 自治体財政健全化法が施行されてしばらくすると、唯一の財政再生団体である夕張市を除くと、早期健全化団体は皆無となりました。多くの団体では、当面、早期健全化団体になる懸念はありません。一方、毎年度、健全化判断比率の算定を行わなければなりません。その事務負担は小さいものではありません。手間をかけても、健全団体としかならないことに一種の虚しさを感じているのか、自治体財政健全化法は空振りではなかったかという声も聞こえてきます。

 自治体の財政担当者としては、常に、財政運営の先行きに不安を感じています。財政健全化に向けて常に警告を発していたいという気持ちがあります。それに対して、自治体財政健全化法では、手間をかけて算定しても「健全」という結果にしかならないとすれば、事務負担が過重であるという意味で、自治体の財政担当者の足を引っ張るものと映っているのかもし

れません。

　そこで問題なのは、早期健全化団体でなければ、すなわち健全なのかということです。自治体財政健全化法は、「財政の健全化」であっても、法的な枠組みの下で財政再建を行うことが求められます。「財政の再生」に比べると、自主的な再建であることは間違いありませんが、一定の法的な枠組みが適用されます。それは、自治体の自治権を尊重する意味で、本来は避けるべきことです。つまり、自主的といえども、直ちに財政健全化に向けて具体的な取り組みを進めなければ、早晩、財政運営の行き詰まることが想定されるというほど、差し迫った状態が「財政の健全化」の状態であるといえます。

　たとえていえば、財政の再生は有無をいわさず医師から入院が命じられる状態、財政の健全化は医師から強い指導を受けて通院をしながら治療を受けている状態です。医師の指導に従わずに病状が悪化すれば入院を命じられます。それ以外の状態は、相当幅広いところがあります。健康にまったく不安を感じていない状態、体調が思わしくないときもあるが投薬や治療を受けずにいる状態、定期的に医師に経過観察してもらいながら日常生活を送っている状態などです。

　つまり、自治体財政健全化法の「健全」は、同法が定める財政健全化の枠組みを適用されるほどは財政が悪化していないということであって、文字通り健全であって、財政状態に不安がない状態であるとはいえません。財政の健全化をサッカーにたとえて「イエロー・カードをもらう」などといいますが、イエロー・カードをもらわなかった選手は、常に、フェア・プレーをしているとまではいえないことと同じです。

　それでは、健全団体で財政状況に不安を抱えている団体はどうすればよいのか。健全化判断比率として算定された指標をさらに加工して、自ら財政状況を診断する必要があります。特に将来負担比率は、従来にはなかった画期的な財政指標ですから、そこから多くの含意を引き出すことができます。そのための自主的な努力は是非してほしいところです。

13 健全化判断比率4指標の関係

健全化判断比率4指標には相互に影響を及ぼす関係があります。そこで示したように、4つの指標は互いに補完的な関係にあります。たとえば、財政状況が厳しいからという理由で、地方債の償還期間を新発債から順次延ばしたり、基金を崩したりするような対応をしたとします。実質的な歳入の増ではなく、本来的な意味での歳出の圧縮をしたわけではありません。当面の資金繰りを付けたにすぎません。そうした弥縫策を講じただけで、4つの指標のどれもが悪くならないとすると、4つの財政指標では財政状態を把握できないことになります。自治体も4つの財政指標をかたち

図2-17 健全化判断比率4指標の相互の関係

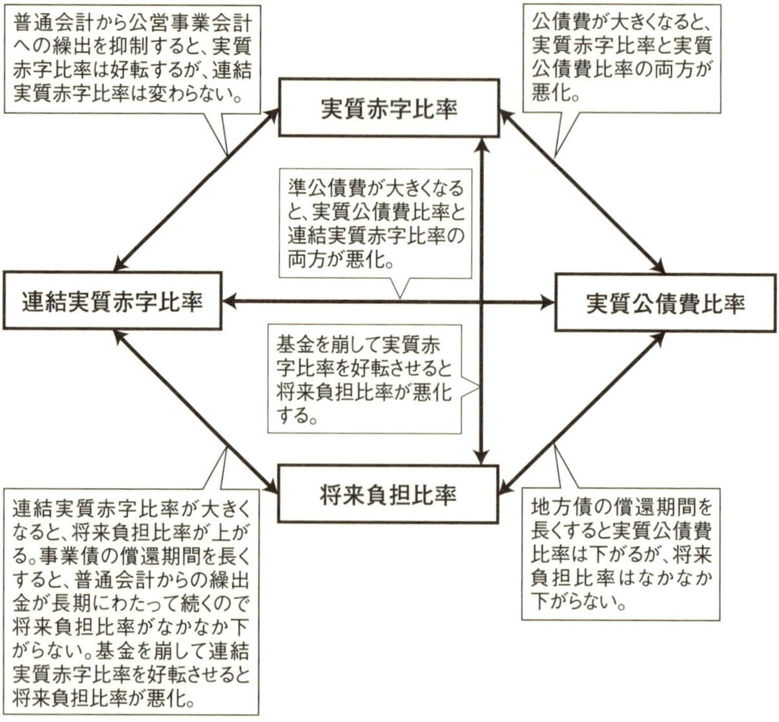

- 普通会計から公営事業会計への繰出を抑制すると、実質赤字比率は好転するが、連結実質赤字比率は変わらない。
- 公債費が大きくなると、実質赤字比率と実質公債費比率の両方が悪化。
- 準公債費が大きくなると、実質公債費比率と連結実質赤字比率の両方が悪化。
- 基金を崩して実質赤字比率を好転させると将来負担比率が悪化する。
- 連結実質赤字比率が大きくなると、将来負担比率が上がる。事業債の償還期間を長くすると、普通会計からの繰出金が長期にわたって続くので将来負担比率がなかなか下がらない。基金を崩して連結実質赤字比率を好転させると将来負担比率が悪化。
- 地方債の償還期間を長くすると実質公債費比率は下がるが、将来負担比率はなかなか下がらない。

実質赤字比率 — 連結実質赤字比率 — 実質公債費比率 — 将来負担比率

出所：筆者作成

の上でクリアするような財政運営に甘んじるようにもなりかねません。それは望ましくありません。

　そこで、4つの財政指標は、実質的な意味での財政健全化ではないことにしたとしても、何かの指標が悪化するか、後年度に何かが悪化するかまたは時間が経過してもなかなか好転しない、などの効果が生じるように考えられています。

　図2-17は、そのことを具体的に示しています。まず、基金を崩して実質赤字比率や連結実質赤字比率を下げた場合には、将来負担の控除項目である基金が減ることから、将来負担比率が悪化します。また、地方債の償還期間を新発債から長くするか（下水道事業会計などでは資本費負担平準化債などを発行するような場合を含む）、借換えを実施するような場合には、公債費や準公債費が小さくなりますので、実質赤字比率、連結実質赤字比率、実質公債費比率のいずれもが低下します。しかし地方債の残高は変わらず、償還のスピードが緩やかになることで長期にわたってなかなか減らないという状態になり、実質公債費比率がなかなか下がらず、将来負担比率は（そうしなかったときに比べ）将来にわたって高止まりになります。

　仮に値下がりして含み損が発生している土地開発公社の土地を、一般会計で地方債を起こして簿価で買い取って含み損を帳消しにしたとしても、実質公債費比率の増加要因になりますし、将来負担比率は変わりません。

　減債基金からの借入を行っている場合には、将来負担比率の算定で、充当可能基金の対象から外すこととされています。その場合、資金繰りがよくなっていますので、実質赤字比率の好転につながりますが、将来負担比率が上昇します。

　このように、健全化判断比率4指標は、財政運営の現状を捕捉するうえで補完的な関係にあります。多方面から財政状況を捕捉することで、安易な財政運営を許さないようになっています。もっとも、その早期健全化基準や財政再生基準の水準に関して、4指標の平仄が合っているかについては、今後も、継続的に研究が必要です。どれかの指標の設定が甘ければ、その指標を悪化させるような操作的な運用を助長することによって、安易な財政運営を許すことになりかねないからです。

14 解消可能資金不足の意義

　解消可能資金不足額は、すでに述べたように、地方公営企業で資金不足が生じた場合に、資金不足から控除するものの１つであって、控除対象とする根拠は、解消されることが確実に見込まれることです。計画赤字とも呼びます。その算定方法は図２－14で示しています。もっとも一般的な累積償還・償却差額方式では、減価償却費を上回って元金償還費が発生することによる差額を算定するものです。すなわち、減価償却費の累積額よりも前倒しで償還した公営企業債の償還額の差額分については、資金不足が生じていても、自治体財政健全化法上の赤字とはみなしません。ただし、資本費平準化債で借り換えた分は、実質的に償還していませんので、解消可能資金不足から除かれることは当然のことです。また、地方公営企業の資金不足比率でも、同様に、解消可能資金不足額を適用します。

　このことは、裏返せば、地方公営企業は、法適用企業であろうと法非適用企業であろうと、資金不足が生じていても直ちに経営が不健全であるとはいえないということを意味します。公営企業債の元本償還は、減価償却分相当分だけでもよいとみなしているわけです。水道事業や下水道事業、鉄軌道事業が典型的ですが、管きょや線路の減価償却期間は50年程度と相当長いです。一方、地方債の借入期間は、近年、相当長くなったとはいえ、30年程度が主流です（その差を埋めるのが資本費平準化債による借換えです）。そうなると、地方債の償還期間が終わっても、なお管きょの耐用年数の終了までには長い期間が生じるので、仮に元本償還分を賄える料金設定にしていれば、元本償還が不要になったとたんに資金余剰が発生することとなります。そこで、地方債の償還期間中に資金不足額が累積していたとしても、償還期間が終われば、その返済が可能になるので、資金不足であっても解消可能であるとみなします。現実には、下水道事業などでは、多くの市町村でこれまでは供用面積を拡げている段階でしたので、資金不足が解消される実感に乏しいところはありますが、積極的な整備面積の拡大を終了すれば、資金不足が出ていても計画的に解消が可能という見通しが持てます。

解消可能資金不足については、一部で根強い誤解があります。地方公営企業の経営悪化を表面化させないための目こぼしではないかというのです。そのような誤解がされる原因は、地方公営企業は、法適用であっても法非適用であっても、企業である限り、資金不足をもって経営状態を判断できないという常識が十分に浸透していないことにあります。発生主義会計ベースで収支が均衡していれば、資金不足そのものは問題がないという原則に立ち返って考える必要があります。

　自治体財政健全化法では、法適用企業と法非適用企業をニュートラルに扱う必要があります。とりわけ、下水道事業は任意適用であることから、法適用企業と非適用企業が混在しています。自治体財政健全化法の性質上、どちらかの方式が有利になるということはあってはいけません。そこで解消可能資金不足は、大きな意味を持ちます。

　現金主義会計の実質収支は歳入と歳出の実質的な差額であり、発生主義会計の当期利益は収益と費用の差額です。法非適用の地方公営企業の場合、建設改良事業をすべて公営企業債で賄っているとして、それを歳入と歳出の両方から相殺する（圧縮記帳する）とすれば、残る歳入の項目は、発生主義会計で経理した場合の収益と、それほどの差はありません（厳密にいえば、料金収入が調定額なのか実収入なのかの差などはあります）。一方、残る歳出項目と発生主義会計の費用を比較した場合に、もっとも大きな違いは、現金主義会計の元本償還金と発生主義会計の減価償却費です（人件費における退職金の取り扱いなどの相違点はもちろんあります）。

　ところが、解消可能資金不足額を資金不足額から控除するということは、現金主義会計の元本償還金と減価償却相当額と置き換えることを意味します。その場合、現金主義会計の資金不足額は、発生主義会計の累積損失に近似させている意味があります。つまり、自治体財政健全化法上は、地方公営企業は法非適用であっても、法適用企業の利益概念に置き換えていることで、発生主義会計ベースで健全であれば、資金不足自体は問題としないことを意味します。地方公営企業法の法適用企業であって発生主義会計による地方公営企業では、不良債務で資金不足に近似した数値を得たうえで、資金不足が生じている場合にそこから解消可能資金不足額を適用していますので、結果的に、法適用企業に準じて、累積利益に近似させた

指標にしています。回りくどいともいえますし、法非適用との整合性を図っているともいえます。

　一方、地方債の元本償還期間を減価償却期間に一致させることで、世代間の公平を達成すると説明される場合があります。それは、現役世代に発生した費用を当該世代が負担するということだと説明すると、それは発生主義会計ベースでの収支均衡を意味します。

　自治体の会計を、一般会計と国民健康保険会計のような社会保険会計と地方公営企業の3つに区分した場合、社会保険会計は投資的経費が基本的にないので、現金主義会計と発生主義会計に差があまりありません。一方、一般会計はあくまで現金主義会計の資金不足をもって健全性を判断します。他方、地方公営企業は見かけ上は資金不足であるようで、解消可能資金不足額を適用することで、発生主義会計ベースに近似させて健全性を判断します。このように考えると、地方公営企業の解消可能資金不足を適用する理由よりも、一般会計で実質赤字比率として、資金不足をもって財政健全化指標としているのはなぜかということの方が、より本質的な問題であるといえます。その点は、第7章の地方公会計の箇所で改めて述べますが、一般会計の場合には、建設公債主義によって発生主義会計ベースでは基本的に健全であり、資金不足をもって財源不足とする、手堅いという意味での保守的な財政運営をあえて採択していることに尽きます。

　それは、本書で述べているように、自治体財政健全化法がデフォルトを起こさないための法律として企画されていることに通じます。仮に、一般会計にも解消可能資金不足額の適用を認めるとすれば、貸借対照表が資産と負債が同額になって純資産がゼロになるまで減税や借入が可能ということになります。それは強気の財政運営といえますが、リスクを積極的に取る姿勢であって、民間企業では許されても、政府の行動としてはわが国では避けられてきました。

　あくまで、一般会計は、建設公債主義と資金不足に対する再建規定の二段構えで、デフォルトを起こさないかたちにしているので、一般会計に支えられた地方公営企業は発生主義会計ベースの健全性で構わないとみなしているともいえます。解消可能資金不足額は、そのような構図を確保するうえで重要な意味を持っています。

15 都市計画税の実質公債費比率と将来負担比率への反映

　自治体財政健全化法の制定は、自治体関係者の関心を集め、自治体からもさまざまな意見が表出されました。そのなかで自治体の意見を取り入れて見直されたものの代表格が、都市計画税を実質公債費比率と将来負担比率の算定における充当特定歳入にカウントするようにしたことです。実質公債費比率は協議制の導入に合わせて設けられた指標ですが、自治体財政健全化法の制定時に定義が見直されています。

　都市計画税は目的税であり、臨時一般財源として経理されます。任意課税であって標準税率もないことから、指標の分母である標準財政規模には含まれていません。一方、実態としては、地方債の償還財源として充当することができます。したがって、実質公債費比率や将来負担比率の算定にあたって、分母の標準財政規模の加算要因とするのではなく、実質公債費比率の場合には特定財源として分子の公債費から都市計画税の実充当分のみを控除することとし、将来負担比率の場合には都市計画税の実充当実績に沿って分子の充当可能特定財源に含めることに改められました。それは、主に大都市において、旧来の実質公債費比率では水準が高く算定されてしまい、財政運営の実態を反映していないという意見に沿ったものです。

　それに対して、目的税のすべてが同じような扱いを受けているわけではありません。自治体財政健全化法制定時の自治体からの各種の意見に対する回答を取りまとめた「地方団体から寄せられた意見等に対する総務省の見解（平成19年11月現在）」では「実質公債費比率の算定において、都市計画税を特定財源として控除する場合には、同じ目的税である入湯税についても、同様に控除すべきと考える。もし、都市計画税のみを対象とするのであれば、その根拠をお示しいただきたい」という意見に対して、総務省は、「入湯税については、鉱泉所在市町村のみに課税され、かつ、一般的には当該市町村の観光施設整備等のため特別の財政需要（標準的経費でないもの）に充てられるものであることから、普通交付税上は基準財政需要額及び基準財政収入額に算入していない。一方、都市計画税については、受益者負担金的性格が強く普遍的なものとして単位費用の積算の際に

特定財源として控除されている。今般、この交付税上の取扱いとの整合性を踏まえ、都市計画税のうち都市計画施設等に係る地方債の元利償還金の財源に充てたと認められる額を何らかのルールを設定して確認できる場合には、実質公債費比率の算定上、特定財源として控除する取扱いとする予定」と回答しています。つまり、同じ目的税であっても、入湯税は、そもそも標準的な経費といえないものに対する財源として位置づけられているという意味で、都市計画税とは性格を異にするというわけです。

16 自治体財政健全化法の見直し

　自治体財政健全化法の運用開始後、いくつかの問題点が指摘されるようになりました。そこで、総務省は「地方財政の健全化及び地方債制度の見直しに関する研究会」を設け、平成27年12月に取りまとめた報告書において、現行の運用では、必ずしも把握しきれていない財政負担を客観的に把握し、健全化判断比率に反映させる必要があるとして、次に示すような見直しを求めています（引用は、研究会報告の概要書、総務省作成）。

　① 第三セクター等に対する短期貸付
　・第三セクター等に対する反復・継続的な短期貸付は、不適切な財政運営であるものもあり、早期の解消又は必要に応じて長期貸付等への切り替えを促すべき。
　・第三セクター等が経営破綻した場合には、地方公共団体に対する返済が行われなくなるリスクが潜在しており、実質的に負担することが見込まれる額について、将来負担比率への反映を検討すべき。
　② 年度を越えた基金の繰替運用
　・実質的には一般会計等に資金不足が生じている状況について十分な説明責任が果たされていないため、実態に即した財務状況が開示され、住民や議会等が客観的なチェックができるよう、決算書等への記載を促す措置を検討すべき。
　・詳細な実施状況について総務省においても把握し、必要に応じてきめ細かな助言を実施すべき。

③　公有地信託
・公有地信託の事業収支が悪化して資金不足が生じた場合、地方公共団体が費用補償を求められる可能性があるため、実質的に負担することが見込まれる額について、将来負担比率への反映を検討すべき。

以上の３点については、いずれも平成28年３月の自治体財政健全化法の一部改正によって、将来負担比率に算入する項目に、不動産の信託および第三セクター等に対する短期貸付に係る一般会計等の実質的な負担見込額を追加すること等の見直しが行われることによって実現しました。本章の記述は、そのような見直しを織り込んだものです。

17 国等に対する寄附禁止の緩和

　もう１つ、自治体財政健全化法の改正で注目する必要があるのは、国等に対する寄附の制限の緩和についてです。地方財政再建促進特別措置法は、自治体が行う寄附に対して制限的な考え方を持っていました。それは次のような経緯からです。昭和22年の地方自治法は第231条（現第232条の２）で、公益上必要がある場合において自治体が寄附を行うことは可能としていましたが、地方財政法は昭和25年の改正で割当的寄附を禁止する内容を盛りこみ、さらに27年の改正で独立した条文としました。昭和27年改正は、国と地方の負担区分のあり方に対する考え方を整理したものであり、割当的寄附の禁止もその１つとみることができます。ついで、昭和30年の地方財政再建促進特別措置法は、第24条第２項において、自治体から国に対するものについては、自主的であるかを問わず、寄附金や法令に基づかない負担金等は、当分の間、原則禁止としました。税制の近代化が進む過程で、割当的寄附が問題視されることは自然な流れであり、再建法制としてケジメを付けるための制限的な規定であったといえます。その後、平成になると、制限は段階的緩和に転じました。

　自治体財政健全化法への移行時に、本条の規定は基本的に引き継がれましたが、旧法が当分の間としていたことから、附則に盛り込むこととしていました。しかし、地方分権の推進の観点で、その緩和が求められるよう

になり、平成23年のいわゆる第2次一括法において、地方分権改革の推進の観点で、国等への寄附金等の原則禁止が廃止されました。とはいえ、割当的な寄附が不適当であることは変わりないので、平成23年11月30日付けで発出された総務大臣通知は、「本改正の施行後においても、国と地方の財政規律の確保の観点から、国等への寄附金等の支出に当たっては、これまでの健全化法附則第5条の規定の運用も踏まえて、適切な財政運営に努められたい」として、自治体の自主性に委ねながらも、不適当な寄附要請には応じないように促しています。

第3章

算定と監査

1 健全化判断比率の算定における注意事項 ——「Q&A」から

 総務省はホームページで「健全化法に関するQ&A」を公表しています。そのなかで、特に重要と思われる事項の要旨を以下で紹介します。引用部分は特に断らない限り、Q&Aからのものです。

(1) 一般会計等の会計区分をめぐって

 まずは、一般会計等の会計区分や公営企業会計の範囲についてです。特に、従来の決算統計と異なる取り扱いをしているところで注意が必要です。
 自治体財政健全化法では、実質赤字比率の対象は普通会計ではなく一般会計等であって、したがって、想定企業会計を設けるような統計的処理は行わないことはすでに述べました。Q&Aは次のように述べています。

> 「健全化法における「一般会計等」は、各団体の一般会計及び特別会計の存在を前提に、決算統計における「普通会計」に相当する範囲の会計を指すものであるが、健全化法においては、現実に法的に存在している会計を単位に算定するため、一般会計の中の特定の事業に係る収支を抽出し、独立の特別会計として取り扱うような統計的処理（いわゆる想定企業会計）は行わない。／したがって、各団体の会計の設置形態によっては、両者に差異が生じる場合もある。」

 そのように処理する場合、1つの特別会計のなかで「一般会計等に係る特別会計」「公営事業会計に係る特別会計」「公営企業会計に係る特別会計」の性質を有する収支が混在することがあり得ます。その場合には、「「地方公共団体の財政の健全化に関する法律」における健全化判断比率を算定するための様式に関する記載要領」の2頁にあるように、(Ⅰ)一般会計等、(Ⅱ)一般会計等以外の特別会計のうち公営企業に係る特別会計以外の特別会計、(Ⅲ)公営企業会計に対して、1つの特別会計においてⅠ～Ⅲの事業の収支を併せて経理している場合の会計区分は、次のように説明されています。

> 「それぞれの事業に係る歳入歳出の決算規模により、主としてⅠ～Ⅲのいずれの会計区分に該当するものであるかを判断してください。／なお、歳入歳出の決算規模が均衡しているなどの理由により、上記の判断が困難な場合については、ⅠとⅡに係る収

支を併せて経理している場合はⅠの会計区分と、Ⅰ又はⅡとⅢに係る収支を併せて経理している場合は③の会計区分としてください。」

そこでいうⅠ～Ⅲの区分については、図3－1で示しました。なお、それぞれの事業に係る歳入歳出の決算規模によって会計区分を定める場合、一定の年数が経過すると事業規模が変わることで会計区分が変わることは想定されますが、事業規模の変動によって年度ごとに会計区分が変わることは年度間比較の観点から適当ではなく、会計収支の将来的な見込み等を踏まえて判断することが望ましいとされています。

決算統計では、法非適用の有料道路事業、駐車場（整備）事業および介護サービス事業の3事業に係る会計は公営企業会計として取り扱われます

図3－1　会計区分のイメージ

出所：総務省「「地方公共団体の財政の健全化に関する法律」における健全化判断比率を算定するための様式に関する記載要領（都道府県・市区町村共通）」

が、これらは自治体財政健全化法では公営企業としては取り扱われません。ただし、法適用企業となった場合には、公営企業として取り扱われます。

> 「介護サービス事業等が法適用企業でない場合は、2①表［資金不足比率等に関する算定様式における「公営企業会計に係る資金不足額等」］ではなく、公営企業以外の公営事業会計として1②表［健全化判断比率に関する算定様式における「一般会計等以外の特別会計のうち公営企業に係る特別会計以外の特別会計に係る実質収支額」］の対象とする。（したがって、法適用企業でない介護サービス事業等は、資金不足比率の算定対象とはならない。）／また、介護サービス事業等が法適用企業である場合は、法適用企業会計として2①表の対象となる。（ただし、大括弧内は筆者加筆）」

さらに、自治体のなかには、域内にある財産区に係る収支の経理を、特別会計を設置して行っていることがありますが、財産区は異なる法人格を持つことから、その収支は一般会計等の収支に含めません。同様に、財産区に係る基金を当該団体の条例で設置している場合であっても、充当可能基金の対象とはなりません。

(2) 実質赤字比率の算定をめぐって

決算統計でも実質収支比率を算定していますが、それと健全化判断比率の実質赤字比率の算定では、細部で取り扱いが異なることに注意が必要です。典型例が次の事例です。「決算統計においては、市町村から後期高齢者医療広域連合に派遣されている職員の人件費について、市町村が計上している広域連合派遣職員分の人件費と、広域連合から市町村に広域連合派遣職員分の人件費として歳入している負担金等を規模控除するとされているが、1①表［一般会計等に係る実質収支額］（純計）における純計でも、決算統計と同様に規模控除するのか」という質問には、次のように回答されています。

> 「規模控除は行わない。健全化法第2条第1号において、「純計」とは、「一般会計等の相互間の重複額を控除」することとされており、当該市町村が設置した会計と後期高齢者医療広域連合が設置した会計との重複は純計の対象とはならないものである。」

なお、公用・公共施設の建設等を主たる目的とする公有地の信託に係る

賃料については、債務負担行為を設定のうえ、準元利償還金に計上しなければなりません。その点は「公用・公共用施設の建設等を主たる目的とする公有地の信託について（平成24年5月1日総務副大臣通知）」によって周知が図られています。また、公有地信託について、信託契約に基づく和解金が発生し、当該和解金の支払いのために債務負担行為を設定した場合、「当該和解金については、「損失補償をしていた場合における当該損失補償に係る債務の履行に要する経費」に準ずる経費であると考えられるので、将来負担額に計上すべき」とされています。

また、東日本大震災の後に設けられた緊急防災・減災事業の財源として発行する地方債については、元利償還金は実質公債費比率の分子に含まれ、残高は将来負担比率の分子に反映されます。

(3) 連結実質赤字比率の算定をめぐって

連結実質赤字比率の算定でも、決算統計との処理の違いに注意が必要です。その典型例が次に紹介する国民健康保険事業（事業勘定）の実質収支の取り扱いです。そこでは、負担金や事務費の翌年度精算予定額を加味したもの（市町村調査表52表64列）と加味していないもの（同表65列）の両方を示すようにされています。健全化判断比率の算定様式の1②表における実質収支額では、当該精算予定額を加味しない額を計上することとしており、その点は、次のように説明されています。

> 「翌年度精算予定額については、翌年度に精算されるものであっても、実質収支はあくまでも当該年度における収支を算定するものであるから、当該翌年度精算予定額は実質収支に加味しないこととしている。（後期高齢者医療事業や介護保険事業も同様である。）／なお、後期高齢者医療事業に係る国庫負担金については、厚生労働省において当該年度に必要な国の予算が確保されず、所要額よりも減額して概算交付決定され、不足分については翌年度に精算交付されている実態があり、総務省としては、このような国の予算措置の不足が、市町村における連結実質赤字比率の算定に影響を及ぼすことがないよう、当該国庫負担金については、当該年度に所要額を交付するよう、厚生労働省に対して申し入れを行っているところである。」

(4) 解消可能資金不足額の算定について

解消可能資金不足額の算定についても、技術的に注意が必要です。Q＆

Ａでも多くの関連質問があがっています。まず、解消可能資金不足額は、資金不足が生じた特別会計についてのみ算定するものであり、資金不足が生じていないときには算定は不要とされています。

> 「健全化令第３条第１項の規定による資金の不足額（解消可能資金不足額を計算する前の資金不足額）がない場合は、解消可能資金不足額を用いることはないので、算定様式２②表に記入する必要はない。」

解消可能資金不足額の算定方法はいくつか示されており、そのなかで、資金不足額の捕捉のうえでもっとも適当と思われる方法を１つ選択することとされています。算定方法の変更は、当該公営企業の経営状態の変化に応じてあり得るところとされていますが、例えば資金不足額を恣意的に小さくみせるための変更をしてはいけません。変更することが経営実態をよりよく示すことになる合理的理由が必要となります。Ｑ＆Ａでは次のように説明されています。

> 「解消可能資金不足額の算定方法の選択は、算定方法の変更を含め、地方公共団体の判断に委ねられる。／しかしながら、解消可能資金不足額の算定方法を変更した場合、資金不足比率が大幅に変化することもあるので、その変更に当たっては、資金不足比率の連続性を担保する観点から、特に経営健全化計画を策定すべき公営企業にあっては、経営健全化計画が実質的な経営実態の改善を目的としていることを踏まえ、事業の成熟化が進み資金不足の発生要因と解消要素が変化した場合など、合理的な理由に基づいて慎重に行うべきものである。／更に、資金不足比率及び経営健全化計画が住民に公表されていることを踏まえれば、その変更の理由については住民に対して十分な説明を行うべきものであると考える。」

解消可能資金不足額の算定方法のうち、筆者がもっとも代表的なものと考える「累積償還・償却差額方式」は、現金主義会計で経理を行う法非適用企業も含めて適用することができます。法適用企業については減価償却費の計算は地方公営企業の会計基準に沿って行うこととなりますが、法非適用企業についても、それに準じて行う必要があります。

> 「（累積償還・償却差額方式によって解消可能資金不足を算定する場合、）**法非適用企業**についても、施設ごとに耐用年数に応じて算定し、合算して累積額を算出する必要があることに留意が必要（減価償却の方法は、法適用企業に準ずる。地公企則を参

照。)。なお、簡易水道事業（法非適）と下水道事業（法非適）については、減価償却費の簡易算定を行うことができる。」

　そこでいう法非適用企業である簡易水道事業と下水道事業に係る減価償却費の簡易算定の方法については告示によって示されています。

総務省告示第百九十号（平成20年3月31日）（抄）
第二　累積償還・償却差額算定方式の算定基準
4　法非適用企業であって別に定める事業を行うものにあっては、当該年度の前年度までの各年度において発行した施設の建設改良費に係る地方債の当該発行額を償却資産の額とみなし、発行年度の翌年度から事業の区分ごとに別に定める年数の期間にわたって定額法により減価償却を行ったものとみなして、規則第6条第1項第1号の規定及び本基準により解消可能資金不足額を算定することができるものとする。
※「別に定める事業」と「別に定める年数」は、簡易水道事業：40年、下水道事業：45年

　また、告示における「施設の建設改良費に係る地方債」には、資本費平準化債は含まれません。資本費平準化債は、事実上、地方債の償還期間を延長する機能をもつ借換債ですので、それを含めると償却資産の額とみなすことができないからです。
　地方公共団体の財政の健全化に関する法律施行規則（平成20年総務省令第8号）は、第6条で解消可能資金不足額の算定方法を定めています。第6条第2項において、建設改良費等以外の経費の財源に充てた地方債のうち、健全化法上の資金不足としてみなさないものをあげています。その第1号と第2号ではそれぞれ法適用企業と法非適用企業について、経常収支が黒字の企業が発行した地方債で客観的に解消可能と認められるものをあげ、第3号では「前二号に掲げるもののほか、法令の規定により総務大臣又は都道府県知事の同意又は許可を得て起こした地方債」をあげています。この第3号に該当する地方債とは、未稼働資産等整理債および退職手当債を指します。
　また、都道府県から市町村に対して貸付けを行っている場合の運転資金に対する貸付け（地方債）についても、黒字の企業であれば資金不足としてみなされることはありませんが、赤字の企業であればみなされます。

⑸　宅地造成事業に係る販売用土地の時価による評価

　販売用土地の評価は技術的に困難を伴うところがあります。図２−11で示したように、「土地の価額は、販売用土地の帳簿価額（取得価額）と、時価評価による価額から販売経費を除いた価額とを比較し、いずれか少ない額とする（低価法の適用）」とされています。販売用土地の評価について定めた健全化法施行規則第４条にある販売経費等見込額とは「販売手数料、広告宣伝費、土壌汚染対策費、人件費等の当該販売用土地の売却に要する経費の見込額の合算額をいう」（売却するまでの期間に要する経費を見込む）とされています。同じく、造成販売経費等見込額とは「販売経費等見込額及び過去の実績、工事の難易度、工法等を勘案して算定した造成工事、建築工事原価等の合算額をいう」とされています。したがって、市街地再開発事業における販売用の保留床や権利床の整備費用は、造成販売経費等見込額に含まれることとなります。

　図２−11で示したように、評価方法は複数設けられていますが、その選択にあたっては、「当該販売用土地の時価を適切に反映できる評価基準を選択することを基本」とするとされています。そのうえで、販売区域により異なる評価基準を用いることも可能です。合理的な理由がある場合を除き、評価基準は変更せずに同一のものによることが望ましい（企業会計における継続性の原則を踏まえて判断することが望ましい）とされています。また、販売用土地であって未売出土地も評価対象となります。不動産鑑定評価を用いる方法による場合、鑑定評価の対象土地は、鑑定評価書により確認することとされています。

　一方、固定資産税評価額を調整する方法による場合、もっとも注意すべきことは、固定資産税評価額が付された土地の近傍の土地については、固定資産税評価額を用いることはできないことです。実務的にはこの点で誤解されることが多いようです。固定資産税評価額によることができるのは土地課税台帳等に記載された土地に限るとされています。

> 「土地課税台帳又は土地補充課税台帳に記載された当該土地の固定資産税評価額のみ算定に用いることができる。／近傍の土地の固定資産税評価額は用いることができない。」

宅地であるかどうかの判断も、固定資産税を賦課する際に宅地とされるものを「宅地」、その他の地目の土地を「宅地以外の土地」とすることとされ、土地課税台帳等に従うこととされています。

(6) 実質公債費比率の算定をめぐって

　実質公債費比率は、地方債の協議制の導入時に財政指標として新たに算定されるようになりましたが、自治体財政健全化法の施行に伴って、従来の定義を変更して、都市計画税を公債費に対する特定財源のように扱い、都市計画税のうち公債費の償還に充当されたと考えられる額は、実質公債費比率の分子の公債費から控除されることとされました。その一方で、入湯税始め、その他の目的税では同じような取り扱いはされていません。以下の総務省の回答では、入湯税が標準的な経費ではない特別な財政需要に対する財源と位置づけられている一方で、都市計画税は普遍的な歳入であって基準財政需要額の算定では単位費用の積算の債に特定財源として控除対象となることをあげ、両者の性格の違いが強調されていることが注目されます。

　　「入湯税については、鉱泉所在市町村のみに課税され、かつ、一般的には当該市町村の観光施設整備等のため特別の財政需要（標準的経費でないもの）に充てられるものであることから、普通交付税上は基準財政需要額及び基準財政収入額に算入していない。／一方、都市計画税については、受益者負担金的性格が強く普遍的なものとして単位費用の積算の際に特定財源として控除されている。今般、この交付税上の取扱いとの整合性を踏まえ、都市計画税のうち都市計画施設等に係る地方債の元利償還金の財源に充てたと認められる額を実質公債費比率の算定上、特定財源として控除する取扱いとしたところ。／なお、法定外目的税についても同様に、特別の財政需要（標準的経費でないもの）に充てられるものであることから、普通交付税上は基準財政需要額及び基準財政収入額に算入していないものであり、都市計画税と同様に分子から控除する特定財源として取扱うことはできない。」

(7) 債務負担行為に基づく支出予定額について

　将来負担比率の算定に必要となる債務負担行為の捕捉では、地方公会計上の取り扱いと異なるところがあります。一般的に、将来負担比率における将来負担となる範囲は、地方公会計における範囲よりも限定的となります。

「将来負担比率における債務負担行為に基づく支出予定額のうち、負担に見合う役務の提供や資産の取得が今後予定され、資産が依然未取得のものは「注記」に記載し、資産が取得された時点で資産計上する。このとき併せて負債の部の「長期未払金」又は／及び「未払金」に計上する。／庁用車のリース料や第3セクター等の借入金にかかる損失補償など地財法第5条各号の対象経費ではないものにかかる債務負担行為額は、将来負担額の対象外としているが、新地方公会計制度では、その性質に応じて貸借対照表もしくは注記に記載する。／たとえば、第3セクター等の借入金にかかる損失補償に係る債務負担行為額のうち健全化法上の将来負担額に算入されている額は、負債の部に引当金計上を行い、残余の額が偶発債務として注記の債務負担行為に関する情報に記載することとされている。／新地方公会計制度においては、債務負担行為にもとづく支出予定額は、地財法5条各号の対象経費であるか否かにかかわらず、そのすべてをとらえることとしており、その性質に応じて貸借対照表上の科目に計上し、残余の計上されない額は注記に記載する。
※Q＆Aでは新地方公会計とあるが、現在の統一的な基準における地方公会計でも同じ取り扱いである。

一方、退職給付引当金についても同様に、将来負担比率と地方公会計では取り扱いに差があります。

「健全化法では、前年度の末日に職員全員が自己都合退職した場合に支給が必要な退職手当額（期末要支給額）を将来負担額に算入している。／新地方公会計制度では、企業会計が行っているように過去の実績等を勘案して、自己都合退職だけでなく、定年退職、勧奨退職など実際の退職事由比率等を用いた数理計算により計上する一方、健全化法の将来負担額に算入する退職手当支給予定額を支払時期に応じて退職手当引当金及び翌年度支払予定退職手当に分けて計上することも認められている。」

債務負担行為に基づく支出予定額の対象となる経費について、算定時点以前分は含めるものの、それ以降に発生する利子支払分は、利子補給に係る補助予定額について、算定時点において額が確定しているものであっても含めないと記載要領に記載されています。後年度土地等を一括取得するための債務負担行為に係る支出予定額における利払費用の取扱いについても同様です。

「4①表の対象となる債務負担行為に基づく支出予定額の対象とは、算定時点において、既に契約等の相手方による契約の実行等が完了したことにより当該団体の支払額が確定しているものであって、お尋ねの算定時点以降に発生する利子支払に係る利子補給については、算定時点において支払予定額を把握することができるだけあって、

既に契約等の相手方による契約の実行等が完了しているわけではないので、対象とはならないものである。
※4①表は「債務負担行為に伴う支出予定額」を計上するもの。
　後年度に一括取得予定の債務負担行為については当該年度以降の利払いに要する支出予定額を除きその支出予定額を将来負担額に計上する（当該年度までに発生した利払費用は含める）。」

　同じく利子分を含めるかどうかでは、土地開発公社保有土地の買い戻しに係る債務負担行為に基づく支出予定額についても、「算定時点以降に発生する利息分は支出予定額に含めないが、算定時点までに既に発生している利息分は支出予定額に含める」として同様の取り扱いになります。その一方で、性格が異なることから異なる取り扱いとなるものとしては、事業資金借入金のための損失補償があります。当該損失補償契約に関する借入金については、利払のためのものであるか否かにかかわらず、当該損失補償債務の額を基本とし、「損失補償債務等に係る一般会計等負担見込額の算定基準」に基づき将来負担額に計上するとされています。
　将来負担比率の算定における債務負担行為に基づく支出予定額は、将来負担に国庫支出金等を含めた総額で計上し、債務負担行為に基づく支出に充てることができる特定の歳入がある場合は、当該歳入見込額を特定歳入に含めることで将来負担額から控除することとなります。
　将来負担額として計上する債務負担行為は、予算で支出予定額が定められたものです。将来負担比率を適切に算定するためにも、債務負担行為は適切に予算に反映させなければなりません。国営土地改良事業に係る市町村の負担金については債務負担行為を設定しなければならず、同様にそのことも適切に行わなければなりません。

(8)　一般会計等以外の特別会計に係る地方債に充てられる一般会計等からの繰入れ見込額

　法適用企業の宅造と宅造以外とを同じ会計で行っている場合、将来負担比率の算定にあたって流動資産の額などの事業に区分されないものがあり得ますが、その場合には、それぞれに按分して記載するとされています。
　算定様式4②表「一般会計等以外の特別会計（宅造除く）に係る地方債

の償還に充てるための一般会計等からの繰入れ見込額」において、法非適用企業の経常利益の有無については、健全化法施行規則第6条第2項第2号において「営業収益相当額、営業外収益相当額、営業費用相当額及び営業外費用相当額を用いて算定する。／なお、公営企業ではない事業に係る特別会計については、経常利益の欄を空白とする」とされています。

健全化法施行規則
第六条第二項第二号
　二　当該年度の前年度において経常利益に相当する額（営業収益に相当する収入の額及び営業外収益に相当する収入の額の合算額が営業費用に相当する支出の額及び営業外費用に相当する支出の額の合算額を超える場合において、その超える額をいう。第九条において同じ。）がある法非適用企業が起こした地方債

算定様式の4③表「宅地造成事業を行う特別会計に係る地方債の償還に充てるための一般会計等からの繰入れ見込額」において、土地の時価が簿価を超えるような企業（債務超過ではない企業）についても一定額を算入するとされています。ただし、債務超過ではない企業については、一方で資金の余剰額が発生することとなり、それが将来負担から控除されるので、結果的に将来負担は発生しません。なお、宅造会計（法非適）の基金は、4②表の固定資産として算入すべきであり、充当可能基金として算入すべきではないとされています。

(9) 組合等が起こした地方債の償還に係る負担等見込額

組合等が起こした地方債の償還に係る一般会計等の負担等見込額については、組合等の加入団体間において、負担についてのルールは取り決められているものの、例えばそれが、負担が生じた時点における国調人口による按分とされているような場合には、当該負担ルールの基礎数値が算定時点において把握できないため、具体的な負担見込額が算出できません。そこで、加入団体間において取り決められたルールに従ったうえで、何らかの推計により「現時点における負担見込額を算出して算定様式の(4)及び(5)に記入する（告示の1号を適用）」によって負担見込額を算出することは差し支えないとされています。ただし、当該負担見込額の加入団体の総額は、「過去3か年度の負担の状況（算定様式の(6)～(8)）により負担見込額

を算出する（告示の2号を適用）」の方法により得られる負担見込額の加入団体の総額を下回ることはできないこととされています。また、その際には、当該組合等のすべての加入団体において統一的な取扱いとしなければならないとされています。

　組合等が起こした地方債の償還に係る一般会計等の負担等見込額について、組合等の加入団体間の負担ルールに従って組合等の地方債残高を按分する場合、当該組合等が行う公営企業の料金収入により償還することが見込まれる部分を除き、加入団体で負担することが見込まれる額を、加入団体間の負担ルールに従って按分することとなります。「ただし、組合等の料金収入によって償還することが見込まれる部分については、当該額の算出根拠を明らかにした上で、「負担の考え方(5)」に明記する必要がある。／当然のことながら、料金収入を過大に見込むことなどにより、安易に加入団体の負担等見込額を少なく算出することは避けなければならない」とされています。

※「負担の考え方(5)」は、算定様式「4④表　組合又は地方開発事業団が起こした地方債の償還に係る負担等見込額」における「H列」の記入欄を指す。

(10) 退職手当支給予定額に係る一般会計等負担見込額

　退職手当支給予定額に係る一般会計等負担見込額の算定では、「原則として一部事務組合の職員に係る退職手当支給予定額については算定の対象とはならないが、前年度末時点における勤務場所にかかわらず、当該団体の一般会計等において実質的に退職手当を負担することが見込まれる職員であれば、算定の対象となる」とされています。

　健全化法施行規則第11条「退職手当支給予定額に係る一般会計等負担見込額」では、前年度の末日に職員全員が自己都合退職した場合に支給が必要な退職手当額（期末要支給額）を基に算定することを原則としています。同時に、同条には、「ただし、退職手当の制度が特殊であることその他の事情により、これらの事情に応じた算定がより合理的かつ適正と認められる地方公共団体にあっては、当該算定によって得られた額とする」という但し書きが設けられており、合理的な理由がある場合には例外は認められます。

⑾　損失補償債務等に係る一般会計等負担見込額

　損失補償債務等に係る一般会計等負担見込額を算定する際、図２－12で示した財務諸表評価方式による場合、地方公共団体からの補助金等は経常収益として計上しないこととされています。指定管理委託料であっても、実質的に補助金と同等の効果を有するものについては経常収益から控除するとされています。その一方で、国からの補助金等は、経常収益から控除されません。

⑿　地方債の償還額等に充当可能な基金

　充当可能基金については、算定時点が３月31日現在とされていますが、「３月31日までに支出負担行為を行った上で、出納整理期間内に行われた基金への積立て及び基金の取崩しについては、算定時点の基金の残高に、それぞれ加算・減算する」とされています。一方、年度を越えた基金の繰替運用を行っている場合には、当該繰替額は充当可能な基金から差し引かなければなりません。

　同様に、基金のうち貸付金として運用されているものについては、充当可能基金の対象外とされています。県の市町村に対する貸付金についても、「将来負担比率の算定における将来負担額を減じる要素となる基金は、実際にそれらの負債等に充当できるものを捉えるべきものと考えられることから、現に充当可能な状態として現金化等されているものを計上することが適当と考えられる。／基金を市町村等に対する貸付金として活用している場合には、償還されてはじめて将来負担額に充当することが可能となるものであることから、当該部分は充当可能基金の対象としない」とされています。

　合併特例債により造成した基金は、「旧合併特例法第11条の２第１項第３号に規定する基金については、その使途が合併市町村における地域住民の連帯の強化又は合併関係市町村の区域であつた区域における地域振興等に限定されており、また、その造成原資として合併特例債（その元利償還金の一定割合が交付税措置）が充てられているところである。／当該基金を取崩し地方債償還等の財源に充てることは、同法が予定しているところではなく、充当可能基金の対象とならない」とされています。

財産区に係る基金については、充当可能基金の対象外とされています。その理由は、「財産区は、当該財産区の属する市区町村とは別の法人格を有する地方公共団体であるため、当該財産区の基金については、当該市区町村の将来負担額から控除できる基金としては扱わない」というものです。

　公営企業の特別会計に係る基金についても同様に、「料金収入により造成される公営企業の特別会計に係る基金（法非適用企業に設けられた基金を含む）は、独立採算原則に照らし、公営企業の更新投資や企業債元利償還金の償還に充当すべきものものと考えられることから、充当可能基金の対象としない」とされています。

　一方、市町村が設置する国民健康保険財政調整基金や介護給付費等準備基金など、公営企業以外の公営事業に設けられた基金については、充当可能基金となります。同様に、平成20年度2次補正で追加された基金も充当可能基金に加えられます。「設置根拠が法律又は政令にあり、地方債の償還等に充当できないと認められる基金」に該当するとはいえないからです。復興交付金により造成した基金についても、充当可能基金の対象です。東日本大震災などで設けられた「取崩し型復興基金」も充当可能基金の対象です。

　その一方で、「当該基金の原資に補助金等が充てられているため、算定時点において当該基金を廃止するものと仮定した場合、国等の補助要綱等に照らし、国等へ返還する必要がある額については、「うち要返還額(3)」にもれなく計上する必要がある。したがって、算定様式4⑧表上「現金・預金(2)」に計数を計上するとともに、「うち要返還額(3)」にも計数を計上することとなる」とされていることに注意が必要です。

　充当可能基金に該当しないものは、施行規則第16条で次のように定められています。

健全化法施行規則
（地方債の償還額等に充当可能な基金）
第十六条　法第二条第四号ルに規定する総務省令で定める基金は、当該地方公共団体に設置されている地方自治法第二百四十一条の基金のうち次に掲げるもの以外のもの（当該年度の前年度の末日に当該基金を廃止するものと仮定した場合に国及び他

の地方公共団体に返還することとならない部分に限る。）であって、現金、預金、国債、地方債及び政府保証債等として保有しているものとする。
　一　災害救助法（昭和二十二年法律第百十八号）第二十二条に定める災害救助基金
　二　高齢者の医療の確保に関する法律（昭和五十七年法律第八十号）第百十六条に定める財政安定化基金
　三　介護保険法（平成九年法律第百二十三号）第百四十七条に定める財政安定化基金
　四　公営企業に設けられた基金その他法律又は政令の規定により法第二条第四号イに規定する地方債の償還額又は同号ロからチまでに掲げる額に充てることができないと認められる基金

　同条の第4号における基金とは、具体的には「都道府県が設置する国民健康保険法第75条の2の広域化等支援基金、旧合併特例法第11条の2第3号の合併市町村振興基金や公民館の維持運営のために市区町村が設置する社会教育法第33条の基金など、基金の設置根拠が法律又は政令にあり、かつ、左記の地方債の償還額等に充てることができないと認められる基金」とされています。

(13)　地方債の償還額等に充当可能な特定の歳入

　土地開発公社から市町村が一般単独事業債を起債して土地を買戻し、当該土地を民間に貸し付ける場合の賃借料については、「土地開発公社の経営健全化の一環としての一般単独事業債と考えられるが、当該賃借料は、当該地方債の償還額に対する充当を予定された特定の歳入とはいえない（賃借料の使途が当該地方債の償還に特定されていない）」ことから、「特定の歳入見込額」として控除することはできません。

　「地方債の償還額等に充当可能な特定の歳入の額を算定するための基準（総務省告示第243号）」は、第4条において都市計画税に係る算定の基準を示しています。

　（都市計画税に係る算定の基準）
　第四条　規則第十五条第四号に規定する総務大臣の定める基準は、都市計画事業に係る地方債の区分又は債務負担行為の事項ごとに、次に定める算式により算定した額の合計額とする。
　算式
　　$A \times a$

算式の符号
- A 都市計画法（昭和43年法律第100号）第4条第15項に規定する都市計画事業及び土地区画整理法（昭和29年法律第119号）第2条第1項に規定する土地区画整理事業（以下「都市計画事業」という。）に係る一般会計等に係る地方債の現在高、一般会計等以外の特別会計における都市計画事業に係る地方債の元金償還金の額に対する一般会計等からの繰入見込額、組合等が起こした都市計画事業に係る地方債の元金償還金の額に対する負担若しくは補助が必要と見込まれる額及び都市計画事業に係る債務負担行為に基づく支出予定額の合計額
- α 次の算式によって算定した数値の当該年度前3か年度の平均値（当該平均値が1を超える場合は、1とする。）

a／(b+c+d+e+f－g)
- a 都市計画事業に係る都市計画税の収入額
- b 一般会計等における都市計画事業に係る地方債の元金償還金の額
- c 一般会計等以外の特別会計における都市計画事業に係る地方債の元金償還金の額に対する一般会計等からの繰入金の額
- d 組合等が起こした都市計画事業に係る地方債の元金償還金の額に対する一般会計等からの負担金及び補助金の額
- e 都市計画事業に係る債務負担行為に基づく支出額のうち一般会計等から支出された額
- f 都市計画事業に係る支出額（bからeまでに掲げるものを除く。）
- g fに掲げる額に充てた地方財政法（昭和23年法律第109号）第5条の4第1項第2号に規定する特定の歳入に相当する金額（都市計画事業にかかる都市計画税にかかる金額を除く。）

※地方財政法（昭和23年法律第109号）第5条の4第1項第2号は実質公債費比率の定義に係る規定であり、そこに規定する特定の歳入に相当する金額とは、実質公債費比率の算定上、特定財源として充当した部分を指す。

　ここでは、実質公債費比率と将来負担比率の算定における都市計画税の取り扱いの違いに注意すべきです。実質公債費比率の算定では、「3③B表　都市計画税充当可能額」のうち、当該年度事業費として、
① 都市計画事業費（一般会計等分）
② 公営企業会計における都市計画事業（下水道、水道等）に対する繰出し

公債費等として、
③ 都市計画事業関連の地方債償還額
④ 都市計画事業関連の公営企業債償還に充てる繰出金（準元利償還金）

⑤ ④以外の都市計画事業関連の準元利償還金

の５項目を挙げています。一方、将来負担比率の算定では、「４⑨Ｂ表 地方債の償還額等に充当可能な特定の歳入見込額②」において、「４．都市計画税収入」として、都市計画税の充当率を次のように算定しています。

((2)都市計画事業費－(3)特定財源)＋(4)都市計画事業に係る地方債の元金償還金等)／(1)都市計画税収入

それに対して、実質公債費比率の算定における都市計画税充当可能額は①～⑤の合計額であり、将来負担比率の(2)と(4)の合計額と一致します。それらは、「都市計画税をその費用に充てることができる都市計画事業及び土地区画整理事業に要する費用で、一般会計等において負担する費用の総額（ただし、事業終了後の維持管理費等を除く）」を意味します。

一方、実質公債費比率における①都市計画事業費（一般会計等分）と将来負担比率における(2)都市計画事業費は一致しません。「実質公債費比率における公債費等（③～⑤の合計）には利払い分が含まれる一方、将来負担比率における(4)地方債の元金償還金等には利払い分が含まれず、当該利払い分は(2)都市計画事業費に含まれることとなるため、(2)都市計画事業費は、少なくとも当該利払い分について①都市計画事業費（一般会計等分）を上回るものである。／また、実質公債費比率における②公営企業会計に対する繰出しに額がある場合は、当該繰出し額は将来負担比率においては(2)都市計画事業費に含めて計上されるものであるから、その額についても差額が生じることとなる。／実質公債費比率①＋②＋③～⑤の利払い分＝将来負担比率」と注意喚起されています。

また、「将来負担比率における(2)都市計画事業費には、一般会計等において直接負担する費用のほか、組合等における都市計画事業等の費用に対する負担額等（(4)に計上される元金償還額を除く）がある場合には、当該負担額を含めて計上する」こととされています。

(14) 資金不足比率について

資金不足比率は、地方公営企業ごとに算定されます。また、一部事務組

合における公営企業についても、資金不足比率を算定・公表する必要があります。休業期間が長期であるなどの場合、資金不足比率の分母である事業規模（営業収益）が小さくなり、比率が大きな水準になることがあり得ます。その場合にも営業収益を分母とすることは変わりませんが、「健全化令第20条において、1年度のみ資金不足比率が経営健全化基準を超える公営企業については、条文に掲げる要件に該当する場合には、経営健全化計画を策定しなくてもよいこととされている。／ただし、この場合、要件となる翌年度の資金不足比率について慎重に試算することが望まれる。／なお、この規定を適用する際には、同条第2項により、該当すると判断する理由の公表及び総務大臣への報告が義務付けられており、手続きに留意が必要である」とされています。

健全化法施行令
（経営健全化計画の策定を要しない場合）
第二十条　法第二十三条第一項ただし書に規定する政令で定める場合は、当該年度の前年度の資金不足比率が経営健全化基準未満である場合又は公営企業の事業を開始した日が当該年度の前年度の中途である場合であって、当該年度の翌年度の資金不足比率が経営健全化基準未満となることが確実であると認められるときとする。
2　地方公共団体が前項に規定する場合に該当することにより経営健全化計画を定めないこととしたときは、当該地方公共団体の長は、直ちに、その旨及び当該場合に該当すると判断した理由を公表し、かつ、総務大臣に報告しなければならない。
※経営健全化計画に関する規定である健全化法第23条第1項の但し書きでは、「ただし、この項の規定により既に当該公営企業について経営健全化計画を定めている場合その他政令で定める場合は、この限りでない」と定められている。

　以上、健全化判断比率と資金不足の算定において、特に注意すべき事項をＱ＆Ａに沿って述べてきました。それ以外の詳細な点は、
- 「地方公共団体の財政の健全化に関する法律」における健全化判断比率を算定するための様式に関する記載要領（都道府県・市区町村共通）
- 「地方公共団体の財政の健全化に関する法律」における資金不足比率を算定するための様式に関する記載要領（公営企業関係／都道府県・市区町村・一部事務組合等共通）

を十分に参照してください。

2 監査の役割の重要性

自治体財政健全化法は、第3条において健全化判断比率の監査と公表について次のように定めています。

健全化法
（健全化判断比率の公表等）
第三条　地方公共団体の長は、毎年度、前年度の決算の提出を受けた後、速やかに、実質赤字比率、連結実質赤字比率、実質公債費比率及び将来負担比率（以下「健全化判断比率」という。）並びにその算定の基礎となる事項を記載した書類を監査委員の審査に付し、その意見を付けて当該健全化判断比率を議会に報告するとともに、当該健全化判断比率を公表しなければならない。
2　前項の規定による意見の決定は、監査委員の合議によるものとする。
3　地方公共団体の長は、第一項の規定により公表した健全化判断比率を、速やかに、都道府県及び地方自治法第二百五十二条の十九第一項の指定都市（以下「指定都市」という。）の長にあっては総務大臣に、指定都市を除く市町村（第二十九条を除き、以下「市町村」という。）及び特別区の長にあっては都道府県知事に報告しなければならない。この場合において、当該報告を受けた都道府県知事は、速やかに、当該健全化判断比率を総務大臣に報告しなければならない。
4　都道府県知事は、毎年度、前項前段の規定による報告を取りまとめ、その概要を公表するものとする。
5　総務大臣は、毎年度、第三項の規定による報告を取りまとめ、その概要を公表するものとする。
6　地方公共団体は、健全化判断比率の算定の基礎となる事項を記載した書類をその事務所に備えて置かなければならない。
7　包括外部監査対象団体（地方自治法第二百五十二条の三十六第四項に規定する包括外部監査対象団体をいう。以下同じ。）においては、包括外部監査人（同法第二百五十二条の二十九に規定する包括外部監査人をいう。以下同じ。）は、同法第二百五十二条の三十七第一項の規定による監査のため必要があると認めるときは、第一項の規定により公表された健全化判断比率及びその算定の基礎となる事項を記載した書類について調査することができる。

資金不足比率についても、同様に、第22条において次のように規定しています。

（資金不足比率の公表等）
第二十二条　公営企業を経営する地方公共団体の長は、毎年度、当該公営企業の前年度の決算の提出を受けた後、速やかに、資金不足比率及びその算定の基礎となる事項を記載した書類を監査委員の審査に付し、その意見を付けて当該資金不足比率を議会に報告し、かつ、当該資金不足比率を公表しなければならない。
2　前項に規定する「資金不足比率」とは、公営企業ごとに、政令で定めるところにより算定した当該年度の前年度の資金の不足額を政令で定めるところにより算定した当該年度の前年度の事業の規模で除して得た数値をいう。
3　第三条第二項から第七項までの規定は、資金不足比率について準用する。

　このように自治体財政健全化法では、財政指標は、監査委員の審査に付したうえで公表するとされました。自治体において監査業務は、従来から行われていましたが、そこでは、自治体の担当者が作成した財務報告の内容が虚偽や錯誤があることは必ずしも前提とはなっていませんでした。政府が作成するものである以上、そこでは一定の信頼性があることが前提でした。したがって、監査業務の中心は財務報告の結果の真偽の確認を審査することは当然のことにはなっていませんでした。しかし、自治体財政健全化法では、財政指標を監査委員の審査に付すと規定することで、監査委員は毎年度、指標の確かさについて審議することが求められています。
　もっとも、監査委員が2名の市町村では、監査委員は議員と自治体出身者という組み合わせが多く、監査委員による監査をサポートする事務局も自治体の職員で構成することから、総合的にみて、監査に求められている専門性も対象となる組織からの独立性も十分であるとはいえません。独立性が十分でないと客観的な立場に立つことができず、決算書に大きな誤りがないという前提で審査を行う可能性が高くなります。監査という業務に求められる知識やノウハウが十分になければ、決算報告そのものが正しいかどうかを「職業的懐疑心をもって審査する」ことは難しいといえます。この点は民間企業の会計監査人（監査法人又は公認会計士）が行う決算監査とは異なっていました。自治体財政健全化法が求めている決算審査は、審査の客観性が強く求められているという点で、民間企業の決算監査に近いものです。その意味では、自治体財政健全化法は自治体における監査のあり方に大きな問題提起をするものです。
　小規模町村では、監査事務局を独立した組織で持っているところは少な

く、議会事務局との兼任であったり、職員数も当然少数であったりすることが普通です。そこで健全化判断指標を検査することは事務量としてもたいへんですし、財政的な専門用語に慣れていない職員であれば、その定義を学ぶことから始めなければなりません。効果的に監査が行われるように、定期監査や例月現金出納検査など関連する他の監査業務と関連を持たせるようにすることで、監査業務を見直していく必要があります。定期監査は主として事務処理の信頼性を評価すること、例月現金出納検査は会計処理の信頼性を評価するものです。定期監査と例月出納検査が信頼できるとなれば、財務会計データに信頼性があると評価できますので、健全化判断比率の審査はその算定の確かさに焦点を絞ることができます。

　例月現金出納検査で、収入と支出、一時借入の結果や基金残高と現預金残高、債務残高等が一致しているかを検査し、それが正確であれば、実質赤字比率の信頼性はある程度あると考えるべきでしょう。ところが、現在の自治体監査のなかで、資産である預金残高の照会をかけることは通常行われていても、負債である一時借入金の残高について金融機関に照会をかけることはまだまだ少ないようです。もっとも、自治体監査のあり方についての解説書では、それらが必要であると記されており、自治体財政健全化法ではそれは必須のこととなりました。不幸にも、一部の自治体で不適切決算が行われていました。その最大規模のものが唯一の財政再生団体である夕張市です。もしも、夕張市において例月現金出納検査が正確に行われていれば、赤字の額が早期に明るみに出たことで、あのような長期にわたる財政再建を行う事態を招くことはありませんでした。例月現金出納を正確に行う必要性はきわめて高いといえます。

　すでに述べてきたように、健全化判断比率と資金不足比率の算定では、部分的に、技術的に相当難しい点を含みます。客観的な事実に基づくだけでなく、判断が求められるようなものがあります。決算統計との微妙な違いにも十分注意する必要があります。それらを理解し、算定作業が適切に行われるためには、制度やルールを知り、実例に通じることが必要です。個々の自治体の例では、どこかの時点で担当者が錯誤した計算方法を、その後もそのまま継続している例がおそらくあると思われますので、十分注意をしてください。

また、監査を受ける側にも備えが必要です。実質公債費比率や将来負担比率の計算を行ったときの原票をきちんとしたかたちで保管し、いつ監査が行われてもすぐに取り出せるようにしておかなければなりません。そのような帳票の作成と保管についてのルールも整えておかなければなりません（健全化法第3条第6項参照）。同法施行令第9条には「健全化判断比率の算定の基礎となる事項を記載した書類をその事務所に備えて置かなければならない期間は、当該健全化判断比率を公表した日から5年間とする」とされています。

健全化法施行令
（健全化判断比率の算定の基礎となる書類を備えて置く期間）
第九条　法第三条第六項の規定により地方公共団体（都道府県、市町村及び特別区に限る。次章及び第三章において同じ。）が健全化判断比率の算定の基礎となる事項を記載した書類をその事務所に備えて置かなければならない期間は、当該健全化判断比率を公表した日から五年間とする。

　自治体の財務会計システムは、それぞれ団体によって少しずつ違います。たとえば繰越金の細かな定義に沿って、正確に会計処理されるようであればよいのですが、財務会計システムが正確に対応していない場合には、結果そのものの信頼性を疑わなければなりません。そのようなシステムの完全性についても監査の対象となりえます。
　監査委員は議会の同意を得て任命され、監査業務の委託を受けたかたちをとっていますので、監査委員は善良な管理者としての注意義務（善管注意義務）を負うことになります。自治体の首長が虚偽の報告をするならば、責任が問われるべきは報告を作成した自治体の首長ですが、もしも、監査委員が職務を誠実に遂行しなかった場合に、善管注意義務違反が適用され、不法行為による損害賠償責任が問われる可能性がないとはいえません。民間企業の監査でも、企業の粉飾決算について、担当した監査法人が厳しく責任を問われることと同じ考え方です。
　監査委員は、責任が問われることに備えて、監査責任を果たしたことが証明できるように、相当の時間をかけて検証作業を行い、その記録を残すなどを通じて、誠実に監査にあたることが求められています。
　かつては会計部門を所管する特別職として、都道府県では出納長、市町

村では収入役を置いて、その任用には首長のみならず議会の同意が必要であるとして、首長の資金管理に対してチェック機能を負わせていました。もっともそのような機能は、現実にはずいぶん形骸化していた印象があり、地方自治法の改正で出納長（収入役）の必置規制はなくなりました。自治体財政健全化法で資金管理の正確性を期する局面を迎えてみると、出納長（収入役）の必置規制の見直しは、やや早計であったかという印象があります。会計部門を強化することは、監査体制を強化することと同じ意味で優先度の高い課題であるといえます。

　以下、Q＆Aを中心に監査業務に関連する事項で特に重要である点について述べます。まずは監査のスケジュールに関することです。

　健全化判断比率や資金不足比率を監査委員の審査に付すのは、前年度の決算の提出を受けた後、速やかにとされていますが、その際、決算審査を終了していることは必ずしもないとされています。監査委員の審査では「法令等に照らし、財政指標の算出過程に誤りがないか、財政指標の算出の基礎となった書類等が適正に作成されているか、などの点について審査を行うこととなるもの。／財政指標は算定年度の前年度の決算等に基づき算定されるものであり、算定の基礎となる決算は適正に調製されている必要がある。／このため、決算審査において、①計算に間違いはないか、②支出命令等に符合しているか、③収支は適法であるかといった点から審査が行われた後に、当該決算を基に財政指標が算定されることが望ましい。／しかしながら、地方団体の財政規模や決算の議会認定のスケジュール等を踏まえると、決算審査を待っていては財政指標の円滑な審査が行うことが困難な場合も想定されることから、そうした場合においては、決算数値の正確性が確認された上で、決算審査と財政指標の審査が並行して行われる場合もありうる」とされています。すなわち、決算審査が終了している方が望ましいといいながら、監査のスケジュールの関係から決算審査と財政指標の審査が並行して行われることはあってもいいとされています。

　それと同時に、財政援助団体等に対する監査や基金の運用状況についても審査が終了している方が望ましいとされています。「地方自治法第199条第7項に基づく監査（以下、財政援助団体等に対する監査）は、財政援助団体等の出納その他の事務の執行で、財政的援助にかかるものを監査する

ことができるとされているが、監査の対象は、財政的援助に係るもので、出納その他の事務の執行の範囲内に限られることから、「損失補償債務等に係る一般会計等負担見込額の算定に関する基準」（総務省告示第242号）により必要とされる財務諸表の確認、純資産等の額の計算、会計年度の調整等の全てについて当該監査を通じて行うことが可能なわけではない。／したがって、財政援助団体等に対する監査を通じて確認できる事項については、当該監査の結果を踏まえて財政指標の審査が行われることも考えられるが、その他第3セクター等に係る損失補償債務の算定に必要な事項については、別途の手段で確認が必要となる場合もあり、財政援助団体等に対する監査が必ずしも財政指標の審査に先立つことが必要とされているわけではない。／また、長は基金の運用状況を示す書類を作成し、これを監査委員の審査に付すこととされている（地方自治法第241条第5項）。／将来負担比率において、地方債の償還額等に充当可能な基金を将来負担額から控除することとしているが、控除できるのは基金のうち現金、預金、国債、地方債及び政府保証債等として保有するものに限るとされており、その運用状況を審査した後に、財政指標が算定されることが望ましい。／しかしながら、地方団体の財政規模や決算の議会認定のスケジュール等を踏まえると、基金の審査を待っていては財政指標の円滑な審査が行うことが困難な場合も想定されることから、そうした場合においては、基金に関する財務情報の正確性が確認された上で、基金の審査と財政指標の審査が並行して行われる場合もありうる」とされています。すなわち、監査の日程を無理に調整する必要はないとされています。

　同様に、第三セクター等の損失補償債務等に係る一般会計等負担見込額を算定する際に、財務諸表評価方式を用いる場合に、財務諸表に対する地方公共団体の監査委員の監査が、日程の関係上健全化判断比率の審査の後となってしまう場合、監査委員の監査による財務諸表の適正性の確認はできていないことになります。その場合でも、「監査委員が健全化判断比率の審査の過程においてその財務諸表を適正なものと判断すれば、健全化判断比率の審査はできるものとする」とされており、同じく監査の日程を無理に調整する必要はないとされています。

　監査委員の審査において健全化判断比率又は資金不足比率に算定の誤り

が発見された場合には、それを指摘するに止まらず、最終的には決算を調製する首長の判断によるとはいいながら、算定の見直しを求めて、最終的には過誤のないかたちで再提出を求めることとなります。「決算審査において計算誤りが発見されたときは、決算書を訂正すべき旨の意見を監査委員は提出すべきもので、訂正するかどうかは長が判断するとされている。／一方、財政指標については、監査委員の審査の結果、算定誤りが発見された場合には、財政指標の程度に応じて財政健全化計画等を策定し地方団体の財政の健全化を進めることを本法律は目的としていることを踏まえると、財政指標の客観性、適正性は確保されるべきであり、長は財政指標を再度算定し訂正すべき。／なお、審査意見として提出されないまでも、審査作業の過程で計算誤りが発見された場合であっても、速やかに財政指標を再度算定し訂正すべきである」とされています。

　自治体財政健全化法に基づく審査のポイントをＱ＆Ａは次のように説明しています。

「健全化判断比率及び資金不足比率（財政指標）並びにその算定の基礎となる事項を記載した書類を監査委員の審査に付す目的は、財政指標の客観性及び正確性を担保することであり、
①法令等に照らし財政指標の算出過程に誤りがないか。
②法令等に基づき適切な算定要素が財政指標の計算に用いられているか。
③財政指標の算定の基礎となった書類等が適正に作成されているか。
④客観的事実の妥当性を判断した上で財政指標の算定を行う場合において、公正な判断が行われているか。
といった点を中心に審査することにある。
　①については、法律、政令、省令、告示及び関連通知並びに財政指標の算定様式記載要領等を参考に、その算出過程を確認することが必要となる。その際、財政指標に大きな影響を及ぼす金額の大きい数値には、特に意を用いた審査が重要となる。
　また、算定様式には、地方団体の便宜のため計算式が予め組み込まれているが、様式の改ざん等の可能性も排除できず、算定の確実性を担保するものではないことから、必ず演算検証を行う必要がある。
　②については、債務負担行為が設定されるべき支出予定額に債務負担行為が設定されているか等について確認を行う必要がある。
　③については、算定様式のみならず、財政指標を算定するために必要な予算決算書や参考資料等が適正に作成されているかを確認する必要がある。
　④については、債務負担行為に基づく支出予定額のうち、省令８条６号に規定される「当該地方団体において合理的に算定した」額における当該合理性や、土地開発公

社の土地を他団体が「確実に買い戻す」場合における当該確実性等について確認する必要がある。」

　監査委員は、このような審査のポイントを十分に踏まえる必要があります。また、総務省は、監査業務の審査に供するために「チェックポイント」を公表しています。チェックポイントの性格、それを作成した理由・背景については、次のように説明されています。

　「①地方団体側から、健全化判断比率及び資金不足比率（財政指標）の審査にあたりその着眼点の参考になるものを示して欲しいとの要望があったこと。
②制度の運用初年度にあたり、審査事務の目安となるものを、制度を設計した総務省が示すことは、円滑な審査事務に資するものと判断したこと。
　このチェックポイントの提供は、地方団体の事務の運営についての技術的な助言の一環として行うものである。したがって、チェックポイントに基づき審査を行わなければならない、といった強制力を持つものではない。
　今後、蓄積されるであろう審査事務上の知見や各地方団体の事務の特性等を踏まえて、各地方団体等においてチェックポイントが改善され、より適切な財政指標の審査が行われることが期待される。」

　監査委員は審査に対する意見を取りまとめ、首長は審査結果を監査委員の意見を付けて議会に報告することになっています。その意見の内容について、Ｑ＆Ａは次のように説明しています。

　「監査委員の審査は、
①法令等に照らし財政指標の算出過程に誤りがないか。
②法令等に基づき適切な算定要素が財政指標の計算に用いられているか。
③財政指標の算定の基礎となった書類等が適正に作成されているか。
④客観的事実の妥当性を判断した上で財政指標の算定を行う場合において、公正な判断が行われているか。
といった点を第一義的な主眼としており、まずは、このような点に関し指摘事項がある場合には意見を付すことが考えられる。
　①については、その審査において計算に誤りが発見されたときは、財政指標を再算定すべき旨の意見を提出すべきである。
　②については、債務負担行為を設定すべきであったが、設定されていないものについて次年度以降に債務負担行為の設定を求める意見や、元本が確実に保証されない可能性のある株式等で基金の運用を行っている場合に、当該管理方法を見直すべき旨の

意見が考えられる。

　③に関しては、財政指標の算定に必要十分な情報が当該書類に記載されていたかどうかという観点から、財政指標の算定には支障がない場合であっても、資料が散逸していたり、数値等を確認するために時間を要するような場合には、次年度以降の財政指標の算定に際して、適正な書類整備が必要とされるべき旨の意見を提出することも考えられる。

　④については、省令8条9号に規定される「当該地方団体において合理的に算定した」額における当該合理性や、土地開発公社の土地を他団体が「確実に買い戻す」場合における当該確実性等について検証を行った上で当該確実性、合理性に疑義がある場合や、組合の連結赤字等に係る負担割合や土地の評価方法等について、その妥当性について否定できないまでも、別の観点からの検証が必要と思われる場合において、次年度以降の算定ではより多角的な検証を求める旨の意見を提出することなどが考えられる。

　その上で、さらに、財政分析や財政運営上の課題指摘といった内容を含む意見を付すことは、**各監査委員の判断であり排除されるものではないが、決算審査等の意見における指摘事項と重複を避けるなど内容面での調整が必要となるものと思われる**。」

と説明しています。すなわち、自治体財政健全化法に係る審査報告書は、健全化判断比率あるいは資金不足比率の算定の妥当性、必要な帳票等の整備の適切さ、あるいは財務運用のあり方などを中心に審査するものであって、財政診断などは決算審査で行うべきものとして、その棲み分けを求めています。

しかしながら、現実の審査意見では、もっぱら指標の算定結果に対するものが中心です。法に基づく審査意見としては趣旨を満たしていないものがほとんどです。その点は早急に見直しが必要です。監査委員による審査が、Q＆Aやチェックポイントを踏まえて行われているわけではないことを示したものといえます。健全化判断比率や資金不足比率が早期健全化の基準を下回っているかどうかに言及することは可能ですが、そのことをもって、財政状態が健全であるという意見とすることも適当ではありません。すでに述べたように、早期健全化の基準を下回っていることは、直ちに財政状況が健全であることを示すわけではなく、法に基づく健全化の規定を強制適用されるほどは悪化していないということに過ぎないことを踏まえておく必要があります。したがって、審査意見において、「早期健全化の基準を下回っている。したがって、財政状況は健全であると認める」

と書いたとすれば、それは趣旨を大きく取り違えていることを意味します。

なお、審査意見の決定に当たり、監査委員が欠けており、合議によることができない場合には、「合議による体制を再構築することが困難な場合においては、職務に従事することが可能な監査委員一人で意見を付すこととなることもやむをえないが、まずは、合議によることができる体制を速やかに再構築し、合議によることができる状態にすることが重要」とされています。

3 議会への報告や指標の公表

この章の最後にQ＆Aのうち、議会への報告や指標の公表に関連する部分について述べます。議会への報告については、先に引用した自治体財政健全化法第3条と第22条に規定されているものですが、その内容については特段規定がありません。形式については、施行規則で第1号様式と第15号様式が示されており、そのなかで健全化判断比率と早期健全化基準については、当該議会報告及び公表様式にも必ず記載しなければならないとされています。

健全化判断比率の公表は、地方自治法第243条の3の規定に基づく財政状況の公表とは、「制度趣旨が異なるものであるが、財政状況の公表を活用して、健全化判断比率等の公表を行うことは可能である（但し、公表時期は速やかに行う必要がある。）。／なお、公表方法については、健全化令第25条において、「インターネットの利用及び公衆に見やすいその他の方法により行うものとする。」としているところ」と説明されています。

地方自治法第243条の3
（財政状況の公表等）
第二百四十三条の三　普通地方公共団体の長は、条例の定めるところにより、毎年二回以上歳入歳出予算の執行状況並びに財産、地方債及び一時借入金の現在高その他財政に関する事項を住民に公表しなければならない。
2　普通地方公共団体の長は、第二百二十一条第三項の法人について、毎事業年度、政令で定めるその経営状況を説明する書類を作成し、これを次の議会に提出しなけ

3　普通地方公共団体の長は、第二百二十一条第三項の信託について、信託契約に定める計算期ごとに、当該信託に係る事務の処理状況を説明する政令で定める書類を作成し、これを次の議会に提出しなければならない。

　健全化判断比率や資金不足比率は、議会に報告した時点で有効に成立したものとなります。「健全化法第3条及び第22条の規定により、地方公共団体の長は財政指標を監査委員の審査に付し、その意見を付けて当該健全化判断比率及び資金不足比率（財政指標）を議会に報告し、かつ、財政指標を公表しなければならない、とされている。／一方、決算については、長は決算及び証書類等を監査委員の審査に付し、審査に付した決算をその意見を付けて議会の認定に付さなければならない（地方自治法第233条）とされている。／この場合、議会が地方自治法第233条第3項により議会の認定に付された決算を認定しなかったとしても、その決算自体の効力には影響はないと解され（昭和32.2.1行実）、決算は議会の認定に付すという手続を完了した時点で有効に成立したものと解することができるとされている。／したがって、決算等を基に算定される財政指標についても決算と同様に、議会への報告をした時点で有効に成立したものと解することが適当」と説明されているように、決算自体が議会の認定に付す手続きが完了した時点で有効に成立したとみなされることと同じと考えられています。

地方自治法第233条
（決算）
第二百三十三条　会計管理者は、毎会計年度、政令で定めるところにより、決算を調製し、出納の閉鎖後三箇月以内に、証書類その他政令で定める書類と併せて、普通地方公共団体の長に提出しなければならない。
2　普通地方公共団体の長は、決算及び前項の書類を監査委員の審査に付さなければならない。
3　普通地方公共団体の長は、前項の規定により監査委員の審査に付した決算を監査委員の意見を付けて次の通常予算を議する会議までに議会の認定に付さなければならない。
（以下、略）

　仮に、健全化判断比率や資金不足比率が、議会報告と公表後に、算定の

誤りが発見された場合にも決算内容の誤謬に対する修正に準じた手続きを踏むとされています。「決算の認定において、決算認定後、当該決算内容に誤謬があり、その結果決算金額に異動を生ずる場合、長は決算内容を修正の上、再び議会の認定に付することができると解する（昭和28.7.7行実）。／財政指標についても、議会への報告、公表の後に算定の内容に誤りが発見された場合には、財政指標の程度に応じて財政健全化計画等を策定し地方団体の財政の健全化を進めることを本法律は目的としていることを踏まえると、財政指標の客観性、適正性は確保されるべきであり、長は財政指標を修正の上、監査委員の審査に付しその意見とともに再び議会に報告し、公表を行うべき」とあるように、財政指標の結果が修正された場合には、改めて監査委員の審査に付してその意見とともに議会に報告するとされています。

議会に対して健全化判断比率や資金不足比率を報告した際、議会から算定の誤りの指摘を受けた場合の対応としては、「議会への報告後に算定の内容に誤りが発見された場合には、財政指標の客観性及び正確性を確保するために、財政指標を修正すべきものと考えられる。／これは、法令等に照らし財政指標の算定過程に誤りがあるような場合や算定の基礎となった書類に重大な誤りがあるような場合が該当するものであり、当該年度の前年度の決算等を基に算定された財政指標の数値に直接の影響を与えない、例えば、今後の財政運営の適正化や効率化に対する意見等が議会から示された場合にあっては、財政指標を再度算定する必要性はないものの、当該意見を尊重し事後の財政運営にあたることが求められるものと考える」とされています。

健全化判断比率や資金不足比率の議会への報告の時期については、「法律上、議会に報告する場合、当該議会が開催されていることが求められている訳ではない。(cf.専決処分の議会報告（地方自治法第179条））／議会閉会中に議会に対して報告を行う場合は、対外的に議会を代表する議長に対して報告することとなる」とされています。

地方自治法第179条
（専決処分）
第百七十九条　普通地方公共団体の議会が成立しないとき、第百十三条ただし書の場

合においてなお会議を開くことができないとき、普通地方公共団体の長において議会の議決すべき事件について特に緊急を要するため議会を招集する時間的余裕がないことが明らかであると認めるとき、又は議会において議決すべき事件を議決しないときは、当該普通地方公共団体の長は、その議決すべき事件を処分することができる。ただし、第百六十二条の規定による副知事又は副市町村長の選任の同意及び第二百五十二条の二十の二第四項の規定による第二百五十二条の十九第一項に規定する指定都市の総合区長の選任の同意については、この限りでない。

（第2項以下、略）

　健全化判断比率や資金不足比率は総務省に対して暫定値を報告するとされていますが、それに先だって議会への報告を済ませることは望ましいとされているものの必須ではありません。「総務省が9月下旬に財政指標の暫定値を公表することとした理由は、地方公共団体が財政指標の他団体比較を行う上で、総務省が早い時期に同時に財政指標を公表することは地方団体に対して便宜的であると判断したことによる。／また、決算統計の速報値が公表される時期に、決算等に基づき算定される財政指標も合わせて公表されることが、地方財政に関する情報開示の充実に資するものと考える。／なお、総務省からの公表に先立ち、地方団体において法第3条又は第22条に規定される手続きが終了していることが望ましいが、地方団体における決算審査の事務負担及び議会認定に付す時期等を踏まえると、総務省に対する暫定値の報告までに、当該団体の議会に対して財政指標を報告する十分な暇がない場合も想定される。／そうした場合には、例えば、決算認定に先立ち公表される決算の見込について議会に対して説明する際などの機会をとらえ、財政指標についてもその見込みを併せて説明することなども、検討されるべき方策と考える」とされています。

　それに対して、総務省に確定値を報告する場合には、健全化判断比率や資金不足比率の議会への報告は済ませておく必要があります。「法第3条第5項及び第22条第3項に規定されているように、総務大臣は報告された財政指標を取りまとめ、その概要を公表することとされている。／この場合、各地方団体においては、法律の規定に基づき財政指標等を監査委員の審査に付し、議会に報告し、かつ、住民等に対して公表した後に、総務大臣に対して財政指標が報告されることが予定されている。／総務省による確定値の公表は決算統計の確報値の公表と同じ11月下旬を予定している

が、／①地方団体は、決算の提出を受けた後、速やかに財政指標等を審査委員の審査に付し、その意見を付けて議会に報告し、かつ公表することとしていること／②財政指標を参考にして翌年度の予算編成に臨むことが財政の健全化を図る上で必要であること／③早期健全化基準以上の場合には、当該年度の末日までに財政健全化計画等を定めなければならないこと／を踏まえれば、確定値の公表時期までには、議会に対して財政指標が報告されていることが望ましい」とされています。決算認定を行う議会が12月に開催されるとすれば、健全化判断比率や資金不足比率の議会への報告はそれに先だって行われるべきということになります。

　健全化判断比率と資金不足比率では、議会への報告および公表の時期は、必ずしも同一でなければならない訳ではありません。「法適用企業に係る特別会計の決算については、地方公共団体の長は監査委員の審査に付した決算を事業年度終了後三月を経過した後において最初に召集される定例会である議会の認定に付さなければならないとされ（地方公営企業法第30条第4項）、一般会計の決算に係る議会への報告と同時に行わなければならないとされているものではない。／健全化法においても、公営企業の前年度の決算の提出を受けた後、速やかに、資金不足比率等を監査委員の審査に付し、その意見を付けて当該資金不足比率を議会に報告しなければならないとされており（健全化法第22条第1項）、資金不足比率の議会への報告及び公表は健全化判断比率と同時に行わなければならないものではないと解される。／同時に行わなかった場合は、健全化判断比率と資金不足比率に係る意見書は、別々に提出されることとなる。／なお、資金不足比率及び健全化判断比率については、他の会計との関連において比率が確定しない事項もあることから、各地方公共団体のその判断により、両者を同時期に議会に報告し、公表することも一定の合理性があるものと認識している」とあるように、資金不足比率の詳細が確定しなければ健全化判断比率が確定しないことから、議会への報告と公表が同一になることに合理性があるとされています。

　実質赤字額や連結実質赤字額がない場合には、議会に報告し公表される実質赤字比率や連結実質赤字比率は「－％」と記載し、実質赤字比率又は連結実質赤字比率が「ない」と表現されますが、その際には「その実質黒

字の程度(比率)を併記することにより、当該団体の財政情報の開示を通じた住民等の理解を促進することが望ましい」とされています。

第4章
早期健全化・再生規定

1 財政の早期健全化となったときにどうなるのか

　自治体財政健全化法は、財政の早期健全化と財政の再生に関する手続きを明記しています。第4条から第7条は「第2章　財政の早期健全化」となっています。

健全化法
第二章　財政の早期健全化
（財政健全化計画）
第四条　地方公共団体は、健全化判断比率のいずれかが早期健全化基準以上である場合（当該健全化判断比率のいずれかが財政再生基準以上である場合を除く。）には、当該健全化判断比率を公表した年度の末日までに、当該年度を初年度とする財政の早期健全化のための計画（以下「財政健全化計画」という。）を定めなければならない。ただし、この項の規定により既に財政健全化計画を定めている場合、第八条第一項の規定により同項の財政再生計画を定めている場合その他政令で定める場合は、この限りでない。
2　財政健全化計画は、財政の状況が悪化した要因の分析の結果を踏まえ、財政の早期健全化を図るため必要な最小限度の期間内に、実質赤字額がある場合にあっては一般会計等における歳入と歳出との均衡を実質的に回復することを、連結実質赤字比率、実質公債費比率又は将来負担比率が早期健全化基準以上である場合にあってはそれぞれの比率を早期健全化基準未満とすることを目標として、次に掲げる事項について定めるものとする。
　一　健全化判断比率が早期健全化基準以上となった要因の分析
　二　計画期間
　三　財政の早期健全化の基本方針
　四　実質赤字額がある場合にあっては、一般会計等における歳入と歳出との均衡を実質的に回復するための方策
　五　連結実質赤字比率、実質公債費比率又は将来負担比率が早期健全化基準以上である場合にあっては、それぞれの比率を早期健全化基準未満とするための方策
　六　各年度ごとの前二号の方策に係る歳入及び歳出に関する計画
　七　各年度ごとの健全化判断比率の見通し
　八　前各号に掲げるもののほか、財政の早期健全化に必要な事項
3　財政健全化計画は、その達成に必要な各会計ごとの取組が明らかになるよう定めなければならない。

＊以下、本章で特に明記していない引用条文はすべて健全化法のものです。

第4条は財政健全化計画に関する規定です。健全化判断比率のいずれかが早期健全化基準以上になると、その年度末までに財政健全化計画を策定しなければなりません。第2項では、財政健全化計画は、「財政の状況が悪化した要因の分析の結果を踏まえ」たものとすることと、期間は可及的速やかなものとすることとし、第2項の第1号から第8号に掲げる内容を盛り込むこととされています。目標は、実質赤字比率による場合は収支均衡すること、それ以外の3つの指標の場合には早期健全化基準未満となることとされています。また、第3項では、健全化の達成に必要な会計ごとの取組みを明らかにすることを求めています。

　（財政健全化計画の策定手続等）
　第五条　財政健全化計画は、地方公共団体の長が作成し、議会の議決を経て定めなければならない。財政健全化計画を変更する場合も、同様とする。
　2　地方公共団体は、財政健全化計画を定めたときは、速やかに、これを公表するとともに、都道府県及び指定都市にあっては総務大臣に、市町村及び特別区にあっては都道府県知事に、報告しなければならない。この場合において、当該報告を受けた都道府県知事は、速やかに、当該財政健全化計画の概要を総務大臣に報告しなければならない。
　3　前項の規定は、財政健全化計画を変更した場合（政令で定める軽微な変更をした場合を除く。）について準用する。
　4　都道府県知事は、毎年度、第二項前段（前項において準用する場合を含む。）の規定による報告を取りまとめ、その概要を公表するものとする。
　5　総務大臣は、毎年度、第二項（第三項において準用する場合を含む。）の規定による報告を取りまとめ、その概要を公表するものとする。

　第5条は財政健全化計画の策定手続きを定めています。財政健全化計画は首長が作成し、議会の議決を得ることが求められています。変更する場合も同様です。計画を策定すれば速やかに公表することとし、都道府県と政令市は総務大臣に、市町村と特別区は都道府県知事に報告しなければなりません。また、報告を受けた都道府県知事は、速やかに当該計画の概要を総務大臣に報告しなければなりません。

　（財政健全化計画の実施状況の報告等）
　第六条　財政健全化計画を定めている地方公共団体（以下「財政健全化団体」という。）の長は、毎年九月三十日までに、前年度における決算との関係を明らかにした財政健全化計画の実施状況を議会に報告し、かつ、これを公表するとともに、都

道府県及び指定都市の長にあっては総務大臣に、市町村及び特別区の長にあっては都道府県知事に当該財政健全化計画の実施状況を報告しなければならない。この場合において、当該報告を受けた都道府県知事は、速やかに、その要旨を総務大臣に報告しなければならない。
2　都道府県知事は、毎年度、前項前段の規定による報告を取りまとめ、その概要を公表するものとする。
3　総務大臣は、毎年度、第一項の規定による報告を取りまとめ、その概要を公表するものとする。

　第6条は財政健全化計画の実施状況の報告義務を定めています。財政健全化計画は進捗管理をすることで実効性が高まります。本条は、毎年度、9月30日までに、前年度における決算との関係を顕在化した財政健全化計画の実施状況を報告するとされています。もしも、計画に沿って健全化が進んでいなければ、実施状況を報告した時点で問題点が明らかになります。

　（国等の勧告等）
　第七条　総務大臣又は都道府県知事は、前条第一項前段の規定による報告を受けた財政健全化団体の財政健全化計画の実施状況を踏まえ、当該財政健全化団体の財政の早期健全化が著しく困難であると認められるときは、当該財政健全化団体の長に対し、必要な勧告をすることができる。
2　総務大臣は、前項の勧告をしたときは、速やかに、当該勧告の内容を公表するものとする。
3　都道府県知事は、第一項の勧告をしたときは、速やかに、当該勧告の内容を公表するとともに、総務大臣に報告しなければならない。
4　財政健全化団体の長は、第一項の勧告を受けたときは、速やかに、当該勧告の内容を当該財政健全化団体の議会に報告するとともに、監査委員（包括外部監査対象団体である財政健全化団体にあっては、監査委員及び包括外部監査人）に通知しなければならない。

　第7条は国等の勧告について定めた規定です。財政の早期健全化の段階では、自治体は自らの議会の監視の下で財政健全化を進めることとなっていますが、健全化が十分に進まず健全化が困難と判断される場合には、総務大臣又は都道府県知事は必要な勧告をすることができるとしています。勧告には従うべき法的義務は生じないものの、一定の強制力があり、第4項で規定しているように勧告の内容は議会に報告され、監査委員（包括外

部監査対象団体である財政健全化団体にあっては、監査委員及び包括外部監査人）に通知されることで、財政健全化の進捗が強く促されることとなります。

　財政健全化計画に似たものでは、公債費負担適正化計画があります。実質公債費比率が18％以上となって、地方債発行が協議制から許可制になる団体については、公債費の負担を抑制し公債発行を適正に管理するための計画として、公債費負担適正化計画をつくることとされています。そこでは、公債費が大きくなっている理由を明らかにし、適正化に向けた取り組みを示すとされています。同計画の実施状況等に照らして、地方債発行の許可が与えられることとなります。財政健全化計画との相違点は、公債費負担適正化計画には議会の議決は必要なく、報告や公表の義務もありません。それだけ拘束力は弱いといえます。

　財政健全化計画では、議会が監視役となって、財政健全化が進むことが期待されています。議会が進捗管理の義務を負う以上、万が一、進捗管理ができないでいると、今度は住民から議会に対して不信感をもたれることになります。さらに、財政健全化が進捗していない場合には、国等からの勧告が行われます。このようなスキームが適用されて、制度の趣旨通りに機能する限り、決算報告が不適切であるとか、巨額の公金横領などの一種の事故がない限りは、早期健全化段階からさらに財政状況が悪化して財政の再生の段階に至ることはほとんど考えられません。

　自治体財政健全化法で、早期健全化の段階を設けた趣旨は、財政の再生という最終的な段階に至る以前の段階で、財政悪化を食い止めることになります。財政の再生となると、予算編成の自由度を始め自治権の制限は相当厳しくなりますので、そこに至ることなく、早期健全化の段階で、議会の監視の下で自主的に財政再建を進めることが望ましいといえます。

2　財政の再生となったときにどうなるのか

　自治体財政健全化法は、「第３章　財政の再生」として、第８条から第21条で、財政の再生段階で適用される規定を示しています。

第三章　財政の再生

（財政再生計画）

第八条　地方公共団体は、実質赤字比率、連結実質赤字比率及び実質公債費比率（以下「再生判断比率」という。）のいずれかが財政再生基準以上である場合には、当該再生判断比率を公表した年度の末日までに、当該年度を初年度とする財政の再生のための計画（以下「財政再生計画」という。）を定めなければならない。ただし、この項の規定により既に財政再生計画を定めている場合は、この限りでない。

2　財政健全化団体が前項の規定により財政再生計画を定めたときは、当該財政健全化団体の財政健全化計画は、その効力を失う。

3　財政再生計画は、財政の状況が著しく悪化した要因の分析の結果を踏まえ、財政の再生を図るため必要な最小限度の期間内に、実質赤字額がある場合にあっては一般会計等における歳入と歳出との均衡を実質的に回復することを、連結実質赤字比率、実質公債費比率又は将来負担比率が早期健全化基準以上である場合にあってはそれぞれの比率を早期健全化基準未満とすることを、第十二条第二項に規定する再生振替特例債を起こす場合にあっては当該再生振替特例債の償還を完了することを目標として、次に掲げる事項について定めるものとする。ただし、第四号ホに掲げる事項については、財政の再生のため特に必要と認められる地方公共団体に限る。

一　再生判断比率が財政再生基準以上となった要因の分析

二　計画期間

三　財政の再生の基本方針

四　次に掲げる計画（ロ及びハに掲げる計画にあっては、実施の要領を含む。次号において同じ。）及びこれに伴う歳入又は歳出の増減額

　イ　事務及び事業の見直し、組織の合理化その他の歳出の削減を図るための措置に関する計画

　ロ　当該年度以降の年度分の地方税その他の収入について、その徴収成績を通常の成績以上に高めるための計画

　ハ　当該年度の前年度以前の年度分の地方税その他の収入で滞納に係るものの徴収計画

　ニ　使用料及び手数料の額の変更、財産の処分その他の歳入の増加を図るための措置に関する計画

　ホ　地方税法（昭和二十五年法律第二百二十六号）第四条第二項若しくは第五条第二項に掲げる普通税について標準税率を超える税率で課し、又は同法第四条第三項若しくは第五条第三項の規定による普通税を課することによる地方税の増収計画

五　前号の計画及びこれに伴う歳入又は歳出の増減額を含む各年度ごとの歳入及び歳出に関する総合的な計画

六　第十二条第二項に規定する再生振替特例債を起こす場合には、当該再生振替特例債の各年度ごとの償還額

七　各年度ごとの健全化判断比率の見通し

八　前各号に掲げるもののほか、財政の再生に必要な事項
　4　財政再生計画は、その達成に必要な各会計ごとの取組が明らかになるよう定めなければならない。

　第8条は財政再生計画に関する規定です。健全化判断比率のいずれかが財政再生基準以上になると、その年度末までに財政再生計画を策定しなければなりません。第3項では、財政再生計画は、「財政の状況が著しく悪化した要因の分析の結果を踏まえ」たものとすることと、期間は可及的速やかなものとすることとし、第3項の第1号から第8号に掲げる内容を盛り込むこととされています。目標は、実質赤字比率による場合は収支均衡すること、それ以外の3つの指標の場合には早期健全化基準未満となることとされること、後述する再生振替特例債を発行するときにはその償還が完了することとしています。また、第4項では、健全化の達成に必要な会計ごとの取組みを明らかにすることを求めています。

　第3項の財政再生計画の要件が8項目であることは財政健全化計画の場合と同じですが、その内容は財政再生計画の方がより詳細で厳しい内容です。第4号では、事業の見直しのみならず組織の合理化、地方税等の徴収率の引き上げ方策、使用料や手数料の引き上げ、財産処分の推進、地方税の超過課税の実施が盛り込まれています。その点については、「財政の早期健全化とは異なり、財政の再生に向けての具体策をできる限り明示することが必要との観点から、要因の分析、計画期間、基本方針に加え、事務及び事業の見直し、組織の合理化その他の歳出の削減を図るための措置に関する計画や歳入を確保するための具体の計画、さらに特に必要な場合には、地方税の超過課税や法定外普通税による地方税の増収計画を策定し、これに伴う歳入又は歳出の増減額を含む各年度ごとの歳入及び歳出に関する総合的な計画を策定することとされている」（三橋一彦「地方公共団体の財政の健全化に関する法律」『地方財務』2007年8月号）と説明されています。

（財政再生計画の策定手続等）
　第九条　財政再生計画は、地方公共団体の長が作成し、議会の議決を経て定めなければならない。財政再生計画を変更する場合も、同様とする。
　2　地方公共団体は、財政再生計画を定めたときは、速やかに、これを公表するとと

もに、総務大臣に（市町村及び特別区にあっては、都道府県知事を経由して総務大臣に）報告しなければならない。
3　前項の規定は、財政再生計画を変更した場合（政令で定める軽微な変更をした場合を除く。）について準用する。
4　財政再生計画を定めている地方公共団体（以下「財政再生団体」という。）の長は、財政再生計画に基づいて予算を調製しなければならない。

　第9条は財政再生計画の策定手続きを定めています。財政再生計画は首長が作成し、議会の議決を得ることが求められています。変更する場合も同様です。計画を策定すれば速やかに公表することとし、都道府県と政令市は総務大臣に、市町村と特別区は都道府県知事を経由して総務大臣に報告しなければなりません。財政健全化計画と相違するのは、第4項で財政再生計画に基づく予算の調製を求めていることです。財政再生計画は総務大臣が同意するものですが、それに沿って財政の再生が進んでいくためには、予算編成に拘束力を持たせる必要があります。第4項はそれを担保する規定であるといえます。

（財政再生計画の同意）
第十条　地方公共団体は、財政再生計画について、議会の議決を経て、総務大臣に（市町村及び特別区にあっては、都道府県知事を通じて総務大臣に）協議し、その同意を求めることができる。
2　総務大臣は、財政再生計画について同意をするかどうかを判断するための基準を定め、これを公表するものとする。
3　総務大臣は、第一項の規定による協議を受けた財政再生計画が、前項の基準に照らして適当なものであると認められるときは、これに同意するものとする。
4　総務大臣は、第二項の基準の作成及び前項の同意については、地方財政審議会の意見を聴かなければならない。
5　地方公共団体は、第三項の同意を得たときは、速やかに、その旨を公表しなければならない。
6　地方公共団体は、第三項の同意を得ている財政再生計画を変更しようとするときは、あらかじめ、総務大臣に協議し、その同意を得なければならない。ただし、災害その他緊急やむを得ない理由により、あらかじめ、総務大臣に協議し、その同意を得る時間的余裕がないときは、事後において、遅滞なく、その変更について総務大臣に協議し、その同意を得なければならない。
7　第二項から第五項までの規定は、前項の変更の同意について準用する。

第10条は総務大臣による財政再生計画への同意について定めたものです。同意にあたっては、同意基準に照らして判断されます。以下に示す同意基準は、総務省告示第179号（平成21年３月１日）で示されています。

財政再生計画同意基準
第一　総括的事項
　一　同意基準の策定方針等
１　財政再生計画同意基準（以下「本基準」という。）は、地方公共団体の財政の健全化に関する法律（平成19年法律第94号。以下「法」という。）第10条第２項の規定に基づき、財政収支の著しい不均衡その他の財政状況の著しい悪化により自主的な財政の健全化を図ることが困難な状況にある地方公共団体が、計画的な財政の健全化を図る観点から定めるものとする。
２　本基準は、地方公共団体が地域における行政の実施及びその財政の運営にあたり法令上遵守すべき事項に留意し定めるものとする。
　二　その他
１　財政再生計画の同意に関する地方自治法第250条の３第１項に規定する通常要すべき標準的な期間は、協議から同意まで、おおむね１ヶ月とする。
２　本基準における用語の使用については、法、地方公共団体の財政の健全化に関する法律施行令（平成19年政令第397号）及び地方公共団体の財政の健全化に関する法律施行規則（平成20年総務省令第８号）の例による。
３　本基準のほか、財政再生計画の同意にあたり必要な事項は別に定めるものとする。
第二　同意基準
　総務大臣は、財政再生計画について協議を受けた場合には、法の規定に基づき適切に策定された財政再生計画であり、この同意基準に掲げる事項に合致するものについて、同意するものとする。
　また、財政再生計画の同意に当たっては、同意を求める地方公共団体の実情を踏まえ、審査を行うものとする。
　一　計画策定方針
１　財政の状況が著しく悪化した要因の分析の結果が公正妥当なものであること。
２　実質赤字額がある場合にあっては、一般会計等における歳入と歳出との均衡を実質的に回復する計画であること。
３　連結実質赤字比率、実質公債費比率又は将来負担比率が早期健全化基準以上である場合にあっては、それぞれの比率を早期健全化基準未満とする計画であること。
４　再生振替特例債を起こす場合にあっては、当該再生振替特例債の償還を完了する計画であること。
５　財政再生計画の達成に必要な各会計ごとの取組が明らかにされているものであること。
　二　計画期間
　　財政の再生を図るため必要な最小限度の期間内であること。

三　歳入
1　あらゆる資料に基づき正確にその財源を捕そくし、かつ、経済の現実に即応してその収入を算定し、計画に計上しているものであること。
2　計画的かつ確実な財政の再生を行うことが可能な歳入を見込むものであること。
　四　歳出
1　法令の定めるところに従い、かつ、合理的な基準によりその経費を算定し、計画に計上しているものであること。
2　計画的かつ確実な財政の再生を行うことが可能な歳出を見込むものであること。
3　計画期間が財政の再生を図るために必要な最小限度のものとなるように、必要かつ最少の限度の歳出を見込むものであること。
第三　財政再生計画の変更の同意基準
　総務大臣は、同意を得ている財政再生計画を変更するための協議を受けた場合には、法の規定に基づき適切に策定された財政再生計画であり、第二に定める同意基準のほか、この財政再生計画の変更の同意基準に掲げる事項に合致するものについて、同意するものとする。
　また、財政再生計画の変更の同意に当たっては、同意を求める地方公共団体の実情を踏まえ、審査を行うものとする。
　一　変更の事由等
1　財政再生計画の策定に際して予想することが困難であった事情が発生し、既に同意を得ている財政再生計画による財政の再生が困難であり、その変更がやむを得ない場合であること。
2　法第10条第6項ただし書の規定に基づく協議を受けた場合にあっては、災害その他緊急やむを得ない理由により、あらかじめ、総務大臣に協議し、その同意を得る時間的余裕がなかったものであること。
　二　財政再生計画の変更方針
1　財政の再生に支障を来すものでないこと。
2　必要最小限度の変更であり、財源の増加を理由としていたずらに財政規模を拡大させるものではないこと。
3　大規模な災害等による特別の場合を除き、原則として、計画期間の延長を伴うものではないこと。
　附則
　この告示は、平成二十一年四月一日から施行する。

　以上の同意基準は、一言でいえば、財政悪化の原因を明らかにするとともに、できるだけ早期に財政再建を果たすために、歳入の確保と歳出の圧縮に最大限努めることを求めるものといえます。財政の再生段階となって、財政再生計画に総務大臣の同意を得るという事態を招いたこと自体、異常あるいは異例のことですので、財政再生の期間はできるだけ早期に終

了することが望ましいといえます。したがって、財政再生期間中は財政再建を最優先にする財政運営にすることが求められます。

　なお、財政再生計画の総務大臣同意は任意ですが、作成自体は財政健全化計画と同様に義務付けられています（地方財政再建促進特別措置法では財政再建計画の策定も任意）。施行令の第10条は財政健全化計画の策定を要しない場合に関する規定がありますが、「当該年度の前年度の健全化判断比率のすべてが早期健全化基準未満である場合であって、当該年度の翌年度の健全化判断比率のすべてが早期健全化基準未満となることが確実であると認められる」など例外的な状況に限られます。

　　（地方債の起債の制限）
　　第十一条　地方公共団体は、再生判断比率のいずれかが財政再生基準以上であり、かつ、前条第三項（同条第七項において準用する場合を含む。以下同じ。）の同意を得ていないときは、地方財政法その他の法律の規定にかかわらず、地方債をもってその歳出の財源とすることができない。ただし、災害復旧事業費の財源とする場合その他の政令で定める場合においては、この限りでない。

　前条では、財政再生計画について同意を求めることができると規定されており、総務大臣同意自体は任意であるとされています。その一方で、第11条では、再生判断比率が財政再生基準以上であって、総務大臣同意を得ていないときには、災害対策の財源とする地方債等を除き原則として地方債が発行できないとされています。この規定の仕方は旧再建法である地方財政再建促進特別措置法と同じであり、地方債の発行ができなければ、財政運営が事実上できなくなりますので、総務大臣同意を得ることはほぼ必然となります。

　　（再生振替特例債）
　　第十二条　財政再生団体は、その財政再生計画につき第十条第三項の同意を得ている場合に限り、収支不足額（標準財政規模の額に、実質赤字比率と連結実質赤字比率から連結実質赤字比率について早期健全化基準として定める数値を控除して得た数値とのいずれか大きい数値を乗じて得た額を基準として総務省令で定める額をいう。）を地方債に振り替えることによって、当該収支不足額を財政再生計画の計画期間内に計画的に解消するため、地方財政法第五条の規定にかかわらず、当該収支不足額の範囲内で、地方債を起こすことができる。
　2　前項の地方債（当該地方債の借換えのために要する経費の財源に充てるために起

こす地方債を含む。次項において「再生振替特例債」という。）は、財政再生計画の計画期間内に償還しなければならない。
　3　国は、再生振替特例債については、法令の範囲内において、資金事情の許す限り、適切な配慮をするものとする。

　第12条は、財政再生計画の総務大臣同意があった場合に、資金不足額を長期債に振り替えることができる再生振替特例債の発行が特例として認められることを規定したものです。地方財政再建促進特別措置法では同様に財政再建債が認められていました。第三セクター等改革推進債なども同じですが、資金不足額を長期債に振り替えて計画的に解消する手法は、財政再建においてよく利用されるものです。資金不足の状態が長期間続くと、短期資金の借換えが繰り返されることとなりますが、金利の変動があれば、財政再生計画にも影響を与えます。長期債に振り替えれば、そうしたことはなくなります。かつての財政再建債では利子に対する特別交付税措置があり、唯一の再生団体である夕張市に対しても、再生振替特例債の利子を国と道が負担しています。

　　（地方債の起債の許可）
　第十三条　財政再生団体及び財政再生計画を定めていない地方公共団体であって再生判断比率のいずれかが財政再生基準以上である地方公共団体は、地方債を起こし、又は起こそうとし、若しくは起こした地方債の起債の方法、利率若しくは償還の方法を変更しようとする場合には、政令で定めるところにより、総務大臣の許可を受けなければならない。この場合においては、地方財政法第五条の三第一項の規定による協議をすること及び同条第六項の規定による届出をすること並びに同法第五条の四第一項及び第三項から第五項までに規定する許可を受けることを要しない。
　2　財政再生計画につき第十条第三項の同意を得ている財政再生団体についての前項の許可は、当該財政再生計画に定める各年度ごとの歳入に関する計画その他の地方債に関連する事項及び当該財政再生計画の実施状況を勘案して行うものとする。
　3　地方財政法第五条の三第七項（第一号に係る部分に限る。）の規定は、第一項に規定する許可を得た地方債について、同条第八項の規定は、第一項に規定する許可を得た地方債に係る元利償還に要する経費について、それぞれ準用する。
　4　総務大臣は、第一項の総務大臣の許可については、地方財政審議会の意見を聴かなければならない。

　第13条は、財政再生団体等は地方債の発行について総務大臣の許可が必要であり、その許可は財政再生計画の実施状況を勘案して行うことなどを

定めています。

　以下、第14条は「財政再生団体に係る通知等」として、各省各庁の長に対する通知等を定めています。各省の長は国の直轄事業に対して財政再生団体に負担金を課す場合には事業の実施に着手する以前に総務大臣に対して負担額等を通知しなければならないとされています。それを通じて、総務大臣が国の直轄事業の財政再生団体に対する負担金が過剰にならないように配慮を求めるなどのことが可能となっており、第３項で「総務大臣は、前項の規定による通知を受けた場合において当該通知に係る事項が財政再生計画に与える影響を勘案して必要と認めるときは、各省各庁の長に対し、意見を述べることができる」という規定を設けています。第15条は「財政再生計画についての公表」を求める規定です。第16条は、「事務局等の組織の簡素化」として、事務組織を簡素化して職員定員の削減が可能となるようにする規定です。

　　（長と議会との関係）
　第十七条　地方公共団体の議会の議決が次に掲げる場合に該当するときは、当該地方公共団体の長は、地方自治法第百七十六条及び第百七十七条の規定によるもののほか、それぞれ当該議決があった日から起算して十日以内に、理由を示してこれを再議に付することができる。
　　一　財政再生計画の策定又は変更に関する議案を否決したとき。
　　二　第十条第一項の規定による協議に関する議案を否決したとき。
　　三　財政再生計画の達成ができなくなると認められる議決をしたとき。

　第17条は、財政再生計画の策定や議決において、執行者側の優位を定めたものといえます。

　　（財政再生計画の実施状況の報告等）
　第十八条　財政再生団体の長は、毎年九月三十日までに、前年度における決算との関係を明らかにした財政再生計画の実施状況を議会に報告し、かつ、これを公表するとともに、総務大臣に（市町村及び特別区の長にあっては、都道府県知事を経由して総務大臣に）当該財政再生計画の実施状況を報告しなければならない。
　２　総務大臣は、毎年度、前項の報告を取りまとめ、その概要を公表するものとする。

　第18条は、財政再生計画が実効性を持って進行管理されるうえで必要な規定を設けたものです。財政再生計画の実施状況の報告を受けて、必要に

応じて第20条に定めた国の勧告がなされることとなります。また、第19条は、総務大臣が財政再生計画の実施状況について調査し報告を求めることができるとしています。

（国の勧告等）
第二十条　総務大臣は、財政再生団体の財政の運営がその財政再生計画に適合しないと認められる場合その他財政再生団体の財政の再生が困難であると認められる場合においては、当該財政再生団体の長に対し、予算の変更、財政再生計画の変更その他必要な措置を講ずることを勧告することができる。
2　財政再生団体の長は、前項の規定による勧告を受けたときは、速やかに、当該勧告の内容を当該財政再生団体の議会に報告するとともに、監査委員（包括外部監査対象団体である財政再生団体にあっては、監査委員及び包括外部監査人）に通知しなければならない。
3　第一項の規定による勧告を受けた財政再生団体の長は、当該勧告に基づいて講じた措置について、総務大臣に報告しなければならない。
4　総務大臣は、前項の規定による報告を受けたときは、速やかに、当該報告の内容を公表するものとする。

　第20条は、財政再生計画に適合しない財政運営が行われたときや財政の再生が困難と認められる場合には、財政再生団体の長に対して、予算の変更や財政再生計画の変更等を勧告できるとする規定です。勧告には強制力はありませんが、議会への報告や監査委員等への通知を通じて、財政再生の進捗を促しています。

（国及び他の地方公共団体の配慮）
第二十一条　国及び他の地方公共団体は、財政再生団体が財政再生計画を円滑に実施することができるよう配慮するものとする。

　第21条は、財政再生団体への配慮を国と他の自治体に求めたものです。再生振替特例債の資金手当等に対する配慮は国に求められています。財政再生計画の円滑な実施についても同様です。また、財政再生団体では職員数の削減を強いられますが、その一方で、夕張市では他の自治体からの応援職員の派遣を受けており、それは本条の規定に沿ったものといえます。
　財政再生基準に抵触した場合、財政再生計画の策定が義務付けられますが、総務大臣同意は任意です。もっとも総務大臣同意がなければ起債が原

則的に許可されませんので、総務大臣同意を受けざるを得ません。ついで財政再生計画については、実施可能なものでなければならないことは当然ですが、財政再建を最優先においた内容にしたうえで、それが計画的に進捗されるという意味で、計画の実効性を確保する必要があります。そこで、計画の進捗状況を管理し、計画通りの財政運営になっていないか財政再生が困難と認められる場合には、総務大臣が計画変更等の勧告を行うこととなっており、そのような仕組みを通じて、確実に財政再生が進むことを担保しようとしています。

3 経営健全化となったときにどうなるのか

　地方公営企業の経営の健全化は、自治体財政健全化法では、第4章として第22条から第24条を設けています。旧来は、地方公営企業法において、法の当然適用企業に限って適用されていた地方公営企業の健全化の規定を自治体財政健全化法に移すと同時に、対象となる地方公営企業を法非適用企業にも拡げているところなどで大きく相違しています。

　第22条は、先に述べたように、資金不足比率の算定と監査委員による審査、審査意見を付けて資金不足比率を議会に報告し公表するなどを定めたものです。

（経営健全化計画）
第二十三条　地方公共団体は、公営企業（事業を開始する前の公営企業を除き、法適用企業にあっては、繰越欠損金があるものに限る。）の資金不足比率が公営企業の経営の健全化を図るべき基準として政令で定める数値（以下「経営健全化基準」という。）以上である場合には、当該公営企業について、当該資金不足比率を公表した年度の末日までに、当該年度を初年度とする公営企業の経営の健全化のための計画（以下「経営健全化計画」という。）を定めなければならない。ただし、この項の規定により既に当該公営企業について経営健全化計画を定めている場合その他政令で定める場合は、この限りでない。

2　経営健全化計画は、当該公営企業の経営の状況が悪化した要因の分析の結果を踏まえ、当該公営企業の経営の健全化を図るため必要な最小限度の期間内に、資金不足比率を経営健全化基準未満とすることを目標として、次に掲げる事項について定めるものとする。

一　資金不足比率が経営健全化基準以上となった要因の分析
　　二　計画期間
　　三　経営の健全化の基本方針
　　四　資金不足比率を経営健全化基準未満とするための方策
　　五　各年度ごとの前号の方策に係る収入及び支出に関する計画
　　六　各年度ごとの資金不足比率の見通し
　　七　前各号に掲げるもののほか、経営の健全化に必要な事項

　第23条は、資金不足比率が経営健全化基準以上となった公営企業について、年度末までに経営健全化計画を定めることを規定するものです。第2項は経営健全化計画の内容を規定しており、経営状況が悪化した要因分析を踏まえて、可及的速やかに資金不足比率を経営健全化基準未満とすることを目標にするとされています。第2項には、経営健全化計画に盛り込むべき事項を第1号から第7号に示しています。

　　（準用）
　　第二十四条　第五条から第七条までの規定は、経営健全化計画について準用する。この場合において、第六条第一項並びに第七条第一項及び第四項中「財政健全化団体」とあるのは「経営健全化団体」と、同条第一項中「財政の早期健全化」とあるのは「公営企業の経営の健全化」と読み替えるものとする。

　第24条では、経営健全化計画の策定手続等、経営健全化計画の実施状況の報告、国等の勧告等については、財政の早期健全化の財政健全化計画に係る第5条から第7条の規定を適用するものとしています。

　なお、第26条は、地方自治法の監査の特例として、財政健全化計画、財政再生計画または経営健全化計画を策定する際、自治体の長は、地方自治法上の個別外部監査契約に基づく監査を求めなければならないとされています。

　　（地方自治法の監査の特例）
　　第二十六条　財政健全化計画、財政再生計画又は経営健全化計画を定めなければならない地方公共団体の長は、これらの計画を定めるに当たっては、あらかじめ、当該地方公共団体の財政の健全化のために改善が必要と認められる事務の執行について、監査委員に対し、地方自治法第百九十九条第六項の監査の要求をしなければならない。この場合においては、同法第二百五十二条の四十一第一項中「第百九十九条第六項」とあるのは「地方公共団体の財政の健全化に関する法律（平成十九年法律第九十四号）第二十六条第一項の規定に基づく第百九十九条第六項」と、「監査

委員の監査に代えて契約に基づく監査によることができることを条例により定める普通地方公共団体」とあるのは「同法の規定により財政健全化計画、財政再生計画又は経営健全化計画を定めなければならない地方公共団体」と、「同項の要求をする場合において、特に必要があると認めるときは、その理由を付して、併せて」とあるのは「同項の要求と併せて、理由を付して」と、「求めることができる」とあるのは「求めなければならない」と読み替えて、同法第二編第十三章の規定を適用する。
2　財政健全化団体、財政再生団体又は経営健全化団体（以下この項において「財政健全化団体等」という。）が包括外部監査対象団体である場合にあっては、当該財政健全化団体等の包括外部監査人は、地方自治法第二百五十二条の三十七第一項の規定による監査をするに当たっては、同条第二項の規定によるほか、当該財政健全化団体等の財務に関する事務の執行及び当該財政健全化団体等の経営に係る事業の管理が財政の早期健全化、財政の再生又は公営企業の経営の健全化を図る観点から適切であるかどうかに、特に、意を用いなければならない。

　個別外部監査契約に基づく監査を求めることとした理由は「財政健全化計画等の策定に当たっては、外部の専門家の視点を入れることで当該団体の財政健全化に向けた課題を的確に把握することが重要である」ことであり、財政健全化計画、財政再生計画又は経営健全化計画を策定するにあたり「あらかじめ、当該地方公共団体の財政の健全化のために改善が必要と認められる事務の執行について、監査委員に対し、地方自治法第199条第6項の監査の要求を行うことを義務付け、この場合に、当該団体の長は同項の要求と併せて理由を付して監査委員の監査に代えて個別外部監査契約による監査によることを求めなければならない」（引用はいずれも、三橋一彦「地方公共団体の財政の健全化に関する法律」『地方財務』2007年8月号）とすることで、財政が悪化した原因を十分に把握することを首長に対して促すねらいであるいえます。

4　財政の早期健全化等で注意すべきこと

　平成21年4月1日付で、総務省自治財政局財務調査課長名で、財政健全化計画の策定等に当たっての留意事項について（巻末資料1→P.192）と財政再生計画の策定等に当たっての留意事項について（巻末資料2→P.198）

図4−1

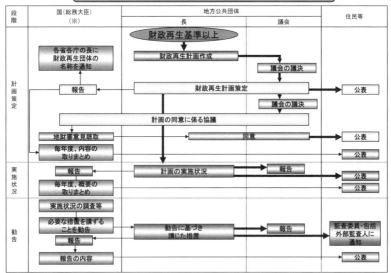

出所:総務省ホームページ

図4−2

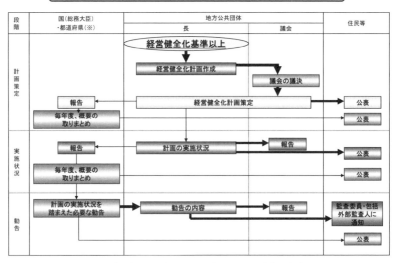

出所:総務省ホームページ

の2つの通知が発出されています。そこでは、財政健全化計画と財政再生計画の策定等にあたって留意すべき点が記載されていますので、実際に計画を策定する場合には、十分に注意すべきです。

　また、以上で述べてきた財政再生の手続きと公営企業の健全化の手続きのフローを示しているのが、図4－1と図4－2です。財政健全化計画、財政再生計画又は経営健全化計画を策定し報告をする場合の様式についても総務省から提示されています。

　第1号様式　健全化判断比率報告書
　第2号様式　財政健全化計画書
　第3号様式　財政健全化計画策定報告書
　第4号様式　財政健全化計画策定報告書（概要）
　第5号様式　財政健全化計画実施状況報告書
　第6号様式　財政健全化計画実施状況報告書（要旨）
　第7号様式　地方公共団体の財政の健全化に関する法律第7条第3項に基づく報告書
　第8号様式　財政再生計画書
　第9号様式　財政再生計画策定報告書
　第10号様式（その1）　財政再生計画協議書
　　　　　　（その2）　財政再生計画変更（変更事後）協議書
　第11号様式　起債許可（許可変更）申請書
　第12号様式　起債許可申請書
　第13号様式　財政再生計画実施状況報告書
　第14号様式　地方公共団体の財政の健全化に関する法律第20条第3項に基づく報告書
　第15号様式　資金不足比率報告書
　第16号様式　経営健全化計画書
　第17号様式（その1）　経営健全化計画策定報告書
　　　　　　（その2）　経営健全化計画変更報告書
　第18号様式　経営健全化計画策定報告書（概要）
　第19号様式　経営健全化経営実施状況報告書
　第20号様式　経営健全化計画実施状況報告書（要旨）

第21号様式　地方公共団体の財政の健全化に関する法律第24条において準用する同法第7条第3項に基づく報告書
第22号様式　財政健全化計画完了報告書
第23号様式　財政健全化計画完了報告書（要旨）
第24号様式　財政再生計画完了報告書
第25号様式　経営健全化計画完了報告書
第26号様式　経営健全化計画完了報告書（要旨）
第27号様式　地方公共団体の財政の健全化に関する法律施行令第10条第2項に基づく報告書
第28号様式　地方公共団体の財政の健全化に関する法律施行令第20条第2項に基づく報告書
第29号様式　償還管理計画書
第30号様式　償還管理計画実施状況報告書
第31号様式　償還管理計画完了報告書
第32号様式　償還管理計画提出書

　Q＆Aは、財政健全化計画、財政再生計画及び経営健全化計画の策定等における開始年度等の記載や終了年度の設定について注意を喚起しています。
　計画の開始年度と終了年度について、財政健全化計画書の様式（省令第2号様式）の「第2計画期間」の項目について、開始年度は指標の算定年度（健全化判断比率のいずれかが早期健全化基準以上であることを公表した年度）を、終了年度は計画の目標を達成する見込みの年度を記載することとなります。仮に、N年度の決算に基づいて算出された健全化判断比率のいずれかが早期健全化基準以上となった場合、それを公表した年度はN＋1年度になりますので、開始年度は算定年度であるN＋1年度です。
　仮に、N年度の決算に基づく健全化判断比率が基準以上となったことにより作成された財政健全化計画において、N＋1年度決算では健全化判断比率が基準を下回る見込みである場合には、計画期間はN＋1年度の1年間となるが、「健全化令第10条第1項に規定する場合（N年度決算において、健全化判断比率のすべてが早期健全化基準未満であり、かつ、N＋1

年度決算において、健全化判断比率のすべてが早期健全化基準未満となることが確実であると認められる場合）においては、財政健全化計画の策定を要しない」とされています。

健全化法施行令
（財政健全化計画の策定を要しない場合）
第十条　法第四条第一項ただし書に規定する政令で定める場合は、当該年度の前年度の健全化判断比率のすべてが早期健全化基準未満である場合であって、当該年度の翌年度の健全化判断比率のすべてが早期健全化基準未満となることが確実であると認められるときとする。
2　地方公共団体が前項に規定する場合に該当することにより財政健全化計画を定めないこととしたときは、当該地方公共団体の長は、直ちに、その旨及び当該場合に該当すると判断した理由を公表し、かつ、総務大臣に報告しなければならない。

　同じく、財政健全化計画書の様式（省令第2号様式）において、「第7　各年度の健全化判断比率の見通し」では、「計画初年度」の欄には財政健全化計画の策定年度（計画初年度）の決算ベースの健全化判断比率の見込みを、その後の各年度の欄には計画期間中の各年度の決算ベースでの健全化判断比率の見込みを記載することとなります。

　公営企業について、新たに経営健全化計画を定めることとなった場合、計画期間中のN年度においては資金不足比率が基準未満となるものの、N＋1年度以降に、資金不足比率が再び基準以上となることが見込まれる場合の計画期間の設定については、「経営健全化計画は、資金不足比率を経営健全化基準未満とすることを目標として策定されるものであるが、単にある年度に基準未満となればよいものではなく、安定的に基準未満になることを目標とすべきもの。このため、経営健全化計画の期間については、N年度までとするのではなく、資金不足比率が安定的に基準未満となる年度までとすべきである」として、N年度で終了とするのではなく、安定的に基準未満になる年度までとするように求められています。

　また、国等の勧告等に関して、Q＆Aは、市町村が策定した財政健全化計画について、報告を受けた都道府県知事が計画内容に対して改善を求めようとする場合には、「一般法である地方自治法第245条の4及び第252条の17の5の規定に基づき、技術的な助言及び勧告を行うことは可能であ

る」としています。

> 地方自治法
> （技術的な助言及び勧告並びに資料の提出の要求）
> 第二百四十五条の四　各大臣（内閣府設置法第四条第三項に規定する事務を分担管理する大臣たる内閣総理大臣又は国家行政組織法第五条第一項に規定する各省大臣をいう。以下本章、次章及び第十四章において同じ。）又は都道府県知事その他の都道府県の執行機関は、その担任する事務に関し、普通地方公共団体に対し、普通地方公共団体の事務の運営その他の事項について適切と認める技術的な助言若しくは勧告をし、又は当該助言若しくは勧告をするため若しくは普通地方公共団体の事務の適正な処理に関する情報を提供するため必要な資料の提出を求めることができる。
> 2　各大臣は、その担任する事務に関し、都道府県知事その他の都道府県の執行機関に対し、前項の規定による市町村に対する助言若しくは勧告又は資料の提出の求めに関し、必要な指示をすることができる。
> 3　普通地方公共団体の長その他の執行機関は、各大臣又は都道府県知事その他の都道府県の執行機関に対し、その担任する事務の管理及び執行について技術的な助言若しくは勧告又は必要な情報の提供を求めることができる。
> （組織及び運営の合理化に係る助言及び勧告並びに資料の提出の要求）
> 第二百五十二条の十七の五　総務大臣又は都道府県知事は、普通地方公共団体の組織及び運営の合理化に資するため、普通地方公共団体に対し、適切と認める技術的な助言若しくは勧告をし、又は当該助言若しくは勧告をするため若しくは普通地方公共団体の組織及び運営の合理化に関する情報を提供するため必要な資料の提出を求めることができる。
> 2　総務大臣は、都道府県知事に対し、前項の規定による市町村に対する助言若しくは勧告又は資料の提出の求めに関し、必要な指示をすることができる。
> 3　普通地方公共団体の長は、第二条第十四項及び第十五項の規定の趣旨を達成するため必要があると認めるときは、総務大臣又は都道府県知事に対し、当該普通地方公共団体の組織及び運営の合理化に関する技術的な助言若しくは勧告又は必要な情報の提供を求めることができる。

　また、財政再生団体は、総務大臣から勧告を受けた場合、当該勧告に基づいて講じた措置を総務大臣に報告する義務があるが、財政健全化団体の場合にはそのような規定がないことに対しては「健全化法第7条に規定する「勧告」は、地方自治法第245条の4第1項に規定する「技術的な助言及び勧告」の範疇にあり、勧告を受けた地方公共団体は、それを尊重すべき義務があるもの（但し、勧告に従うべき法的拘束力が生じるものではない）」と説明されています。これまで述べてきたように、勧告にはそれに

従う義務まではないものの、一定の拘束力があるものであり、事実上、財政健全化団体が国や都道府県知事からの勧告に応じないことはないことが想定されています。

5 財政健全化計画の実際

　財政健全化計画の実例をみてみましょう。巻末資料3（→P.207）は長野県王滝村の財政健全化計画です。そこでは、「第1　健全化判断比率が早期健全化基準以上となった要因の分析」において、観光施設事業会計への地方債償還の財源に充当した繰出金が2億円を超える額になったことで、一般会計を含む他の会計の債務償還費用が過大になったとしています。そこでは、企業債償還繰延を3度も実施したことで、観光施設事業会計への債務償還繰出が過大になってしまったうえに、観光施設事業会計の運営状況の悪化から、繰延した償還費用を一般会計からの補助金によって支えざるを得なくなったことを要因としてあげたうえで、「事の重要性を無視し、危機意識が欠落していたという明確な判断ミスが現在の状況を招くに至った」と率直に非を認めています。

　「第4　連結実質赤字比率等を早期健全化基準未満とするための方策」では、「平成20年度中までに、王滝村公営企業観光施設事業会計において、企業債の一部繰上償還を実施してきており、平成21年度単年度の実質公債費比率を14.0％程度に抑制し、平成21年度決算における実質公債費比率は早期健全化基準の25.0％未満となる見込である。／また、平成21年度においても繰上償還を実施することで、平成22年度以降においても実質公債費比率の低減を図る」として、繰上償還の実施等で実質公債費比率の引き下げが可能である見通しを示しています。

　巻末資料4（→P.210）は、青森県大鰐町の財政健全化計画です。同町はリゾート開発の行き詰まりで第三セクター等への損失補償によって大きな債務を抱え、財政健全化団体になった経緯があります。巻末資料4にもそのことは記されています。一方、巻末資料5（→P.223）は、平成26年度決算で財政健全化計画が完了することが予定されていることを受けて策定さ

れた報告書です。そこでは、「1　具体的な措置の実施状況」において、「平成21年度に策定した当該計画は、平成21年度を計画初年度とし、平成24年度決算において将来負担比率を早期健全化基準未満とすることとしていた。平成23年度に、懸案となっていた大鰐地域総合開発株式会社及び財団法人大鰐町開発公社の債務について、「両法人を清算し、第三セクター等改革推進債を財源として、町が損失補償を履行する」こととしたところ、実質公債費比率が早期健全化基準以上となる見込みとなったため、財政健全化計画を変更し、計画期間を平成33年度までの13年間としたものである。／平成26年度においては、以下の方策等を行った。その結果、健全化判断比率は計画を上回って改善され、今後も早期健全化基準以上とならない見込みとなったため、計画より7年前倒しで財政の早期健全化を完了するものである」と記されています。

6　監査委員の役割と個別外部監査のあり方

　これまで述べてきたように、健全化判断比率や資金不足比率は監査委員の審査に付したうえでその意見を付けて議会に報告されることとなっています。監査委員は、その算定結果が信頼に足るものかどうか十分に審査しなければなりません。また、国等の勧告が行われるときには、その通知の受け手とされていますので、監査業務において勧告の趣旨を踏まえることが求められています。

　一方、個別外部監査は、財政健全化計画等を定めなければならない自治体の首長に対して、個別外部監査の要求が義務付けられることによって行われます。そこでは、自治体財政健全化法第26条が定める地方自治法の監査の特例として、「計画を定めるに当たっては、あらかじめ、当該地方公共団体の財政の健全化のために改善が必要と認められる事務の執行について、監査委員に対し、地方自治法第百九十九条第六項の監査の要求をし併せて理由を付して監査委員の監査に代えて個別外部監査契約に基づく監査によることを求めなければならない」とされています。また、第26条第2項は、財政健全化団体等が包括外部監査対象団体である場合に、包括外部

監査人は、当該団体等の財務に関する事務の執行と経営に係る事業の管理が財政の早期健全化等を図る観点から適切であるかどうかに、特に、意を用いなければならないとされています。

(地方自治法の監査の特例)
第二十六条　財政健全化計画、財政再生計画又は経営健全化計画を定めなければならない地方公共団体の長は、これらの計画を定めるに当たっては、あらかじめ、当該地方公共団体の財政の健全化のために改善が必要と認められる事務の執行について、監査委員に対し、地方自治法第百九十九条第六項の監査の要求をしなければならない。この場合においては、同法第二百五十二条の四十一第一項中「第百九十九条第六項」とあるのは「地方公共団体の財政の健全化に関する法律（平成十九年法律第九十四号）第二十六条第一項の規定に基づく第百九十九条第六項」と、「監査委員の監査に代えて契約に基づく監査によることができることを条例により定める普通地方公共団体」とあるのは「同法の規定により財政健全化計画、財政再生計画又は経営健全化計画を定めなければならない地方公共団体」と、「同項の要求をする場合において、特に必要があると認めるときは、その理由を付して、併せて」とあるのは「同項の要求と併せて、理由を付して」と、「求めることができる」とあるのは「求めなければならない」と読み替えて、同法第二編第十三章の規定を適用する。
2　財政健全化団体、財政再生団体又は経営健全化団体（以下この項において「財政健全化団体等」という。）が包括外部監査対象団体である場合にあっては、当該財政健全化団体等の包括外部監査人は、地方自治法第二百五十二条の三十七第一項の規定による監査をするに当たっては、同条第二項の規定によるほか、当該財政健全化団体等の財務に関する事務の執行及び当該財政健全化団体等の経営に係る事業の管理が財政の早期健全化、財政の再生又は公営企業の経営の健全化を図る観点から適切であるかどうかに、特に、意を用いなければならない。

また、包括外部監査対象団体においては、第3条第7項において、包括外部監査人は、その監査のため必要があると認めるときは、公表された比率とその算定基礎事項を記載した書類について調査することができるとされています。また、国等から勧告を受けた場合の通知の受け手にもなります。巻末資料6（→P.230）は、総務省が示している「地方公共団体の財政の健全化に関する法律による個別外部監査の実施に係る質疑応答」です。個別外部監査を行う場合には参照してください。また、図4－3は自治体財政健全化法による個別外部監査の実施の流れを示しています。

図4-3

| 地方公共団体の財政の健全化に関する法律による個別外部監査の実施の流れ |

(根拠規定:健全化法第26条)

① 長からの個別外部監査の要求(地方自治法第199条第6項等)
　↓
② 監査委員による受理
　↓
③ 長への意見の通知(地方自治法第252条の41第3項)
　↓
④ 長は、個別外部監査契約に基づく監査によることについて議会に付議
　　(地方自治法第252条の41第4項により準用される同法第252条の39第4項)
　　＜可決された場合＞
　↓
⑤ 長は、監査委員の意見を聴き、議会の議決を経ることにより、個別外部監査契約を締結
　　(地方自治法第252条の41第4項により準用される同法第252条の39第5項及び6項)
　↓
⑥ 個別外部監査人による監査
　↓
⑦ 個別外部監査人による監査の結果に関する報告の提出
　　(地方自治法第252条の41第6項により準用される同法第252条の37第5項)
　↓
⑧ 監査委員による公表
　　(地方自治法第252条の41第6項により準用される同法第252条の38第3項)

出所:総務省ホームページ

第5章
債務調整の是非

1 債務調整という問いかけ

　自治体財政健全化法は、小泉政権における竹中平蔵総務大臣による自治体にも破綻制度を導入すべきとの問いかけから始まって制定されたものです。旧再建法である地方財政再建促進特別措置法の問題点を解決するために全面改正されましたが、結果的には、破綻、正確な表現でいえば債務調整の要素は盛り込まれませんでした。それは、けっして官僚の抵抗を押し切れなかったからではありません。債務調整を行わない方が望ましい制度だと判断されたからです。

　その一方で、地方財政再建促進特別措置法は昭和30年の法律であって、いかにも不備が目立っているにもかかわらず、その改正はされてきませんでした。第三セクターの破綻処理はもっと早く進めるべきでしたが、再建法の不備によって後手を踏んだという批判は甘んじて受けるべきでしょう。制度改正が遅れた理由は、技術的な観点だけで法律改正ができるとは限らないということに尽きます。自治体に大きな影響を与えるような制度改正は、それなりの政治的なステージがなければできません。破綻法制という問いかけがあってこそ可能であったといえます。自治体財政健全化法は、自治体本体こそ破綻の対象にしませんでしたが、第三セクターの破綻処理の背中を押したかたちになりました。

　自治体で非効率な財政運営がなされているのは、地方交付税による財源保障があることと、再建法によって破綻させないことから来るという見方は、識者を中心に根強いものがありました（いまもあります）。そこで問題なのは、「破綻しない」ということの具体的な意味です。破綻しないのは、最終的には、総務省がなんとかするからだというイメージを持つ場合、「暗黙の政府保証がある」などといわれることがあります。もっとも、暗黙の政府保証というのは、実のところ意味がよくわかりません。地方債に政府保証はありませんし、暗黙に肩代わりすることはありません。

　自治体財政健全化法が、旧再建法も考え方としては同じですが、地方債の安全性を保つ最後の砦として機能するのは、政府保証をするからではなく、また政府が財政支援をするからでもなく、自力で返済できないほど悪

化しない状態で、再建過程に載せることを強制するからです。借入の返済ができるのは、返済できる範囲を超えて、財政状況が悪化しないようにしているからです。いわば、財政状況が一定以上悪化した自治体に網をかけて、財政再建を強いる仕組みです。旧法の地方財政再建促進特別措置法は、昭和30年の法律ですので、第三セクター等の損失補償や債務保証に係る債務の存在を前提にしていませんでしたので、当然、対象にしていませんでした。地方公営企業もいまより規模が小さく、それらの経営状態が悪化するのは、昭和30年代後半からです。したがって、現在の制度に対応するために改正が必要でした。

　一方、「自治体にも破綻法制を導入することによって、市場による監視を強めることが財政の健全化を促す」という考え方も根強いものがあります。これまで、地方債は国債に次いで安全な債券とされてきました。一部には、地方債の安全性を疑問視する声もないわけではありませんが、格付け会社や機関投資家の判断は比較的冷静であり、特に海外市場は国債に次ぐ安全債券であり、発行ロットも大きいことからわが国の地方債に対し金融商品としての魅力を感じているようです（金利がもう少し高ければさらに魅力が増すといわれます）。自治体財政健全化法への改正にも歓迎ムードが生じました。格付け会社のなかには地方債の制度的枠組みを評価して、個々の自治体の財務内容の違いは、基本的に格付けの評価に反映させないところもあります。また、財務内容等を考慮して団体間で評価を変えている会社でもその格付の差はわずかであり、高い評価の範囲に収まっています。地方債は安全債券という基本認識は共通しているといえます。

　さて、地方債が安全債券であるとして、それが自治体の財政運営に緊張感を削いでいるといえるのでしょうか。安全であるのは貸し手である金融機関からみてそうであるだけであって、本書でみてきたように、借り手である自治体は借金返済が楽になるということではありません。財政状況が悪化すれば、実感としても苦しいとなるわけです。自治体は自分でつくった借金は、どんなに厳しい状態でも、最終的には人件費のカットをしてでも、自力で返済しなければならないからです。再建期間中のつなぎ資金の提供は、自治体財政健全化法の財政再生段階ならば再生振替特例債というかたちでありますが、その金利も元本もすべて原則自力で返済しなければ

なりません。夕張市の財政再建過程をみて、債務調整がないので、自治体は楽をしていると思う人はいないでしょう。

　つまり、債務調整がない制度であることは、貸し手を保護していますが、借り手を保護しているわけではありません。その際、貸し手がモラルハザードを起こす可能性はあります。夕張市の場合には、そこが問題になりました。ただし、貸し手を保護していることで、地方債市場の安定を通じて、財政が悪化した特定の自治体というよりも、自治体全体に恩恵を及ぼすものです。地方債の金利が低くなることの財政的な効果は絶大なものがあります。広い意味で、住民を保護する仕組みといえます。

　地方財政の諸問題で、混乱の要素となるのは、当事者であり、制度をよく知っているはずの自治体関係者から、間違った制度理解に基づく見当違いの意見が出てくることです。かつて、自治体財政健全化法に切り替わる少し前に、財政状況が悪化した自治体の長が、現状の苦しさを嘆いて、「いっそ、準用再建団体になった方が楽だ」というような趣旨の発言をし、マスコミに取り上げられたことがありました。その真意はよくわかりませんが、一部の識者が誤解している「暗黙の債務保証」を真に受けて、準用再建団体になれば総務省が助けてくれると思い込んでいたのかもしれません。もちろん、そんなことはありません。あるいは、準用再建団体になれば、議会や住民の声を聞かずとも、強引なコストカットができるという意味なのかもしれません。後者だとすれば、理解できなくもないですが、首長としての責任放棄であり、不見識のそしりは免れません。真意はどうあれ、再建団体になりたいという首長の発言がマスコミに取り上げられれば、再建制度がかえって財政悪化を助長するという意味で、モラルハザードを引き起こしているという批判を喚起してしまいます。旧法の準用再建団体あるいは新法の財政再生団体になった方が財政負担はより重くなった状態なので、その方が楽ということはありません。

2 竹中総務大臣の「地方分権21世紀ビジョン懇談会」

　自治体財政健全化法は平成19年6月に成立しましたが、そこに至る最大のきっかけは、17年夏の郵政問題を焦点にした衆議院選挙で自民党が圧勝し、その後の小泉内閣の改造で竹中平蔵氏がそれまでの経済財政担当大臣から総務大臣に転身したことにあります。竹中大臣は、平成17年12月の大臣会見で破綻法制の検討を表明し、18年になって検討を開始しました。地方財政制度についての「10年後のビッグ・ピクチャー」を描くためにとして、「地方分権21世紀ビジョン懇談会」を設け、そのなかで地方財政制度の抜本改革の構想を描きました。自治体の破綻＝債務調整導入については、懇談会設置を表明した大臣会見での発言から推察すると、設置段階で竹中大臣の念頭にあったものと思われます。

　小泉政権の構造改革でしばしばみられる発想は、市場の機能を活かした改革です。竹中大臣はエコノミストですので、それは自然なことです。市場主義的な改革を指向することと背中合わせなのは、官僚支配の打破です。官僚が裁量的に裁いていく仕組みよりも、市場の裁定に任せる方が、はるかに効率的であり、公平であるというわけです。そうした市場主義的な発想は、一定の説得力がありますし、世論としても、それを受け入れる傾向があります。エコノミストのなかには、暗黙の政府保証があるなどと主張する向きがありますので、そこには官僚による裁量的政策というニュアンスがついて回ります。竹中流の市場主義的な改革に、多くのエコノミストが賛同してもおかしくありません。

　そのような発想で、旧再建法をみてみますと、まさに官僚支配そのものにもみえます。財政再建計画をつくって、総務大臣が同意をして、その範囲でしか予算編成ができませんので、総務省の担当者の運用次第ではないかとみえてしまいます。それに対して、財政運営が行き詰ってしまった自治体に対して、金融機関や住民の日常生活に対する混乱を最小限に食い止めながら、巨額の債務を粛々と返済していくスキームを、法令に照らして構築し、自治体の自己責任の範囲で、財政再建を最優先にする制度である、と説明すれば国民はそちらがよいと判断するかもしれません。

官僚支配の否定を基調にすれば、答えは市場主義的なスキームとなりがちです。地方債に対して債務調整を導入することは理論的に不可能ではありません。しかし、それが一体誰の得になるのかを考える必要があります。財政破綻に陥った団体を、法令に基づいた枠組みのもとで適切に再建に導けるようにする制度がうまく設計でき、本当に機能するならば、官僚支配であるかどうかは、この際、あまり問題ではないと筆者は考えます。

3　いわゆる"再生型破綻法制"の整備

　債務調整の是非について、地方分権21世紀ビジョン懇談会は、平成18年7月の最終報告のなかで次のように結論づけています。

　「護送船団方式により形成された「国が何とかしてくれる」という神話が、財政規律の緩みにつながってきた面を否定できない。経営に失敗すれば、自治体も破綻という事態に立ち至る、という危機感を持つことが、地方財政の規律の回復のために必要であるとの指摘がある。／自治体運営においては何より住民への行政サービスを継続することが重要であり、その意味でも、いわゆる"破綻"の意味するところを明確にし、透明な早期是正措置によってその事態を回避し、再生への道筋を明らかにすることが重要である。／この観点から、いわゆる"再生型破綻法制"の検討に早期に着手し、3年以内に整備すべきである。その際、透明なルールに基づく早期是正措置を講じ、それでもうまくいかなかった場合に再生手続きに入るという2段階の手続きとすべきである。この手続きにおいては、正確な財政情報が重要となるために、その分析等において第三者機関等の活用が考えられる。また、激変緩和のための移行期間（10年程度）を設け、移行期間中は、既に発行された地方債についての旧勘定と、新制度下で発行される地方債についての新勘定に分けて管理し、いわゆる"再生型破綻法制"の適用は新勘定に限定すべきである。／これらの点を踏まえた、いわゆる"再生型破綻法制"の制度の概要を今秋までに作成・公表すべきである。」

　そこでは、自治体に破綻がないということが緩みとなっているという指摘が明確にされています。しかし、破綻をどのように定義するかについては懇談会のなかでは十分詰め切れなかったのか、早期是正措置を含んだ財政再生制度として、引き続き制度のあり方を検討していくこととしています。債務調整については明言されていませんが、新勘定に限定するという記述は、債務調整の導入が前提となっているように読めます。地方分権21

世紀ビジョン懇談会は大臣の諮問機関ですので、その報告だけでは政府としての方針決定にはなりません。政府の方針はその直後に決められた基本方針2006（いわゆる骨太の方針）であり、そのなかではごく簡単に「住民の視点に立った地方公共団体の自発的な取組が促進されるような制度改革を行う。そのため、再建法制等も適切に見直す」としているだけで、債務調整の是非については触れていません。

4 債務調整の導入の是非をめぐる議論

債務調整の是非の検討は、その後、総務省に設けられた「新しい地方財政再生制度研究会」に引き継がれることとなりました。同研究会の検討において、債務調整を見送った理由として、青木信之「新しい地方財政再生制度研究会報告書について－新たな地方公共団体の財政の健全化に関する法制度の構築に向けて」（『地方財政』、平成19年1月号）は、次の7点をあげています。少し長いですが、重要な箇所なので引用します。なお、著者の青木氏は、自治体財政健全化法の制定時の担当課長です。

「報告書においては、「債務調整の導入は、地方行財政制度の抜本改革が進展した場合における地方財政の規律強化に向けた再生ツールの選択肢として評価できるが、一方でそれを導入する場合には、債務調整の前提となる具体的姿を明確化するとともに、以下のような課題を解決する必要があり、今後これらの課題について検討を深めていくことが必要である。」としている。／課題は、大きく7点に整理されたが、その第1点は、「民間において債権者が債務調整に応じるのは、清算時等よりも高率の弁済がなされる等の合理的理由があるからであり、地方公共団体についても債権者が債務調整に応じる動機づけを持った仕組みが必要ではないか。」という点である。／この点は、債務調整のメカニズムとしてもっとも重要な課題かと思われる。例えば、債権者が100の債権を債務者に対し保持しているとして、ある段階で100の価値ではなく70の価値の債権であることを認めるのは、例えば債務者側が重い負債を抱え経営に行きづまり身動きがとれなくなると、リストラを進めるための退職手当や新たな価値を創造するための投資のためのニューマネーを確保できず、企業価値が次第に減損し、70どころか50になりかねず、こうした傾向に歯止めをかけ事態を少しでも好転させ、企業価値を下げ止まりさせることが、債権者にとってもメリットがあるからである。こうしたメカニズムが、税・交付税を財源に持つ地方公共団体が債務者の場合にいかに機能するかが第一の課題である。／第二の課題は、債務調整は、債権者に

財産権を放棄させることであり、合理的な基準設定がどうしても必要となるが、「いかなる場合に債務調整を行い、どの程度債務調整を行うべきかについて、合理的な基準の設定が必要ではないか。」という点である。／第三の課題は、「民間企業の債務調整では、経営者の更迭など経営責任が問われる場合が多いが、地方公共団体の場合、民事再生法上の監督委員と同様な職をおくことが適当か。例えば市町村長の経営責任を問うことについていかに考えるべきか。」という点である。民間同様の責任を認めるべきという議論と民主主義のルールに基づく選任ということをいかに調整して考えるかという課題である。／第四の課題は、「民主主義のプロセスを経て決められる再生団体の歳入確保・歳出削減にかかる計画に対し裁判所が関わることや、裁判所の体制のあり方又は裁判所に代わる体制のあり方（第三者機関を含む。）についてどう考えるか。」である。債務調整という権利調整がなされる以上は、関係者がすべて納得するということでなければ、裁判所が関わることにならざるを得ないと思われるが、その際再生団体の財政再生計画が妥当かどうかの議論にならざるをえないとするならば、三権分立との関係をどう整理するかが課題となるわけである。また、そうしたことに対応していくための体制のあり方も課題となる。／第五の課題は、「地方公共団体にとって民間の債権者と比べ多額の債権を有し、かつ、地方公共団体に事務等を義務づけている国の責任・負担についてどう考えるか。」である。地方団体の資金調達が公的資金から民間資金にシフトしてきているとはいえ、地方公共団体の最大の債権者は国であり、その国の債権について償務調整の対象にしなければ、そもそもこの議論はなりたちにくい。また、地方からすれば、国による職務の義務づけや景気対策等が財政窮乏の原因になっているとの主張をする可能性も高いものと思われる。／第六の課題は、「資金調達が困難になる可能性がある財政力が弱い地方公共団体の資金調達をどう考えるか。」である。貸し手側に責任を持たせることを制度化すれば、財政力が極めて強い地方公共団体においては、資金調達コストが低下する等のメリットが生じる可能性があるが、一方過疎地域等の財政力が乏しい団体は資金調達が困難になる可能性があり、なんらかの方策が必要になる。／第七の課題は、「地方債のリスクウェイトの変動及び地方公共団体への貸し付けに対する民間金融機関による担保設定等の債権保全策の導入についてどう考えるか。」である。地方債のリスクウェイトが変動すれば、即座に地方債を引き受けている地方銀行等の財務内容に影響を与えるし、そういうことであれば担保設定等も考えざるを得ないといった議論もありうる。」

　この結論をみる限り、具体的に債務調整の導入を検討した結果として、少なくとも現行制度のなかですぐに行えば、技術的な点で難しいことが多いという認識で、研究会のメンバーで共通の認識ができたようにみえます。そこで、「地方行財政制度の抜本改革が進展した場合における地方財政の規律強化に向けた再生ツールの選択肢として評価できる」としつつも、今後の検討課題としたものと考えられます。

その後、平成19年4月から本格的に審議入りした地方分権改革推進委員会に、債務調整の導入は引き継がれることとなり、同年11月の「中間的なとりまとめ」では「地方自治体に対する債務調整の導入は、地方行財政制度の抜本的改革が進展した場合における地方財政規律の強化に向けた選択肢のひとつとして位置付けられてきた。そのため、国による事務等の義務付けの廃止、国庫補助負担金改革、税源移譲、地方交付税、そして地方債など地方行財政全体について分権改革が今後進むなかで、地方債の自由化や債務調整の導入の是非について検討すべきである」として、地方分権改革とそれに伴う財政制度改革が進んだときには自ずと検討すべき課題となるという認識を示しています。

　その一方で、「今後の地方分権改革では、国と地方の財政状況や抜本的な税制改革の動向にも留意しつつ、地方が自らの責任で効率的な自治体経営を行えるよう、国庫補助負担金、地方交付税、税源移譲を含めた税源配分の見直しについて一体的に検討し、地方債を含め分権にかなった地方税財政制度の改革を進めていく必要がある」と述べ、あえて地方債を税財政の改革課題に含めることを強調しているのは、なおも地方債制度の抜本改革が必要との見方をにじませたものともみることができます。

　また、地方分権改革推進委員会とは別に、総務省に「債務調整等に関する調査研究会」を設け、さらに債務調整の導入に関する検討をしていましたが、同研究会は平成19年10月に「第三セクター等の資金調達に関する損失補償のあり方について（中間まとめ）」をとりまとめ、第三セクター等への損失補償を制限していく方向で、総務省がガイドラインを提示する方針を打ち出しています。その時点では、一般財政の債務調整は中長期の課題であって最優先とするものではなく、第三セクター等の抜本改革としての破綻処理に軸足が移っていることが読み取れます。

5 甘受すべき自治体のガバナンスに対する批判

　以上のような経過を経て、抜本改正された自治体財政健全化法では、債務調整の導入こそ見送ったものの、旧再建法の問題点についてはさまざま

な観点で見直されました。その後、自治体の財政状態は急速に回復し、制度発足当時から財政再生団体であった夕張市を除けば、早期健全化段階の自主的な財政健全化のスキームで食い止めて、財政再生団体を出さないという点で、健全化に貢献する仕組みとして機能してきました。

　ここで改めて考えなければならないことは、債務調整の導入に限らず、地方債制度の改革や地方交付税制度の改革の必要性が強く訴えられ、世論もそれに同調した背景には、自治体の財政規律がゆるんでおり、「国が何とかしてくれる」という雰囲気が色濃く残っているので自律した存在ではない、という厳しい批判の目が自治体に向けられたことに対してです。制度の誤解に基づく批判という反論はあっても、そもそも不信感を持たれていることについては、危機感を持たなければなりません。自治体関係者がそのことに目をつぶって、債務調整が見送られたことに安堵するのはよいこととはいえません。

　筆者は、債務調整には混乱こそ大きいものの、自治体に財政規律をもたらすという成果は思ったほどないとみており、その導入には反対する立場ですが、だからといって、自治体の財政規律が緩んでいないとか、国への依存体質がないとは思いません。地方交付税制度や財政再建制度などの制度が、財政規律の弛緩を生んでいるという発想は、現実の自治体における現状認識や行動様式、あるいは組織的なガバナンスをみる限り、あまり的確ではないと感じます。それよりも、むしろ「場を支配する空気」こそモラルハザードの原因があるとみています。債務調整を導入すれば、確かに場の空気は一変するかもしれませんが、インパクトが大きすぎて、想定外の問題が起きるなど、よい結果をもたらすとは限りません。制度自体が根本問題でないとすれば、制度改革の議論で、あまり大胆なことを構想することはリスクが大きいと思われます。

　夕張市が地方財政再建促進特別措置法の準用再建団体の適用を受けた後はさすがに聞こえなくなりましたが、行政改革を担当している職員が庁内の意思統一ができないことを嘆いて、むしろ準用再建団体になった方が再建が早いと漏らすのを聞いたことがあります。自治体にガバナンスが弱いことは確かですし、組織はトップの姿勢に相当影響を受けますので、首長次第で制御不能な組織になることもあります（そういう自治体では、誰が

どこで決めたかよくわからない状態になって、意思決定ができずに迷走してしまいます)。その一方で、首長が変われば、同じ職員が人が変わったように生き生きと働くこともあります。地方財政制度がモラルハザードをもたらしているのではなく、ガバナンスの課題が原因であると考えれば、破綻制度の導入によって財政規律を呼び覚ますというのは方向違いであるとなります。

　自治体財政健全化法の導入後、財政悪化に苦しんでいる自治体の首長が、健全化判断比率の計算をしてみて、財政再生基準にも財政健全化基準にも引っかからなかったことで安堵して、これでわがまちも安泰などと、いささか安易な発言をしてしまったことがあります。健全化判断比率に抵触しなければ健全であるという発想は間違いであることは、本書ですでに強調してきました。健全団体であっても、財政健全化の試みは不断に必要なわけです。そのような首長は、制度の機能に対する理解が不足していることで、結果的にモラルハザードと批判されかねない行動をしていることとなります。

6 地方財政制度の機能

　先に紹介したように、新しい地方財政再生制度研究会の報告では「債務調整の導入は、地方行財政制度の抜本改革が進展した場合における地方財政の規律強化に向けた再生ツールの選択肢として評価できる」としています。裏を返せば、地方行財政の構造が抜本的に変わらない限りは、直ちに現実的な手段にならないということです。では、現行の地方行財政の構造とは何をさすのでしょうか。

　現行の地方財政制度は、国が地方に相当多くの事務配分を行っており、それに対して最終的には地方交付税等を通じて財源保障を行うしくみとなっています。事務配分に対する財源手当の必要性は、地方自治法や地方財政法にも規定されています。そこで、マクロ（地方財政全体）では地方財政計画、ミクロ（個別団体）では地方交付税制度を通じて一定の範囲で、事務配分にふさわしい財源を確保しています。地方債制度も、地方税、国

庫支出金とならびにその仕組みのなかに組み込まれていますので、地方債制度だけを単独で変えることはできないことに注意が必要です。

研究会報告のいう地方行財政制度の抜本改革とは、事務配分のやり方や財源保障の考え方を抜本的に変えるということです。たとえば、連邦制に移行すれば、本源的な主権は連邦ではなく州に移りますから、連邦政府が、州に対して所掌事務を連邦法によって規定することはなくなります。むしろ、連邦憲法において連邦の権限が限定的に規定され、それは州の合意によるものとされます。その場合、連邦が州に対して財源保障を行うこともあり得ません。そこまで行かなくても、連邦制に近くなるほど地方分権を進めていけば、それを道州制と呼ぶのかもしれませんが、そうなると現在のような地方財政制度は抜本的に改正されます。

そのときに、自治体財政健全化法のように、国の法律によって、自治体の財政活動を直接的に規制することが、ふさわしいかどうかという以前に、そもそも可能かどうかという問題に突き当たります。その際には、再建法制は変わらざるを得ません。破綻法制が唯一であるかどうかは別としても、「地方財政の規律強化に向けた再生ツールの選択肢」となることは当然といえます。そこで問われているのは、債務調整の導入の是非といったパーツ（部品）の議論ではなく、地方財政制度そのもの（本体）のあり方に関わる根本問題であることになります。

非常に極端なことをいえば、国が地方に相当多くの事務配分をしている現状を改めて、住民生活の根幹部分を支えるサービスは国が直接提供することとし、自治体は地域独自のサービスに限定し、そこでは地域格差が出てもやむを得ないと割り切れば、地方交付税制度のような精緻な制度も必要ありません。財政調整はごく小さな部分でよいですし、単純な仕組みにすることもできます。地方債の債務調整は、その場合にはむしろ当たり前のことです。独自財源がない団体は、依存財源が小さくなりますと、そもそも償還財源がありませんので、返済できない見込みの地方債は借りられませんし、貸す側も安全債券だとは受け取らないでしょう。ただし、わが国の地方行財政制度をそのような方向で改革すべきという意見にはほとんど賛同を得られないと思われます。

現在の地方財政制度では、国は地方に多くの事務配分を行い、根幹的な

公共サービスについては、自治体の財政力に応じた格差は、国民のコンセンサスとして限定的にしか認められないという状況があるので、現在のような制度が適切であるとなります。

　現行の地方財政制度の機能を前提に、本書の冒頭で述べた地方債の安全性が確保されています。地方債は安全だけれども、それは貸し手を保護しているのであって、借り手を保護しているわけではない、ましてや、財政悪化をしても国が救済してくれるわけではないので、本来、モラルハザードはおきません。国がするのは、自力再建できる範囲で、財政運営の暴走を停止させて、後始末はすべて自治体が自力でしなければなりません。

　自治体本体こそ破綻させませんが、法人格が異なる第三セクター等の破綻は、経営が悪くなればそれはやむを得ないと突き放されています。自治体が全額出資であっても、そのことは変わりません。そこで要判断となるのは地方公営企業です。水道事業ならば、公営企業ではあるが、ライフラインであって必要不可欠なものです。下水道事業は道路などと同じインフラにあたるものです。ところが宿泊施設となると、そもそも地方公営企業で行う必要があるのかという疑問が生じます。そのように考えると、一部の地方公営企業については、いわゆるレベニュー債（事業収益を償還財源とする地方債）の発行を認めて、事業が悪化した場合には、レベニュー債の償還ができないこともありうると割り切ることもできます。現在の運用では、そのような制度改正を行わず、地方公営企業として行う必要のない事業については、地方公営企業のかたちをとらない方向にしています。

　すでに述べてきたように、財源保障をしているといえども、自治体の財政格差を完全に是正しているわけではありません。財政運営の舵取りを誤れば、自治体の財政状況は相当程度まで悪化します。財政状況の良好な団体と悪化した団体の差は、実に大きいとみるべきです。税収に恵まれない自治体の場合、いずれも地方公営企業である下水道事業と病院事業を行うだけで、それへの繰出しに伴う負担によって財政状況が逼迫することは不思議ではありません。財政規律を保てない団体が出てくることは、残念ながら、これからもある確率で出てくると思われます。ただし、そうした状態を解消するために、債務調整の導入によるショック療法ともいうべき方法を導入することは適切ではありません。それよりも重要なことは、自治

体は現在の地方財政制度のなかで、どのような財政規律が求められているかを突き詰めて考えていくべきでしょう。少なくとも、自治体の財政診断については、いま以上に議論が前に進まなければなりません。地方財政制度を踏まえて、財政診断の方法を確立させていくことは、技術的には相当大きな問題です。

7 デトロイト市の破綻の教訓

　一方、アメリカでは、デトロイト市が平成25年7月に破綻をしました。このニュースは世界的にも大きく報道されました。アメリカでは、市やカウンティなどの自治体の財政破綻は、およそ半分ほどの州で、州憲法によって認められています。そこでいう財政破綻とは、債務調整のことであって、個人でいえば自己破産が認められるのと同じように、債務の一部又は全額が免除されることをいいます。アメリカの場合、連邦破産法第9章に自治体の破産手続きが定められており、最終的に、連邦破産裁判所が債務調整計画案を承認することで、債務調整が確定します。つまり、手続きは連邦法に基づくけれども、その適用を認めるかどうかは州憲法に基づくというかたちです。

　ちなみに、アメリカでは州は主権者であって、連邦法で州の破産手続きを定めるということはありません。あくまで、対象は、州の下にある自治体です。アメリカの自治制度は、州ごとに違っているわけです。州の債務調整に関する法規定はありません。国についてないことと同じです。

　デトロイト市の破産手続きでは、負債総額が約180億ドル（約2兆2千億円）であって、これはアメリカ史上最大の規模でした。債務調整計画案は、破産手続き開始後、1年5か月をかけていますが、これはけっして長い方ではありません。むしろ、債務の規模に対してスピーディに処理されたとされています。債権放棄を含む破産処理の計画ですので、債権者である金融機関、地方債保険会社、年金受給者、年金基金、労働組合等の当事者の合意を図る必要があります。デトロイト市の場合、市の借入金もさることながら、退職職員の年金・医療負担による財政負担である「レガシー

コスト」が巨額に達していました。つまり、デトロイト市では、退職職員への年金や医療保険で巨額の積立不足が発生しました。これは、年金や医療保険制度が異なるわが国では起こり得ないことです。

債務調整計画は、負債の4割弱が免除されることで決着しましたが、債権の性格に応じて、債権カットの割合は異なります。特定の収入による償還財源の担保のない地方債（うち制限付一般財源保障債）は元金の59％、無担保である地方債類似債券は元金の87％であるのに対して、退職職員の年金債務は40％にとどまっています。ちなみに、地方債等の元金カットの大半は、債務保証をしていた地方債保険会社が被る結果となりました。年金を地方債等よりも優遇したのは、自ら審査能力を有している地方債保険会社よりも、リスクを取るか取らないかの選択肢のない退職職員を優遇すべきという弱者保護の考え方が背景にあるとされています。

デトロイト市の地方債の格付けは、破産申請前から大きく悪化していました。当然、借入金利も上昇していました。だからこそ、それを承知で引き受ける金融機関は存在し、リスクを引き受ける保険会社も存在していました。デトロイト市債はハイリスク・ハイリターンの債券であったわけです。レガシーコストに比べて地方債等のカット率が高いのはそのためです。

このようにアメリカでは、債務調整が認められています。その一方で、認められていない場合にはいわば無限責任を負うことになります。債務調整の適用をする方が、どちらかといえばモラルハザードといえます。

それでは、市場による裁定こそ望ましいとはどのようなことを意味するのでしょうか。情報が開示され、市場が機能している限り、リスクは市場関係者に認知され、貸付金利にリスクプレミアムが加算されることになるはずだと考えます。そうなると、財政状況が悪化すればするほど調達金利が高くなって、自ずと財政悪化は止まるはずだというシナリオになります。しかし、それは少なくともデトロイト市では当てはまりませんでした。クラッシュをして債務調整に至ったからです。

財政状態が悪化しても、返済できなくなるとは限りません。ある程度までなら自力返済は可能です。それを超えると、債務調整の可能性は突然、高まります。その状態になると、貸すこと自体がハイリターンのギャンブルと同じようなことになります。債務調整の適用が可能であれば、借り手

である自治体は、むしろ借りられるまで借りようとするかもしれません。それこそモラルハザードです。自己破産を申請するためには、中途半端な債務では無理で、むしろ無理をしてでも、できるだけ巨額の借入を行う必要があるのと同じことです。

わが国において破綻法制の導入が検討されたものの、冷静に課題を詰めていくと、けっして望ましいわけではないという結論が出たように、デトロイトの破綻処理を理想の姿とみなすことはできません。むしろ、そのような荒っぽいことができるのは、国柄の違いだと感心するほどです。

デトロイトの破綻処理の社会的コストにも注目する必要があります。債務調整案の策定には多くの債権者が関わっていますが、アメリカは訴訟社会であるので、そこでは巨額の弁護士への報酬等である訴訟費用が発生しています。デトロイト市自身も、州政府から派遣された管財人にあたる弁護士事務所に対して、巨額の報酬を負担しています（1.5億ドルと巨額ですが、債務の額に照らすと正当な報酬なのでしょう）。デトロイト市の場合は期間が短いとされますが、それでも計画決定に1年以上を要しています。その間の市民生活への影響は大きいことはいうまでもありません。

アメリカでは、連邦政府が州の管轄にある自治体に対して直接規制を行うような法制度は現実的でなく、事前規制を好まない政治意識もあって、自治体財政健全化法のような仕組みは今後もおそらくできません。その意味では、やむなく法による規制をせずに、破綻処理の方法のみ、連邦法によって制度化しているといえます。筆者が、アメリカの金融機関関係者で地方債を扱っている専門家の意見を聞いたところ、自治体財政健全化法のような法による規制の方が優位であるという意見が少なくありませんでした。アメリカの制度は、その方が望ましいからではなく、それしかできないから設けられたものということになります。

※本節の内容は、犬丸淳氏との共著論文である「デトロイト再建計画の教訓　債券・年金削減、痛み大きく（経済教室）」（『日本経済新聞』平成27年1月26日）に拠っている。デトロイト市を始め、アメリカの自治体の再建制度については、犬丸淳『自治体破綻の財政学－米国デトロイトの経験と日本への教訓』（日本経済評論社、2017年）を参照。

第6章
夕張市の財政再生

1 夕張市の事例の特異性

　自治体財政健全化法は、夕張市のために設けられたといわれることがありますが、それは正しくありません。破綻法制の検討は、前章で述べたように、平成17年の大臣会見から始まり、18年から具体的な検討が開始されると、大きく報道でも取り上げられました。夕張市が、準用再建団体への適用の意思があると表明したのは平成18年6月議会の冒頭であり、その時期には、破綻法制の検討も相当進んでいました。つまり、破綻法制が成立することに危機感を抱いた夕張市が申し出たかたちです。けっして夕張市のために破綻法制を設計したわけではありません。

　ただし、破綻法制の検討を始めたことが、夕張市の財政悪化が表面化するきっかけになったと推察されます。夕張市は、いったん、地方財政再建促進特別措置法の準用再建団体となって財政再建計画を策定して再建を開始し、その後、新法成立後に、自治体財政健全化法における財政再生団体として、財政再生計画を策定し、異例ともいうべき長期間にわたる再建過程に入りました。

　夕張市が準用再建団体の適用の意思表明をした時点では、平成16年度決算までが公表されていたわけですが、それまでは、黒字として決算報告されていました。黒字では、地方財政再建促進特別措置法の準用再建団体にはなれません。つまり、夕張市は、これまで黒字として報告してきたけれども、それは虚偽であって、本当は巨額の赤字を抱えていると表明したことになります。

　民間企業でも粉飾決算のようなことは不幸にも起きていますが、地方政府である自治体が、これほどの規模で赤字を隠した決算報告を永年にわたってしてきたことは驚天動地ともいうべきことです。本来はあり得ないことです。夕張市はしたがって特異な例です。単に財政状況が悪化した自治体ではありません。

　正しい決算報告さえしていれば、準用再建団体の基準にわずかに抵触した程度の赤字比率の時点で再建規定が適用されます。そこで、財政再建を最優先にした財政運営を行う限り、再建期間はごく短期間で終了します。

赤字幅が大きくないからです。夕張市は、赤字を秘匿していたために、傷口が大きくなったわけです。痛恨の出来事であったといわざるを得ません。

　財政状況が悪化した自治体が、「このままでは第二の夕張になる」として危機意識を表明することがあります。気持ちはわからなくもありませんが、適切ではありません。夕張市の事例は、単なる財政悪化ではないからです。赤字の存在を秘匿したことで、考えられない規模の赤字を抱えてしまって、法が想定しているよりもはるかに超長期の再建期間となった例です。

　夕張市は、旧産炭地です。国のエネルギー政策の転換で、市を支えていた炭鉱が一気に衰退し、そこで地域再生の課題を抱えました。市では、炭鉱に代わる新たな産業として観光政策を掲げ、華やかに展開した結果、一時は、多くの集客に成功し、成功したようにみえました。その時代には、市の施策が模範事例として礼賛され、モデル事業のような位置付けにもなりました。地域おこしの優秀事例として、自治大臣表彰を受けたこともあります。しかし、結局は長くは続かず、そこからは衰退の一途を辿りました。国策に翻弄されたといわれるのはそのためです。夕張市の歴史はその意味で不幸な道のりといえます。しかし、そのことと、赤字を秘匿し、不適切・不透明な決算を報告することとは別のことです。一線を越えてしまい、取り返しのつかない事態を招いたことになります。

2　財政破綻の経緯

　夕張市は、平成27年に「夕張市の再生方策に関する検討委員会」を設け（筆者も参加）、28年3月に報告書（以下、委員会報告）を取りまとめました。そこで、それまでの再建の過程を振り返り、今後の方策のあり方について提言を行っています。夕張市の財政破綻の要因について、委員会報告は次のように説明しています。

> 「夕張市は、我が国の主要な産炭地として発展してきたが、エネルギー事情の大きな変化により昭和30年代後半以降、平成2年までの間、炭鉱閉山が相次ぎ、人口（国勢

調査)はピーク時の10万8千人から、平成17年には1万3千人まで激減するなど、地域の経済社会構造は急激に変化してきた。／このような歴史的経過の中で、雇用の場を創出し、人口の流出を食い止めるとともに、市民に対する行政サービスを確保するため、石炭産業に代わる観光振興、炭鉱閉山に伴い残された老朽化の激しい住宅、浴場等のインフラ維持のための事業や教育、福祉対策などに多額の財政支出を行ったことにより、後年次の公債費負担が財政運営を大きく圧迫することとなった。／また、人口の減少に伴い市税や地方交付税が大幅に減少する一方で、歳入の減少に対応したサービス水準の見直しや人口の激減に対応すべき組織のスリム化も大きく立ち遅れ、総人件費の抑制も不十分であった。加えて、地域振興のための観光施設整備による公債費等の負担や観光関連の第三セクターの運営に対する赤字補てんの増大などにより財政負担は増加し、歳出規模は拡大した。／さらに、公営事業会計においても、病院事業会計では、患者数の減少や病床利用率の低下により多額の資金不足が生じ、公共下水道事業会計では、集落が分散し、かつ傾斜地であるという地理的条件により嵩む固定経費と人口減などに伴う料金収入の減少などから同様に資金不足が生じた。／このように、財政状況が逼迫する中で、一時借入金を用いた会計間での年度をまたがる貸付、償還という不適切あるいは不透明な会計処理を行い、赤字決算を先送りしてきたことにより実質的な赤字は膨大な額となった。平成18年度には観光事業会計や病院事業会計などを廃止し、累積債務の清算などを行った結果、実質収支赤字は約353億円となった。(6頁)」

　巨額の赤字がむざむざと増えていった経緯については、平成18年9月、北海道企画振興部がまとめた『夕張市の財政運営に関する調査』で明らかにされています。同調査は、夕張市の特異な財務会計処理の手法や、不適正な財務処理の経緯を含め、平成17年度度普通会計の決算見込み、各会計の実質赤字額やその要因、債務保証・損失補償の実態などについて最終報告の内容を明らかにしています。同調査は「夕張市においては、予算上、一般会計から他会計に繰り出すべき予算を貸付金として措置するなどし、一般会計と他会計間で出納整理期間（4月〜5月）中に、次年度の他会計から当該年度の一般会計に償還する、年度をまたがる会計間の貸付・償還が行われてきた」として、一時借入金を原資に、出納整理期間を利用して一般会計と他会計の間での貸し借りによって見かけ上収支の均衡が図られてきたとしています。それに対して「年度をまたがる会計間の貸付・償還という手法は、夕張市において長年にわたって行われてきたところであり、実質的な赤字を見えなくするとともに、多額の赤字を累積してきたことから持続不可能な財政運営であり、不適正な財務処理である」と断定し

ています。

　同調査によれば、夕張市の債務は、一時借入金のうちの実質的な資金不足額は普通会計で145.4億円、公営企業会計で130.5億円であり、合計で275.9億円に達しており、長期債務は普通会計が147.3億円、公営事業会計は58.3億円の合計205.6億円、他に債務負担行為が普通会計で31.5億円、公営事業会計で51.1億円となっています。経常一般財源の総額である標準財政規模は50億円弱であり、長期借入金残高と債務負担行為の合計は、普通会計だけならば180億円ほどであるので特別に多い方ではありますが、突出して多いというわけではありません。しかし、それに加えて実質的な資金ショートが280億円近くあったことはたいへんな驚きであり、まさに夕張ショックとして大きく報道されることとなりました。

　平成17年度末の普通会計の実質赤字額は40.6億円であり、調査開始時の13年度には15.1億円とすでに標準財政規模の20％を超えていましたので、決算報告が正確であれば準用再建団体の基準を超えてしまっています。観光事業会計では、平成13年度の時点ですでに79.6億円という巨額の赤字を抱えていましたが、17年度にはそこから60億円以上も増えてしまっています。全会計の赤字の平成13年度から17年度までの4年間の純増額は100億円を超えています。すなわち、平成13年度の決算に対して準用再建団体になっていれば、処理すべき赤字はもっと少なくてすんだはずであり、財政再建に伴う住民負担はもっと軽かったといえます。そのことはなんとも悔やまれるところです。

3　財政再建計画・財政再生計画の策定

　検討委員会報告は、最初に地方財政再建促進特別措置法に基づく財政再建計画を策定し、自治体財政健全化法に基づく財政再生計画に切り換えた経緯について次のように述べています。

　「夕張市は、過去の財政悪化に至った種々の要因を踏まえ、巨額の赤字を確実に解消するため、平成19年3月6日に地方財政再建促進特別措置法に基づく、財政再建計画を策定し、総務大臣同意を得て、財政再建団体となり、歳入の確保及び全国で最も効

率的な水準となるように徹底した行政のスリム化と事務事業の抜本的な見直しを図り、平成20年度までの3年間で約31億円の赤字を解消した。…中略…夕張市は、地方公共団体財政健全化法に基づき、平成22年3月9日に財政再生計画を策定し、総務大臣同意を得た。計画期間を平成21年度から平成41年度までの21年間（赤字を解消する実質的な計画期間は平成22年度から平成38年度までの17年間）とし、地方公共団体財政健全化法に基づき、321億9,900万円の再生振替特例債を発行し、平成38年度まで返済を続けることとなっている。（6～7頁）」

　財政再生計画に切り換えるに際して、財政再建に取り組む基本的な考え方として、財政再建計画を基本としながらも、「市民生活の安全安心の維持確保を図り、また、人口減少が進む中で財政の健全化を確実なものとするためには、地域の活力を維持するための取組みや将来的なまちづくりに資する事業が必要であり、限られた財源の中で効果的な施策展開を図る」と記しています。また、「財政再建を着実なものとするためには、地域の再生が不可欠である。このため、市民生活や地域再生に関連する懸案事項を本計画に盛り込んだところであるが、財源が限られる中で、計画策定段階で事業費、実施年度等が未確定で、財源が確保できていない事項については計画変更で対応することとした。これらの事業については、実施年度の財政状況、国や北海道の支援、各種交付金の状況等を見極め、適切に計画変更を行うこととする」とし、人件費についても「財政の再建と地域の再生との両立を図る観点から、行政執行体制の確保に留意し、他市町村の動向なども踏まえ、必要に応じて適切な見直しを行うもの」としています。すなわち、財政再建のペースは落とせないものの、地域再生との両立を図り、人口減少等の地域の課題に並行して取り組む必要性を強調しています。もっとも、考え方としてはそうであっても、財政的な制約は何としても大きなものがありました。
　財政再生計画では、歳入確保策として、市税の引き上げ（市民税個人均等割、所得割、固定資産税、軽自動車税の超過課税と入湯税の新設）と使用料等の引き上げを行い、歳出の削減では、職員数の削減、職員及び特別職の給与削減、議員報酬の削減、事務事業の見直しによる事業の廃止、公共施設等の休止・廃止を行っています。職員数の削減では、平成17年度末の263人に対して、退職者不補充と勧奨退職制度の活用による早期退職に

よって、1年後には127人となり、その後も新規採用を抑制などによって平成26年度末には100人となっています。それではとても業務ができないという状況から、北海道をはじめとする他自治体等からの職員派遣に頼っています。給与水準についても、財政再建計画下においては、基本給平均30％カットおよび期末勤勉手当2か月カット、財政再生計画下では基本給平均20％カットおよび期末勤勉手当0.8か月カットとされました（平成27年度以降は基本給を平均15％カットに改善）。また、特別職においては、財政再建計画で市長が実に約70％カットとされ、財政再生計画でも変更されませんでした。

財政再建団体あるいは財政再生団体とは、これほどまでに厳しいものなのか、という印象を持たざるを得ません。財政再建制度があるからモラルハザードが起きるなどという発想は、夕張市の再建過程をみれば、およそ現実感がないといえます。

4 財政再生計画の見直しとリスタート

財政再建期間が始まり、再生計画期間に切り替わり、再生振替特例債の償還が終わって実質公債費比率が下がりきるまでの24年間という超長期にわたって、財政再建を最優先にした財政運営を行うことに対して、委員会報告は、次のように問題提起しています。

> 「財政再建を最優先する考え方に照らせば、今後も財政再建を最優先にしてできるだけ早期に財政再生団体を脱することをめざすべきということになる。しかし、地方財政再建促進特別措置法に基づく財政再建計画の運用実績で目安となる10年間程度という期間を、夕張市がまもなく迎えようとするなかで、夕張市は今後も財政再建を最優先する方針を維持すべきなのか。人口減少からの脱却と地方創生を求める考え方に立てば、10年を転換点として、計画的に赤字の解消を図りながら着実に財政を健全化させるという考え方を堅持しながらも、住民サービスの充実等を図ることで負のイメージを払拭して人口減少を食い止め、適切な地域振興策によって経済の再生を進めながら、市政運営の基盤となる行政執行体制の再生も同時に行う方向に転換することが適当である。（4頁）」

もっとも、財政再建を最優先にするとしても、必要な施策への対応がま

ったくできなかったわけでありません。

> 「財政再生団体であっても、必要な住民サービスの提供等についてはこの間も財政再生計画の変更により実施することとして、当初計画に記載されていない事業を計画変更で盛り込んで柔軟に対応してきた。その中には法律の改正や制度変更に伴う予算計上も含まれるが、地域再生に向けた一定の取組みとしては、清水沢地区の公営住宅建て替え事業や真谷地地区の地区内集約事業を始めとする市営住宅の再編事業、民間賃貸住宅の建設費に対する補助、生活交通ネットワーク計画の策定によるデマンド交通の検討や公共交通ガイドの作成、子ども・子育て支援計画の策定及びそれに基づく事業の実施、未就学児の医療費無料化などがあげられる。これらの事業について、財政再生計画の手直しを何度も進めながら見直してきたことで、近隣自治体と比較して、根幹的な住民サービスの提供において明らかに大きく劣ることがないようにされてきた。住民は近隣自治体と比較して最低レベルのサービスであると感じているが、確かに細かい点では手の届かないところはあるものの、根幹的なサービスの提供はこの間、辛うじて対応してきた。(19〜20頁)」

　その一方で、人口減少は相当なペースで進んでおり、住民のなかには、地域の将来に対する希望が失われ、地域の誇りの喪失を嘆く声も少なからず聞こえていました。また、財政再建で市内唯一の中学校となった夕張中学校の生徒のうち、市内の夕張高校に進学する割合が急激に下がり、高校進学を機会に子どもたちが市外に転出する動きが顕著になったことで、大きな危機感が生まれました。そこで、再生方策の検討を行い、財政再建から地域再生へのウエイトの変更を提言することとなりました。

　従来の財政再建を最優先する計画は、再建期間を最短にすることで、財政再建の制約が法的に課される異例の事態を早期に脱却するという意味で妥当であったが、「財政再建期間が10年をはるかに超える夕張市の場合、10年を超えた時点で市民や職員の負担やサービスの水準を再生後の水準に段階的に移行することとし、財政再生計画期間が終わった段階で、スムーズにまちづくりを推し進めていくことができる体制を整えていくべき」(委員会報告28頁) としています。もっとも、委員会報告は財政再生期間の延長として回避すべきとしています。地域再生にウエイトを移すうえでの財源は、財政再生計画で見込まれていた歳入フレームの上振れがその後の地方財政制度全体の動向のなかで確実に見込まれること、企業版を含むふるさと納税による財源確保、地方創生や地域再生のための各種交付金等

の財源確保などをあげています。

夕張市は、不適切な決算等によって自ら設けた債務を解消するという重い課題を負っています。そのことについて、委員会報告は、次のように述べています。

> 「夕張市民に財政再建の責任をどこまで問えるかという微妙な問題がある。不適切・不透明な会計処理を継続した背景には、国が面倒をみてくれるという国への依存心が見え隠れする。それを通じて、積みあがってしまった赤字・債務は、公選された市長が、公選された議会の監視をかいくぐって作ってしまったものであり、その返済の義務は、一義的には夕張市民が財政負担というかたちで負わざるを得ない。しかしながら、現実の地方自治において、地方自治体の民主主義的な意思決定の結果に対して、法的な瑕疵が問われない範囲においては、住民は原則として無限責任を負うとまでいいきれるのかどうか。人口の入退出が自由にできる地方自治体にあっては、市民も特別職を含む職員も、今では顔ぶれが大きく入れ替わっている。夕張市の財政再建においては、10年が過ぎた段階では、夕張市民に寄り添ったかたちで、人口の回復や経済の再生のウエイトを高めることが、現実的な選択肢であろう。(33頁)」

平成28年3月の検討委員会報告を受けて、市では、国や北海道と協議をして、再生計画の見直しを行いました。国は、財政再生計画の見直しにあたって、基本的に夕張市側の意見に沿った判断をしました。そこで、1年後の平成29年3月には、財政再生計画の抜本見直しを行うことで総務大臣同意を得ることができました。抜本見直しを行った財政再生計画(平成28年度第6次(3月)及び平成29年度第1次(3月)変更後)では、「第3 財政再生の基本方針」の変更にかかる箇所で次のように述べています。

> 「過去の財政悪化に至った種々の要因を踏まえ、巨額の赤字を確実に解消するため、平成18年度に「財政再建計画」を策定し、歳入の確保及び全国で最も効率的な水準となるよう徹底した行政のスリム化と事務事業の抜本的な見直しを図ったところであり、平成20年度までの3年間で約31億円の赤字を解消した。／さらに、「地方財政再建促進特別措置法」に代わり制定された「地方公共団体の財政の健全化に関する法律」に基づき、平成21年度に「財政再生計画」を策定し、「財政再建計画」時の方針を引き継ぎ、歳入の確保と行政のスリム化や投資的事業の抑制などの歳出の削減に努めて、平成28年度までの8年間で再生振替特例債約85億円を償還し、計画的な債務返済を確実に行ってきた。／こうした取組を継続して11年間が経過した現在の状況を踏まえ、引き続き、歳入の確保や歳出の削減への徹底した取組を基本として財政の再建を図るものとするが、財政再建計画期間を含めると20年を超える超長期の財政再生計

画期間の後半を今後迎えていくに当たり、計画期間が終了した後も本市が持続的に存立・発展していけるよう、計画期間終了後を見据えた取組も行っていく必要がある。／具体的には、若者の定住と子育て支援に関する事項、新たな人の流れ・交流人口の創出に関する事項、地域資源を活用した働く場づくりに関する事項、夕張の未来を創るプロジェクトに関する事項、持続可能なまちづくりに関する事項、市民の負担軽減に関する事項、行政執行体制の見直しに関する事項に国・道の助言や支援のもとで、着実に取り組んでいく。」

と述べられています。そこでは、財政再建期間から計画終了後への段階的な移行が望ましいとされています。それは、「地方財政再建促進特別措置法の下で長くても10年間程度であった財政再建期間を夕張市はまもなく経過しようとしており、財政再生計画期間終了後を見据えた市政運営に移行していくことが適当である」(30頁)という検討委員会報告の考え方を取り入れたものです。

具体的には、委員会報告が示した「住民サービス」「公共施設等の整備」「地方創生にかかる政策展開」を受け、平成27年度に市が多くの市民とともに策定した地方版総合戦略に則り、新たに財政再生計画へ諸事業を登録するとともに、個人市民税・所得割の超過課税の廃止など住民負担を軽減し、行政執行体制の見直し（給与・職員数）として給与水準を９％カットまで戻し、職員数では、同規模の人口の市町村で最小を基本としていたのを「今後においては、再生計画終了後を見据え、派遣職員に頼らない体制をできるだけ早期に整備すべく、『人口規模が同程度の都市で最も少ない職員数の水準を基本』として、自主財源の捻出も同時に行いながら職員の採用を進めていく」としました。

財政再生計画の抜本見直しは、市に明るさを取り戻す大きな契機となりました。財政再生団体であっても、地域再生への施策展開を財政再生計画に着実に盛り込むことができ、財政再建と地域再生の両立が、計画上、可能となったことは市民からも大いに歓迎されました。平成28年３月に策定された「夕張市地方人口ビジョン及び地方版総合戦略」には、「RESTART！Challenge More！」の表題が踊っています。夕張市は、財政再建団体から10年を経て、財政再建の重さにあえぐだけの自治体ではなくなりました。

第7章

自治体財政健全化法以降の諸改革
―第三セクター等・公会計・地方公営企業―

1 健全化が進む自治体財政

　自治体財政健全化法は、自治体に対して大きな衝撃を与えました。ほとんどの自治体は、財政健全化に向けて取り組み、その結果、着実に財政指標は改善されました。その一方で、自治体財政健全化法を契機に、多くの制度改正等が進みました。

　まずは、財政健全化の進展についてです。表7－1は、健全化判断比率において早期健全化基準以上の団体数や資金不足比率で経営健全化基準以上の会計数の推移を示したものです。平成19年度決算の数値は公表されていますが、自治体財政健全化法は20年度決算から本格適用されています。平成19年度は、自治体財政健全化法による規制が行われることが前提でなかった状態であり、20年度決算以降は、19年度に法律が成立したことを受けて、自治体が健全化に取り組んだ結果を反映しています。その結果、平成19年度から20年度にかけて、すべての指標で該当する団体数や会計数が

表7－1　早期健全化基準・財政再生基準以上の団体数と経営健全化基準以上の会計数の推移

	平成19年度	20	21	22	23	24	25	26	27	28	29
健全化判断比率のいずれかで　早期健全化基準以上	43	22	14	5	2	2	2	1	1	1	1
うち財政再生基準以上	3	1	1	1	1	1	1	1	1	1	1
実質赤字比率で　早期健全化基準以上	2	2	0	0	0	0	0	0	0	0	0
うち財政再生基準以上	1	1	0	0	0	0	0	0	0	0	0
実質赤字額がある	24	19	13	8	2	0	2	0	0	0	0
連結実質赤字比率で　早期健全化基準以上	11	2	0	0	0	0	0	0	0	0	0
うち財政再生基準以上	2	1	0	0	0	0	0	0	0	0	0
連結実質赤字がある	71	39	31	17	9	7	6	1	0	0	0
実質公債費比率で　早期健全化基準以上	33	20	12	4	1	1	1	1	1	1	1
うち財政再生基準以上	2	1	1	1	1	1	1	1	1	1	1
市区町村平均	12.3	11.8	11.2	10.5	9.9	9.2	8.6	8.0	7.4	6.9	6.4
都道府県平均	13.5	12.8	13.0	13.5	13.9	13.7	13.6	13.1	12.7	11.9	11.4
将来負担比率で　早期健全化基準以上	5	3	3	2	2	2	1	1	1	1	1
市区町村平均	110.4	100.9	92.8	79.7	69.2	60.0	51.0	45.8	38.9	34.5	33.7
都道府県平均	222.3	219.3	229.2	220.8	217.5	210.5	207.0	178.0	175.6	173.4	173.1
資金不足比率で　経営健全化基準以上	156	61	49	38	36	20	18	13	10	9	11
赤字がある	256	202	162	119	88	69	60	58	47	55	84

出所：総務省資料より作成

激減しています。それだけ、自治体に対して健全化を促す影響力が大きかったことを意味しています。

　財政再生団体は、自治体財政健全化法施行以来、夕張市のみです。平成19年度の時点では3団体ありますが、20年度決算の時点では夕張市のみになっています。一方、早期健全化基準以上の財政健全化団体は、夕張市を含んでいますが、平成20年度では22団体あったものの、23年度には2団体。26年度には夕張市のみになっています。すなわち、平成26年度の時点では、夕張市を除くすべての都道府県と市区町村が健全団体になったことを意味します。施行後7年目にそうした状態になったことは、財政健全化を促す法制度として十分に機能したことを意味します。

　個々の健全化判断比率でみると、実質赤字比率における赤字団体は平成24年度で一度ゼロになり、25年度に2団体となりましたが、26年度以降はゼロで推移しています。夕張市は、財政再生団体となった時点で再生振替特例債を発行して資金不足額を長期債に振り替えた結果、赤字としてはなくなっています。その一方で、連結実質赤字比率の赤字は、平成20年度の39団体から段階的に減少して、27年度に皆減になっています。連結ベースでみた方が赤字団体が多いことから、一般会計等よりも、特別会計や公営企業会計の方が、資金不足の程度が大きいといえます。特別会計や公営企業会計では、比較的、都道府県に比べて市町村の方が赤字の大きな会計の存在が目立っており、一部の市町村で財政逼迫の要因になっていることが読み取られます。

　一方、実質公債費比率では、平成20年度の段階で早期健全化以上が20団体ありましたが、22年度には4団体にまで減少し、23年度以降は夕張市のみです。財政再生基準以上は、平成20年度以来、夕張市のみです。将来負担比率では、早期健全化基準以上は平成20年度の時点で3団体でしたが、25年度以降は夕張市のみになりました。実質赤字比率はフローベース、将来負担比率はストックベースで負債の重さを量るものですが、将来負担比率の方が基準をクリアしやすい傾向が読み取れます。

　実質公債費比率と将来負担比率では、平均値でみて、都道府県の方が市町村よりも水準が悪く、その差は年々広がっていることが注目されます。都道府県は市町村に比べて地方債の償還年数が長く、地方債の償還がなか

なか進まないことがあります。また、市町村のなかでも、過疎対策事業債を中心に事業を行っている場合には、償還期間が比較的短く、基準財政需要額に元利償還金が算入される割合が高いために、実質公債費比率と将来負担比率を引き下げる要因にはたらかなくなどの要因が考えられます。また、基金でみても、都道府県に比べて市町村の方が、財政規模に比べて相対的に大きな額を保有しており、それも将来負担比率の違いに反映されています。自治体財政健全化法の施行時には、都道府県と市町村の財政状況にはそれほどの差はありませんでしたが、施行後しばらくすると、市町村では財政状況が急速に改善した一方で、都道府県では容易に改善が進まない状況が読み取られます。

地方財政は、平成20年度予算あたりから一般財源総額の伸長が図られていますが、どちらかといえば都道府県よりも市町村、市町村では比較的小規模な団体に厚く配分されたことがあり、小規模町村の多くで将来負担比率がマイナスになるなどの現象が生じました。平成29年度決算では、市町村の基金が大きく伸びたことで一部から問題であると指摘されましたが、それも小規模町村で公債費が減少し、財源総額が傾向として伸びた一方で、新しい事業展開に対して慎重になったことの裏返しといえます。

一方、地方公営企業の資金不足比率でみると、経営健全化基準以上は、平成20年度では61会計ありましたが、その後、段階的に減少して、27年度以降は10会計前後で推移しています。赤字の会計は、平成20年度は202会計あり、その後、減少が続いて、27年度に47会計となりましたが、28年度以降はむしろ増えています。地方公営企業の経営はけっして容易ではないことを示しています。平成29年度における経営健全化基準以上である11会計の内訳は次の通りです。

簡易水道事業(1)　中種子町（鹿児島県）：簡易水道事業特別会計
病院事業(2)　大町市（長野県）：病院事業会計、小竹町（福岡県）：小竹町立病院事業特別会計
宅地造成事業(3)　青森県新産業都市建設事業団：桔梗野工業用地造成事業会計、青森県新産業都市建設事業団：百石住宅用地造成事業会計、下関市（山口県）：臨海土地造成事業特別会計
下水道事業(2)　七尾市（石川県）：下水道事業特別会計、和歌山市：下

水道事業特別会計
　観光施設事業⑵　宇陀市（奈良県）：保養センター事業特別会計、高知
　　市：国民宿舎運営事業特別会計
　その他事業⑴　釧路市（北海道）：釧路市設魚揚場事業会計

　以上のように、経営悪化した地方公営企業は、市町村によるものが中心です。簡易水道事業や病院事業、下水道事業は経営が困難であるといわれますが、一般会計から繰り出しをしたうえでではありますが、経営健全化基準に抵触する会計はごく例外的です。

　以上のように、自治体財政健全化法施行以来、市町村を中心に財政指標は大いに好転しています。自治体財政健全化法の施行時は、構造改革の直後でしたので、地方財源はやせ細っていました。公債費がなお高原状態であるなかで財源が一気に絞られたので、資金不足を避けるために給与カットに踏み出すなどの状況にあえいでいました。その当時、財政状況は確かに悪かったといえます。それに対して、近年では、特に公債費が十分に下がっている団体では、資金収支は健全化しています。かつてとは比べものになりません。

　にもかかわらず、地方財政は依然として財政状態は深刻であるといういわれ方をすることがあります。そこで財政状況が深刻としているのは、公共施設等の更新に不安があるとか、将来の人口減に伴う歳入の先細り感を先回りして深刻に受け止めているなどです。あえていえば、事業を先送りした結果、財政収支は改善したものの、将来の財政負担を考えるとけっしてよいと手放しでいっていられるわけではないということです。それはいいかえれば余裕があるということでもあります。一方、公債費が十分に下がりきっていない団体では、目先の財政需要に応じることが精一杯であって、財政運営はけっして楽ではないというところもあります。

2　第三セクター等の破綻処理

　続いて、自治体財政健全化法施行以来、着手されてきた地方財政に係る重要な制度改革等について触れていくこととします。それぞれの詳細な内

容は、別の機会に譲るとして、自治体財政健全化法施行以来の大きな流れを追っていくこととします。

まずは、第三セクターなどの開発事業等に係る破綻処理についてです。自治体財政健全化法の制度設計では、債務調整の導入が大きな論点になりました。第5章で述べたように、一般会計では債務調整の導入はけっして望ましくないという結論になりました。その一方で、自治体とは法人格が別である土地開発公社や第三セクター（以下、第三セクター等と呼ぶ）については、事業として行き詰まり、今後も好転が望めない場合には、損失がそれ以上に拡大しないように破綻処理を急ぐことが求められます。そこで、自治体財政健全化法の施行と相前後して、第三セクター等の破綻処理が進められました。

自治体財政健全化法の施行を前提に、債務調整のあり方を検討した債務調整等に関する調査研究会は、一般会計における債務調整ではなく、地方公営企業や土地開発公社や第三セクター等に関する廃止を含めた抜本改革を中心的に検討し、「第三セクター、地方公社及び公営企業の抜本的改革の推進に関する報告書」を平成20年12月にまとめています。そこでは、第三セクター等の抜本改革として、経営改善の見込みのない第三セクター等の破綻処理を進める方針が示されました。総務省は、「第三セクター等の抜本的改革等に関する指針」を平成21年6月に策定し、そこでは21年度から5年間、第三セクター等改革推進債の発行を認めることによって、廃止・清算を含めた抜本改革を進める枠組みを提示しています。

バブル経済の崩壊によって大きな不良債権が発生し、民間金融機関は大きな犠牲を払ってその処理を進めました。自治体が設立した土地開発公社が保有した土地の時価が下がり、大きな含み損を抱えることとなり、転売もできずに塩漬け状態になっていたり、損失補償契約を結んだ第三セクター等の経営状況が悪化し損失補償を実施せざるを得ない状況に陥ったりして、自治体も開発財政の失敗によって不良債権にあたるものを抱えるようになりました。破綻処理とは、損失の額を確定させて、保有している資産を整理し、税金として投入すべきものは投入して債務を処理することを意味します。その際、破綻処理に一気に一般財源を投入しようにも、大幅な資金不足が発生してしまえば、赤字団体に陥ってしまいます。

一方、将来負担比率等の算定において、第三セクター等に関して、未実現であるけれども自治体が負うべき債務については明らかになっていました。そこで、破綻処理が円滑に進むように、特例的な地方債として、破綻処理に必要な一般財源をひとまず地方債で調達し、その元利償還時に段階的に税金等を投入する仕組みが考案されました。それが特例債である第三セクター等改革推進債です。赤字を負債に振り替えて、償還時に税金を逐次投入する方法は、それ以外にも使われてきたものです。第三セクター等改革推進債の発行は、平成21年度から5年間という期限を切って認められることとし、3年間、事実上の延長を行ったうえで終了されました。その結果、すべてではありませんが、第三セクター等の改革が相当程度進みました。

　総務省による「第三セクター等の状況に関する調査結果」で経年比較をしますと、表7－2のように推移しています（いずれも地方独立行政法人は含まず、地方三公社を含む第三セクター等）。

表7－2　第三セクター等の状況に関する調査結果

	平成22年度末	25年度末	29年度末
法人数	8,401法人	7,634法人	7,364法人
黒字法人の割合	60.3%	60.0%	59.9%
資産超過の割合	94.8%	95.6%	96.3%
補助金交付額	3,775億円	2,688億円	2,891億円
自治体からの借入残高	4兆6,023億円	4兆2,446億円	3兆3,288億円
損失補償・債務保証額	6兆2,670億円	4兆784億円	3兆15億円

出所：総務省資料より作成

　平成22年度に比較して、段階的に法人数自体が減少しており、黒字法人の割合こそ微減であるが、資産超過の割合はあがっており、自治体からの補助金交付額や借入金残高は減少しています。また、損失補償・債務保証額は平成25年度末から29年度末まで半減しており、財政的なリスクは減少していることを示しています。第三セクター等改革推進債によって破綻処理が進んだ結果といえます。

　また、総務省では、第三セクター等に伴う財政リスク（一般会計で税等

の投入を行うことになる懸念）に関する調査を毎年度行っており、平成29年度末では次のような結果となっています。

「調査対象法人1,186法人のうち、債務超過の法人は219法人（対前年度比▲12法人）、土地開発公社425法人のうち、債務保証等を付した借入金によって取得された土地で保有期間が5年以上の土地の簿価総額が当該地方公共団体の標準財政規模の10％以上の公社は33法人（同▲14法人）となっています。／また、当該地方公共団体の標準財政規模に対する損失補償、債務保証及び短期貸付金の額の割合が実質赤字比率の早期健全化基準相当以上の法人は52法人（同▲8法人）、経常赤字又は当期正味財産額が減少している法人は473法人（同＋21法人）となっています。」

そこで示されているように、債務超過法人数や損失等の規模はいずれも段階的に縮小していることが読み取られます。それでも、損失補償や債務保証が一気に顕在化し、それを一般財源の投入で対応した場合、赤字比率が早期健全化に抵触する懸念がある例が報告されています。第三セクター等の財政リスクは将来負担比率で相当程度捕捉されており、将来負担比率が、特に市町村では相当程度下がっていることから、第三セクター等の持つ財政リスクは、全体的には相当程度縮小しているといえます。自治体を長く苦しめた不良債権問題は、一部の団体を除いてようやく解消されたといえます。

また、そうした改革を推進する原動力となったのが、自治体財政健全化法で導入された将来負担比率などの財政指標が、それまでみえなかった第三セクター等によるみえない債務をみえるようにしたことです。みえなければ問題を先送りする誘因が働きますが、みえてしまえば、処理を急ぐことが財政負担を少しでも減らすことになると受け止められるからです。

ところで、第三セクター等は、経営の改善の見込みがない場合には破綻処理が促進されましたが、地方公営企業については、必ずしも同じ方針ではありません。第三セクター等は、全額を自治体が出資している場合であっても、自治体とは別人格です。損失補償契約をしていなければ、自治体は出資責任以上の財政負担を負いませんし、損失補償契約をしている場合でもその契約の範囲のみで債務を負います。それに対して、地方公営企業は、自治体そのものですので、公営企業債と一般会計債の劣後関係はありません。つまり、地方公営企業の経営が悪化した場合には、最終的には公

営企業債は、税金等を投入して返済することになります。

　地方公営企業の経営が悪化した場合に、その改革方針として破綻処理が最優先にならない理由は、地方公営企業が上水道や下水道、公立病院など、住民生活に密着したサービスを提供するものであって、経営が悪化すれば直ちに事業を停止して、破綻処理をすればよいとはならないことです。もっとも、地方公営企業として宿泊施設等を行っている場合、それが住民生活の基盤を支えているとはいえない場合には、経営改善の見込みがないならば、事業を停止して債務の返済をして整理することは、当然あり得ます。いいかえれば、そのような事業は、そもそも地方公営企業の形態で行うことが不適当といえます。

　その点で非常に難しいのが公立病院です。地方公営企業である以上、一般会計から一定の基準に基づいて繰出しを受けることは当然としても、基本的に独立採算として経営健全化を実現しなければなりません。無原則に、一般会計からの繰出しに頼ることは、一般会計との負担区分の考え方にもそぐいません。その一方で、過疎地の公立病院は、他に民間病院がないならば、そこに住み続けるための安心を確保する手段でもあります。あるいは、民間病院が、採算性のある診療科目だけを持ち、公立病院が採算性の低い診療科目を引き受けざるを得ない場合、赤字を回避することが難しいこともあります。改革のために、独立行政法人とすることで経営の自由度を高めることが経営健全化に資することもありますが、それですべてが解決するわけでもありません。公設民営にして、その運営を医療法人に委託する手段もあります。公立病院の経営健全化については多様な観点で考えるべきであり、廃止や民営化が必要な場合もあれば、それ以外の手段によるべき場合もあります。

3　地方公会計の推進

　平成10年に三重県が行政システム改革のなかで貸借対照表を公表し、その頃から地方公会計の動きが進み出すようになります。この件で、当初の段階では、総務省はけっして自治体をリードしたわけではありません。む

しろ、三重県を始め、自治体の自主的な取組みに押されるようなところがありました。当時、自治体では、行政経営改革を競う雰囲気があり、そのなかで発生主義会計による財務報告の作成や事務事業評価は、1つの焦点となっていました。総務省は、表7－3に示したように、平成12年に報告書を公表していますが、多くの自治体が自主的な取組みとして発生主義会計による財務報告書を作成するなかで、ひな形を提供することで、自主的な取組みを支援するという姿勢でした。そこでは、決算統計から作成するという簡便法を採用していました。

　一方、その当時は、自治体財政健全化法はまだ具体的な検討に入っていません。自治体財政健全化法と地方公会計は、総務省でいえば所管課が同じですが、その両者はそれほど強い結びつきはありません。

　表7－3で、平成13年以降、17年までは地方公会計にはほとんど動きがありません。平成17年12月に「行政改革の重要方針」では、国の財政健全化の取組みとして、資産の売却が進められていたことを受けて、地方においても、国と同様に資産・債務改革に積極的に取り組むよう要請され、地方にも公会計に取り組むことが求められています。売却可能な資産は売却することと、公会計の作成は、本当はそれほどの関連はないのですが、そのように促されたわけです。ただし、平成17年12月とは、竹中大臣が破綻法制に取り組むと大臣会見で述べた時期です。年が明けて、検討が開始されています。そして、表7－3にあるように、平成18年になって、新地方公会計制度研究会が設けられ、わずか1か月ほどの検討期間で報告書が取りまとめられます。そこでは、基準モデルおよび総務省方式改訂モデルによる財務4表の作成手順が提示されました。その両者に接点を求めるとすれば、民間的手法で自治体経営改革を促すという意味でしょうか。

　さて、新地方公会計制度研究会は、なぜ、1か月ほどの短い期間で、基準モデルの提示まですることができたのでしょうか。財務省は、発生主義会計による財務報告の作成のあり方について検討を進め、その会計基準を定めました。それを地方に当てはめたものが基準モデルです。つまり、新地方公会計制度研究会は、基準モデルによって、国と基本的に同じ財務報告書を作成するように求めたといえます。ゼロから会計基準を検討していなかったので、短期間で結論に導かれたといえます。もっとも、新地方公

表7-3 これまでの地方公会計整備の取組

年月	内容
平成12年 3月	○地方公共団体の総合的な財政分析に関する調査研究会報告書のとりまとめ
平成13年 3月	○地方公共団体の総合的な財政分析に関する調査研究会報告書－「行政コスト計算書」と「各地方公共団体全体のバランスシート」－
平成17年 12月	○行政改革の重要方針（平成17年12月24日閣議決定） ・地方においても、国と同様に資産・債務改革に積極的に取り組むよう要請
平成18年 5月	○新地方公会計制度研究会報告書 ・基準モデル及び総務省方式改訂モデルによる財務4表の作成手順の提示 ○行政改革推進法（平成18年法律第47号）施行
6月	・地方に資産・債務改革を要請、国は企業会計の観光を参考とした貸借対照表など地方に対して財務書類の整備に関して助言を行うことを規定
7月	○「新地方公会計制度実務研究会」発足
8月	○「地方公共団体における行政改革の更なる推進のための指針」（総務事務次官通知） ・新地方公会計を活用した財務書類の整備、資産・債務改革に関する具体的な施策の策定を要請
平成19年 6月	○「地方公共団体財政健全化法」の成立
10月	○「公会計の整備促進について」（自治財政局長通知） ・新地方公会計を活用した財務書類の整備、資産・債務改革に関する具体的な施策の策定を改めて要請するとともに、「財務書類の分かりやすい公表に当たって留意すべき事項」を提示 ○新地方公会計制度実務研究会報告書 ・「新地方公会計制度研究会報告書」で示されたモデルの実証的検証及び資産評価方法等の諸課題について検討した上で、財務書類の作成や資産評価に関する実務的な指針を公表
平成20年 6月	○「地方公会計の整備促進に関するワーキンググループ」発足 ・「基準モデル」及び「総務省方式改訂モデル」による財務諸表の整備が中小規模団体でも円滑に進むよう、作成上の課題に対する解決方策の検討や連結財務諸表作成のより詳細な手順などを検討
平成21年 1月	○「新地方公会計における資産評価実務手引」の提供 ・新地方公会計モデルにおける資産評価の基本原則に関する解説や評価方法の事例などを踏まえて取りまとめたものを提供
2月	○総務省方式改訂モデル向け「作業用ワークシート」の提供 ・有形固定資産の算出に必要な「決算統計・普通建設事業費」の積み上げをLG-WAN決算統計データを用いて、積み上げ作業が効率よく行えるよう、Excel形式の作業用ワークシートと手順書を提供
4月	○「新地方公会計モデルにおける連結財務書類作成実務手引」の提供 ・連結対象団体と連結するにあたっての考え方や組替え、連結修正、相殺消去などの実務的な処理手順をとりまとめたものを提供
平成22年 3月	○「地方公共団体における財務書類の活用と公表について」の提供 ・分析方法や内部管理への活用方法について、先進団体の事例も用いながら財務書類作成後の活用と公表のあり方についてとりまとめたものを提供
9月	○「今後の新地方公会計の推進に関する研究会」発足 ・今後、更に新地方公会計を推進するため、作成依頼から3年が経過した財務書類の作成についての検証や国際公会計基準及び国の公会計等の動向を踏まえた新地方公会計の推進方策などを検討
平成26年 4月	○「今後の新地方公会計の推進に関する研究会」報告書 ・固定資産台帳の整備と複式簿記の導入を前提とした財務書類の作成に関する統一的な基準を公表 ○「今後の新地方公会計の推進に関する実務研究会」発足
5月	・統一的な基準による財務書類等の作成について詳細な取扱いを定めた要領等（マニュアル）の作成・検討
平成27年 1月	○統一的な基準による地方公会計マニュアル公表 ○統一的な基準による地方公会計の整備促進について（大臣通知）
平成28年 4月	○「地方公会計の活用のあり方に関する研究会」発足 ・先進的な地方行会計の活用事例の収集等を通じ、地方公会計の活用のあり方等を検討
10月	○「地方公会計の活用のあり方に関する研究会」報告書
平成29年 10月	○「地方公会計の活用の促進に関する研究会」発足 ・活用事例の収集及び質疑応答集の充実を行うとともに、地方公共団体における適切な財務書類の作成及び固定資産台帳の更新、財務書類等の分析の方法等を検討
平成30年 3月	○地方公会計の活用の促進に関する研究会報告書
6月	○「地方公会計の推進に関する研究会」発足 ・財務書類の情報を基に施設別・事業別等にコスト等の分析を行うセグメント分析の手法、指標の検証、比較可能な様式による公表の方法について検討
8月	○「セグメント分析に関するワーキンググループ」発足
平成31年 3月	○地方公会計の推進に関する研究会報告書

出所：総務省『地方公会計の推進に関する研究会報告書』（2019年3月）

会計制度研究会は総務省方式改訂モデルも可能としました。この２つのモデルを総称して新地方公会計モデルと呼ぶこととされました。

基準モデルは、財務４表（貸借対照表、行政コスト計算書、純資産変動計算書、資金収支計算書）の形式です。総務省方式改訂モデルは、従来の総務省方式の貸借対照表と行政コスト計算書に加えて、残る２表を加えたものです。基準モデルは仕訳を基に作成するものであり、総務省方式改訂モデルは決算統計を加工するものなので、基本的に異なるものですが、形式的には同一です。両者を比較して、もっとも異なるのが資産の評価であって、総務省方式改訂モデルでは開始時には固定資産台帳にあたるものがありません。もっとも、新規取得資産から資産台帳の整備に努め、資産の更新が進んでいけば、基準モデルと総務省方式改訂モデルは、最終的には一致するという見方がされていました。もっとも、総務省方式改訂モデルを採用した自治体では、固定資産台帳の整備は進んでいかない現実がありました。

新地方公会計モデルを基に、財務書類の作成を自治体に求めたのが、平成18年8月の「地方公共団体における行政改革の更なる推進のための指針」（総務事務次官通知）です。そこでは、新地方公会計モデルを活用した財務書類の整備を行い、行政改革推進法（簡素で効率的な政府を実現するための行政改革の推進に関する法律）における資産・債務改革に関する具体的な施策の策定を要請しています。行政改革の手法として、それを求めたかたちになっています。その後、新地方公会計モデルの定着を図るために、総務省では作成や分析に係る情報提供を、研究会等を設けて進めていきます。それらが一段落するのが、平成22年3月の「地方公共団体における財務書類の活用と公表について」の提供です。

平成22年9月の「今後の新地方公会計の推進に関する研究会」の発足によって、地方公会計は新たな展開を迎えます。表７−３では、「今後、更に新地方公会計を推進するため、作成依頼から3年が経過した財務書類の作成についての検証や国際公会計基準及び国の公会計等の動向を踏まえた新地方公会計の推進方策などを検討」とあります。新地方公会計モデルの２モデルとは別に、東京都は、国際公会計基準の考え方に準拠した東京都方式と呼ばれる方式で財務書類を作成していました。同研究会は、3方式

並列の現状に対して、統一的な基準を定めることを目指して、4年間かけて検討を進めました。その結果、仕訳を前提とする財務書類とすることで、固定資産台帳の整備を進めることを重視すると同時に、基準モデルを大幅に簡素化したものを統一的な基準とするという結論に達しました。決め手となったのは、実務的な負担の軽減と、国の財務書類との整合性でした。その後、統一的基準での作成に係るマニュアルの整備を行った後、平成27年1月には「統一的な基準による地方公会計の整備促進について（大臣通知）」が発出され、28年度から3年間で財務書類の作成が求められました。平成30年度には統一的基準による財務書類の作成が、ほぼ全団体で出揃うことになり、ここに新たな段階を迎えることとなりました。もはやモデルではなく、会計基準にあたるものができたからです。

　平成28年度からは、統一的な基準に基づく地方公会計の活用に関する研究会が毎年度発足しています。そこでは、地方公会計の活用は、副産物として生み出された固定資産台帳を、折から問題となっている公共施設等の総合管理における基礎資料とすることを柱とし、財政指標の開発や、管理会計としてのセグメント分析などがテーマとして取り上げられています。

　なお、表7－3で、複式簿記とありますが、それは仕訳作業に基づいて財務書類を作成することであり、決算統計から加工する場合には該当しません。つまり、発生主義会計と複式簿記は同一ではありません。実は、現金主義会計を複式で記帳することもできます。総務省方式改訂モデルは、発生主義会計ですが、複式簿記ではありません。複式簿記で仕訳を行うことの重要性は、固定資産台帳の作成や更新において正確性を期することができることにあります。現金主義会計の場合、現金の動きだけに着目しますので、現金収支の正確性は確保できても、実物資産の把握が決算の作成作業に直接リンクしていないだけに甘くなりがちです。複式で記帳することで、実物資産の変動の捕捉が決算の作成作業に組み込まれますので、信頼すべき固定資産台帳が作成できます。統一的な基準では、そのメリットにこだわったところがあります。したがって、その活用においても、固定資産台帳を用いたものが中心となります。

　先に地方公会計は、自治体財政健全化法とほとんど接点がないと述べました。将来負担比率には、第三セクター等の含み損や損失補償にともなう

財政負担額、あるいは土地開発公社の保有土地の減損分を推計していますが、そこでは発生主義会計の考え方が取り入れられています。ただし、地方公会計の数値をそのまま利用しているわけではありません。健全化判断比率の算定において、一部、発生主義会計的な考え方を取り入れており、その部分で接点があります。いいかえれば、健全化判断比率は、実質赤字比率が典型例であるように、基本的に現金主義会計的な発想で構想されています。それはなぜでしょうか。

財務状態の診断は、発生主義と現金主義の両方の観点で行わなければなりません。それは民間企業であっても政府でも同じことです。前者は、債務の償還能力があるということです。後者は現金が十分あって支払に困らないということです。

民間企業では、発生主義で健全ならば、償還能力があるということなので、金融機関から融資を受けられます。そこで、発生主義の健全性だけで事足りることとなります。一方、政府では、予算や課税を議会で統制する必要から、現金主義を中心にせざるを得ません。しかし、現金主義では、借入を無制限にすると、現金主義では健全でも発生主義では不健全となってしまいます。そこで、政府については、ドイツ財政学の伝統に基づく建設公債主義（投資的経費の財源としてのみ、年度を越えた借入を認める）が採用されてきました。

建設公債主義では、資産の取得に対してしか借入ができません。すなわち、資産の取得時には、資産＞負債となります。また、わが国の地方財政では、地方財政法第5条の2で、借入の償還期間は、当該借入の対象となる取得した資産の耐用年数以内にすることを求めています。すなわち、減価償却期間＞借入の償還期間となりますので、資産の減り方よりも負債の減り方の方が早くなります。その結果、貸借対照表は必然的に健全となります。したがって、わが国の地方財政においては、財政診断は現金主義会計を中心にすればよいことを意味します。

健全化判断比率が、現金主義の指標を中心としていることはそのためです。また、自治体の財務書類が、財務会計の観点で財政診断に活用しがたいのもそのためです。建設公債主義である以上、貸借対照表はほぼ必然的に資産超過になるので、財政診断として意味が乏しいからです。

統一的基準における地方公会計では、新しい指標として、有形固定資産減価償却率と債務償還可能年数が注目されています。有形固定資産減価償却率は信頼に足る固定資産台帳が整備されてこそ算定できる指標です。そこでは、更新投資こそ反映されませんが、資産等の老朽化度を種類別に算定することができます。それ自体は、財政状況を示すものではありませんが、将来負担比率と組み合わせることで財政負担と施設の更新のあり方に分析できると考えられています。

　一方、債務償還可能年数の方は、財務4表ではありますが、資金収支計算書ですので、そこから導かれる指標は基本的に現金主義によるものです。ところが、資金収支計算書から債務償還可能年数を導く際に、技術的には大きな問題があることが明確になりました。それは負債のなかに、いわゆる所有外資産に対するものがあることです。直轄事業負担金などの場合には、建設公債主義として起債の対象になりますが、資産そのものは自治体の所有ではないので、資産には含まれません。その場合、そのために発行された地方債は退職手当債のようないわゆる赤字債の扱いとなります。所有外資産といえども、自治体の資産ではないものの、国の直轄事業による域内のインフラや、新幹線の駅舎のようなものであって、住民の資産であることに変わりはありません。投資的経費に対する地方債は、資金不足を補うための起債ではなく、資産の取得に使われたものとして、債務償還可能年数を算定する必要があります。しかし、財務4表から所有外資産と勘案して償還財源を算定することは困難です。そこで、債務償還可能年数は、従来の決算統計（地方財政状況調査）に基づいて算定されるものとされました。そもそも現金主義会計による指標ですので、それで不都合はありません。ちなみに、総務省方式改訂モデルでは、決算統計で投資的経費と区分されるものには、所有外資産に対する負担金を含んでいますので、統一的基準における資産よりも広いものでした。

　債務償還可能年数とは、すなわち、純債務と単年度で確保できる償還財源を比較するものですので、何年で償還できるかを示したものです。それは何年以下であれば適正といえるのでしょうか。現金主義でみると資金不足が生じない（この場合には中長期的に）ことが重要なので、

債務償還可能年数＜平均償還期間

であることが求められます。その一方で、発生主義では、貸借対照表が資産超過である必要がありますので、資産の減耗期間よりも負債の償還の方が早いことが十分条件です。すなわち、

債務償還可能年数＜平均償却期間

となります。先述のように、地方財政法第5条の2に拠れば、平均償還期間は平均償却期間よりも短くなっています。したがって、

債務償還可能年数＜平均償還期間＜平均償却期間

となります。これが、地方公会計と財政診断の接点ということになります。その場合、世代間の負担公平とは、平均償還期間＝平均償却期間であり、それは貸借対照表において、理念的には資産と負債が一致し、純資産がゼロの状態であるといえます。

地方公会計と自治体財政健全化法の結びつきは技術的にはそれほど大きくありませんが、一方、地方公会計に対して国会の一部では強い関心が持たれています。自治体財政健全化法の議決に際して、衆議院は附帯決議を行いました。最初の部分で「地方公共団体の財政の健全化に関する法律案の施行を実効あらしめ、地方自治体の財政の健全性を高めるためには、自治体の財務状況を正確に把握することが不可欠であり、監査委員制度と外部監査制度の充実強化及び公会計制度の整備が急務である。政府は以上の観点に立って次の措置を講ずること」とし、第5項目では「地方自治体において、企業会計を参考とした貸借対照表その他の財務書類の整備の促進を図る措置を講じること。この場合の財務書類は、地方独立行政法人、地方三公社、一定の出資法人等を含めた資産及び負債の状況等を総合的に把握することができるようなものとすること」と述べられています。また、参議院においても同様の内容の附帯決議が行われました。このような意思が国会から示されたのはこのときが初めてではなく、公会計制度の整備に対する国会からの要請は、かねてより強く示されていました。

4 地方公営企業改革

　地方公営企業の改革は、自治体財政健全化法の施行後に大きく動き出しました。しかしながら、本来は、自治体財政健全化法の制定に先立って行われるべきものでした。というのは、その柱の1つが会計基準の見直しであったからです。手順としては、まず、地方公営企業の会計基準の見直しが行われた後、自治体財政健全化法の資金不足比率や連結実質赤字比率、将来負担比率の定義が行われるべきでした。手順前後が生じた理由は、自治体財政健全化法の制定が政治主導であり、それを最優先とする必要があったからです。折しも、地方公営企業の会計基準の見直し作業が、総務省のなかで進んでいましたが、それはいったん置いて、自治体財政健全化法の施行後に、再び作業が開始された経緯があります。

　地方公営企業の会計基準は、昭和27年の地方公営企業法の制定時に遡ることができます。その際には、地方公営企業の特性に応じた会計基準を設定することがめざされました。改正前の地方公営企業の会計基準で特徴的なものは借入資本金やみなし償却ですが、それらは民間企業との違いを会計的に表現したものです。借入金を資本金とみなすことは、地方公営企業の特性に照らせばけっしておかしいことではないという主張です。

　ところが、そのような発想は、共通の基準で開示されることが望ましいという現在の会計基準の考え方とは異なるものです。その見直しの検討は、総務省の研究会で平成12年から具体的に開始され、その後、16年には地方独立行政法人の会計基準が定められたこともあって加速しました。平成17年3月には「地方公営企業会計制度研究会」が見直しの論点整理を行い、それを受けて改正に向かうところで、本書で述べてきたように自治体財政健全化法の制定が割り込み、先行するかたちになりました。

　先に紹介した「債務調整等に関する調査研究会」は、平成20年12月の「第三セクター、地方公社及び公営企業の抜本的改革の推進に関する報告書」において、地方公営企業についても、「健全化法上の資金不足額がある公営企業及び借入資本金を負債計上した場合に実質的に債務超過である公営企業については、積極的な検討が行われるべきである」として、借入

資本金は借入金であるという観点を含めて、経営状況の悪化した地方公営企業には第三セクター等に準じて改廃を含む抜本的改革を行うことを検討課題に挙げています。そこでは、借入資本金は、地方公営企業である以上、資本金とみなすことは差し支えないという見方は否定されています。さらに、地方公営企業の経営状態の的確な把握を行ううえで、「総務省においては、公営企業の経営状況等をより的確に把握できるよう、公営企業会計基準の見直し、各地方公共団体における経費負担区分の考え方の明確化等、所要の改革を行うべきである」と述べ、会計基準の改正などの改革を促しています。そこでは、現行の地方公営企業の会計基準では、経営状況等の把握ができないという判断が示されています。

平成21年4月の自治体財政健全化法の完全施行を受けて、同年に設定された「地方公営企業会計制度等研究会」は、12月に報告書を取りまとめていますが、17年の研究会報告の内容に加えて、資本制度の見直しが含まれるなど検討範囲が幅広いものとなっています。そこでは、資本制度は地方分権の観点から自由化する方向とし、会計基準については、第一に現行の企業会計制度の考え方を最大限取り入れたものとすることとしたうえで、第二として地方公営企業の特性等を適切に勘案すべきこと、としています。

資本制度の見直しは平成24年4月から施行されましたが、利益の処分や資本剰余金の処分、資本金の額の減少（減資）については、従来、不可とされていたり、制限が強く設けられていたりしていたのに対して、条例に基づくか議会の議決によって可とする方向で緩和されました（減資の場合には議会の議決のみが要件）。従前の資本制度は、地方公営企業の永続性を前提に、資本を維持し強化することをめざした規定でしたが、その改廃や規模縮小を可能とする方向で、制度の見直しが行われました。

一方、会計基準の見直しは、平成24年2月1日から実施され、平成26年度予算・決算から適用（早期適用も可能）となりました。その内容は、筆者のみるところ、①地方公営企業の特性に応じた会計基準の企業会計に準拠した見直しと、②現代の企業会計基準に照らして経営実態を反映するために必要な見直しに区分されます。①に該当するのは借入資本金とみなし償却の廃止であり、②に該当するものは、退職給付引当金の計上の義務

化、新たな繰延資産の計上を認めないこと、棚卸資産の価額を低価法とする義務付け、減損会計の導入、リース会計の導入、セグメント情報の開示、キャッシュ・フロー計算書作成の義務付けなどです。

　このうち、①の見直しでは結果的に債務が増えることとなり、②は資産を圧縮すると同時に未償却の補助金等を負債として計上するものですので、貸借対照表は資産が減って負債が増えることで、資本が小さくなって、形式的には財務状況が悪化するものです。もっとも、借入資本金は、公営企業債の出資に対して永久債が認められるように、地方公営企業が一般会計によって支えられ、その企業活動が永続するうえで資産の維持が何らかのかたちで行われると考えれば、地方公営企業の特性からみて資本金に準じるものという見方は、依然として正当です。また、みなし償却は料金で解消すべき部分だけを減価償却の対象にし、補助金部分は除却時に資産と資本から圧縮するというものであり、それには一定の合理性はあります。少なくとも未償却の補助金等の部分は、取り崩すことが前提であるので、資本ではなく負債に区分していますが、いわゆる借入金とは性格の異なるものです。したがって、借入資本金とみなし償却の廃止に伴う貸借対照表の変化は、見かけ上は悪化したようにみえますが、実態を正しく評価していなかった会計基準の是正ではないので、財務状況の診断に影響を与えるものであってはなりません。その点は、借入資本金を借入金とみなす「債務調整等に関する調査研究会」の見方とは意見が異なります。

　みなし償却の見直しは、自治体財政健全化法の資金不足比率や健全化判断比率に影響を与えませんが、借入資本金を借入金とすることは、資金不足比率や健全化判断比率に、本来は、影響を与えるものです。しかし、翌年度償還の企業債・他会計からの借入金（建設改良および準建設改良）は資金不足比率の算入対象から除外されることとされました。すなわち、自治体財政健全化法上では、借入資本金の考え方は残っているといえます。一方、②に係る見直しは、一部で３年間の算入猶予の経過措置を設けるほかは即時に算入させています。それは、実態を正しく捕捉する方向での改正であったからです。

　その後、地方公営企業の制度面での改革は、法適用の推進に焦点が移ります。その必要性は、地方公会計の推進との関連とみるべきでしょう。そ

もそも、昭和41年の地方公営企業法の改正で、地方公営企業の当然適用の範囲が定まって以来、永年にわたって改正はされてきませんでした。そもそも、地方公営企業の法適用の範囲は段階的に拡大することが前提でしたが、果たされてきませんでした。その間に下水道事業が全国的に拡大するなど、地方公営企業の実態は大きく拡大しました。一方、地方公会計は、法律上の要請でこそないものの、その作成が強く促されています。本来、企業である地方公営企業では、一般会計等に比べて発生主義会計による財務報告が必要であることは当然です。法適用の拡大を推進するのはそうした流れからきたものです。

　地方公会計は、すでに述べたように、財務状況の診断というよりも、固定資産台帳の整備を通じて、公共施設等の総合管理に資するという視点が重視されています。地方公営企業会計の法適用についても同様であり、簡易水道や下水道を中心に、住民の生活を支えるインフラの施設の持続可能性を図るために、法適用に伴って、資産台帳の整備を行うことを主眼としています。平成27年1月の総務大臣通知によって、27年度から31年度を集中取組期間とし、下水道事業と簡易水道事業を重点事業として、人口3万人以上の団体については期限内に公営企業会計に移行することが要請されました。その際、できる限り移行するとされた人口3万人未満の団体に対しても、平成31年1月の大臣通知によって、集中取組期間を31年度から35（令和5）年度とし、簡易水道・下水道について、原則移行が必要とされました（それ以外の事業についてもできる限り移行が必要）。法適用を義務付ける地方公営企業法の改正はされていませんが、集中取組期間の終了後の改正が視野に入っているといえます。

　法適用の推進に対して、繰出しの制限をかけることが趣旨ではないかという声があります。確かに、地方財政再建促進特別措置法において地方公営企業単体で健全化の規定を設けていたのは、当然適用の事業に限定されていました。したがって、法適用にすると厳密に独立採算が強いられ、繰出しの制限が適用されると受け止めることも理解できます。

　しかし、自治体財政健全化法は、地方公営企業単体での健全化規定を設けており、その範囲は、地方公営企業法の当然適用の範囲よりも広く、地方公営企業全般に対して及ぶこととなりました。また、地方公営企業は、

当然適用とされてきた事業だけでなく、地方財政法によって、従来から地方公営企業全般に対して独立採算であることが求められています。したがって、地方公営企業は、方向性として独立採算が求められることは変わりありませんが、法適用になったからといって、特段に繰出し制限がかけられることはなく、法非適用であっても、自治体財政健全化法では、単体の健全化規定は適用されます。

　現在、法適用の拡大が進められており、近い将来、法改正が想定されます。その際、どこまで拡大するかについてはいろいろな考え方があります。1つは、自治体財政健全化法で、地方公営企業単体で健全化規定を課せられるものについては、当然適用するというものがあります。というのは、単体で健全化規定を課される場合、その健全性は現金主義会計を指すのか、発生主義会計を指すのかという問題があります。企業である以上、発生主義会計によることとなります。現在、非適用の企業についても、資金不足比率等の算定にあたっては、解消可能資金不足額を適用することで、発生主義会計の概念に近似させていることはすでに述べました。その意味で、自治体財政健全化法で、法適用を先行させていますので、法適用の対象とするには問題はないはずです。現在、任意規定であっても、地方公営企業法の適用によって、自動的に自治体財政健全化法における単体での健全化規定が適用されます。そのことをあわせて勘案すると、地方公営企業法の適用範囲と自治体財政健全化法の単体での健全化規定の適用範囲を一致させることが考えられます。

　これまで述べてきたように、地方公営企業法の対象範囲とするかどうかは、以前は、経営規模や財務状況の健全性などが焦点となっていましたが、現在の視点では、固定資産台帳を整備して、地方公営企業としての持続可能性を確保することに主眼が移っています。その意味で、地方公営企業法の適用範囲が広がることは当然の流れといえます。

　一方、自治体財政健全化法の単体の健全化規定が課されることは、条件不利地域の地方公営企業については、方向性としての独立採算制はあっても、最終的に一般会計からの繰出しによって収支を均衡させることを意味します。簡易水道などでは、そのような必要性は、今後、中山間地域での人口減少によって高まっていくものと考えられます。現在、地方公営企業

については、経営戦略の策定などを通じて、経営改革が求められています。さらに、近年では広域化や共同化などの取組みが要請され、垂直・水平統合を進める動きや、民間委託の拡大やＰＦＩへの転換などの検討も求められています。そのような経営改革は、可能な範囲で最大限行わなければなりません。その先にあるものは、条件不利地域の地方公営企業に対して、独立採算制の建前を超えて、財政支援を行うことが考えられますが、現在は、経営改革の途上であり、まずはそちらを行うことが求められます。

終章 自治体財政健全化法と自治体の財政運営

　健全化判断比率は、自力で再建することが危ぶまれる自治体に対して、イエロー・カードないしはレッド・カードを突きつけて、法の枠組みに沿って財政再建を促す仕組みを発動するときの基準です。したがって、健全団体となったところで、それは自主的な財政再建の範囲で健全化が可能というだけのことであって、財政状況が健全であることを意味するわけではありません。

　自治体の財政診断を行うには、健全化判断比率で明らかにされた情報を用いて、健全化判断比率をさらに加工し、活用することです。たとえば、債務償還可能年数は、将来負担比率の加工の１つの姿です。その意味がどのようなものがあるのかは前章で述べています。

　一例ですが、特定の自治体で、どこまで建設投資にかかる地方債を発行できるかという質問を受けることがあります。その回答としては、次のようなことが考えられます。まず、単年度で資金均衡する実質公債費比率の上限を算定します。ついで、投資的経費の財政需要（公共施設等総合管理計画の個別事業計画から算定される額）を想定し、それを順次執行する際に、公共施設等の整備のために造成した基金を順次活用することで、できるだけ起債を抑制した際に、実質公債費比率がどこまで上昇するかをシミュレートします。実質公債費比率の上限を上回った場合には、持続可能ではないとなりますので、公共施設の整備計画を見直すことが必要となります。

　あるいは、固定資産減価償却率を用いて、インフラ等の老朽化度を一定に保つためにどの程度の財政需要が必要かを想定し、その場合の実質公債費比率をシミュレートします。同じく、その結果として実質公債費比率の上限を超えたときには、長寿命化などの施策によって、更新投資以外に老朽化を食い止める方法を検討する、などです。そのような取組みは、自治体が自ら行わなければなりません。筆者がみるところ、多くの自治体は、自治体財政健全化法に対してはおおむね受け身であって、健全化判断比率の活用という点ではまったく消極的です。財政指標に対する考察も、やや

もすれば浅いとの印象を受けます。その点は、大いに問題があると感じています。

　自治体財政健全化法の施行から一定の期間を経て、ほとんどすべての自治体が健全段階になったことは評価すべきことですが、一方、財政健全化にウエイトが行きすぎて、政策展開が鈍くなっているという印象を受けます。金を使わないことがいいことのような感覚があるとすれば、それは縮み志向であり、日本経済のデフレ病が自治体財政にまで及んでいることを示唆しています。自治体財政健全化法が、縮み志向を助長したすれば、薬が強力で効きすぎたとなってしまいます。人口減少社会によって、将来の歳入減が確実という間違った見方がそれをさらに助長しています。財政が健全すぎることはけっしていいことではありません。

　財政状況は不健全となってはいけませんが、毎年度の収支がようやく合うという状況である状態が、政策運営としてはむしろ健全という場合も少なくありません。事業推進への意欲がなくなり、新たな事業を展開する職員は悪い職員となってしまうのは、歌を忘れたカナリアであって本末転倒です。自治体財政健全化法の健全化判断比率の制度設計では、実態的には財政状況が悪化しているのに、財政指標が不十分であるので、それがどこにも現れないというようなことがないように腐心されました。いまや、財政状況の透明性は確保されています。それだけに恐れず政策展開を図るべきです。

　本書は、自治体財政健全化法に関する制度リテラシーの解説書です。自治体財政健全化法は、地方財政制度のごく一部です。自治体の財政担当職員と首長や幹部には、地方財政制度全体に対しても制度リテラシーを持つことが求められます。しかし、新たな制度ができ、複雑化していく一方で、自治体における制度リテラシーは依然として高まらない印象があります。制度を読み解く力が不足していると、それがボディブローのように、その自治体の政策判断にマイナスに効いてきます。制度に対する一種の思い込みが、ときに判断を誤る原因になるからです。

　地方財政制度が運用されるうえで、一種の危機管理の役割を負っているのが自治体財政健全化法です。その趣旨を十分に理解すれば、健全化判断比率の活用や、地方公会計や地方公営企業の法適用の拡大などとの関連性

も自ずとみえてきます。本書を通じて、是非、制度への理解を深めてください。そのことがあなたの自治体の財政運営の危機管理能力を高めることになるからです。

資料

1 財政健全化計画の策定等に当たっての留意事項について

2 財政再生計画の策定等に当たっての留意事項について

3 第2号様式　財政健全化計画（長野県王滝村）

4 財政健全化計画書（青森県大鰐町）

5 財政健全化計画完了報告書（青森県大鰐町）

6 地方公共団体の財政の健全化に関する法律による
　 個別外部監査の実施に係る質疑応答

7 第8号様式　財政健全化計画（北海道夕張市）

〈資料1〉

総財務第１０９号
平成21年4月1日

各都道府県総務部長　殿
　（財政担当課及び市区町村担当課）
各指定都市財政局長　殿

総務省自治財政局財務調査課長

財政健全化計画の策定等に当たっての留意事項について

　地方公共団体の財政の健全化に関する法律（平成19年法律第94号。以下「法」という。）は、平成21年4月1日から全面的に施行され、法の規定に基づき、健全化判断比率のいずれかが早期健全化基準以上である場合（当該健全化判断比率のいずれかが財政再生基準以上である場合を除く。）には、財政健全化計画を定めなければならないこととなります。
　ついては、財政健全化計画の策定に当たっての留意事項を次のとおり定めたので通知します。
　また、各都道府県におかれては、貴都道府県内の市区町村にも周知いただくようお願いします。
　なお、本通知は地方自治法（昭和22年法律第67号）第245条の4（技術的な助言）に基づくものです。

記

第一　財政健全化計画策定の対象となる地方公共団体等

1　財政健全化計画策定の対象となる地方公共団体（法第4条関係）

　法に基づき財政健全化計画を策定しなければならない地方公共団体は、当該年度の前年度の決算に基づき算定された健全化判断比率のいずれかが早期健全化基準以上（当該健全化判断比率のいずれかが財政再生基準以上である場合を除く。）である地方公共団体であること。
　ただし、既に財政健全化計画若しくは財政再生計画を定めている場合又は次の2に該当する場合は、この限りでない。

2　財政健全化計画の策定を要しない場合（法第4条関係）

　当該年度の前年度の健全化判断比率のすべてが早期健全化基準未満である場合であって、当該年度の翌年度の健全化判断比率のすべてが早期健全化基準未満となることが確実であると認められるときは、1にかかわらず財政健全化計画の策定を要しないこと。
　この場合、当該地方公共団体の長は、当該年度の翌年度の健全化判断比率のすべてが早期健全化基準未満となることが確実であると認められると判断した客観的理由について、直ちに、当該地方公共団体の議会及び住民に対して明らかにし、かつ、総務大臣に報告しなければならないが、この判断に当たっては、当該年度の健全化判断比率が早期健全化基準以上となっている事実にかんがみ、慎重な分析が必要になること。

3　その他（法第8条関係）

　財政健全化団体が財政再生計画を定めたときは、当該財政健全化団体の財政健全化計画は、その効力を失うとされていること。

第二　財政健全化計画の策定手続等

1　財政健全化計画の策定期限（法第4条関係）

　財政健全化計画は当該年度の末日までに策定することとされていること。

2　財政健全化計画の策定手続（法第5条関係）

　財政健全化計画を策定することになる場合は、以下のような手続を経る必要があり、年度内に財政健全化計画を策定するためには、各手続の進行管理に十分注意すること。
　　①　地方公共団体の決算の調製
　　②　健全化判断比率の算定
　　③　健全化判断比率の監査委員の審査
　　④　健全化判断比率の議会報告・公表
　　⑤　個別外部監査の要求等（「第六個別外部監査契約に基づく監査」参照）
　　⑥　財政健全化計画の議会の議決・公表

3　財政健全化計画の公表及び報告（法第5条関係）

　地方公共団体が財政健全化計画を定めたときは、速やかに、これを公表するとともに、都道府県及び指定都市にあっては総務大臣に、市町村及び特別区にあっては都道府県知事に、報告しなければならないこと。この場合において、当該報告を受けた都道府県知事は、速やかに、当該財政健全化計画の概要を総務大臣に報告しなければならないこと。
　当該公表は、住民自治による財政の健全化を推進する上で必要なものであり、当該財政健全化団体が取り組もうとする財政の早期健全化の基本方針や具体的な方策について、分かりやすく公表するよう努めること。

4　財政健全化計画の実施状況の報告及び公表等（法第6条関係）

　財政健全化団体の長は、毎年9月30日までに、前年度における決算との関係を明らかにした財政健全化計画の実施状況を議会に報告し、かつ、これを公表するとともに、都道府県及び指定都市の長にあっては総務大臣に、市町村及び特別区の長にあっては都道府県知事に報告しなければならないこと。この場合において、当該報告を受けた都道府県知事は、速やかに、その要旨を総務大臣に報告しなければならないこと。
　財政健全化計画の実施状況の公表は、当該財政健全化団体の財政の早期健全化の取組が計画に沿って着実に実施されているかどうか、住民等から不断のチェックを受けることを目的としているものであることから、前年度の決算との関係等について分かりやすく公表するよう努めること。

5　その他

　財政健全化計画の策定又は変更に関連して予算の調製、条例等の制定改廃等が必要となる場合には、当該計画が速やかに実効性あるものとなるよう、財政健全化計画の策定又は変更に関する議会の議決と同時に、これらの手続を行うことが適当であること。

第三　財政健全化計画の内容等

1　財政健全化計画の策定に当たっての基本的な考え方（法第4条関係）

(1) 財政健全化計画には、健全化判断比率を計画的に改善するための方策を定めるとともに、事務事業の見直し、組織の合理化等歳出の削減措置及び地方税、使用料等歳入の増収措置等により計画的な財政構造の改善を図り、当該地方公共団体の健全かつ持続的な財政運営を確立するための基礎となるべき方策を定めるものであること。

(2) 財政の早期健全化を確実に推進するためには、住民等の理解と信頼を得ることが不可欠であり、当該財政健全化団体が総力を挙げて行財政改革に取り組むとともに、適切に説明責任を果たし、その基本方針や取組内容を財政健全化計画に分かりやすく示すことが必要であること。

(3) 財政健全化計画を定めるに当たっては、健全化判断比率が早期健全化基準以上となった要因についての客観的かつ的確な分析が前提となること。この分析に当たっては、これまでの監査委員や外部監査人による監査における指摘事項を十分踏まえること。

(4) 財政健全化計画には、財政の早期健全化を図るために必要な最小限度の期間内に、計画目標を達成するための行財政上の措置が盛り込まれることとなるが、これらの措置を定めるに当たっては、当該計画の実行可能性を確保する観点から慎重な検討が行われる必要があること。

(5) 財政健全化計画は、その達成に必要な当該地方公共団体の各会計ごとの取組が明らかになるよう定めなければならないこと。各会計における改善措置とそれに応じた健全化判断比率の改善を関連付け、当該地方公共団体のどの会計の取組が財政の早期健全化に寄与しているのか明らかにする必要があること。その際、会計間の経費の負担区分についても明らかにしておく必要があること。

(6) 財政健全化計画に基づく取組の結果、期待される財政上の効果額を明らかにすること。

2　他の計画との調整（法第25条関係）

　経営健全化団体が財政健全化計画を定めるに当たっては、当該財政健全化計画と当該経営健全化計画との整合性の確保を図らなければならないこと。
　また、当該地方公共団体において既に策定されている行財政運営上の計画と財政健全化計画が一体となって、財政の早期健全化が図られるよう、計画間の調整を行うこと。

3　財政健全化計画の内容（法第4条関係）

　財政健全化計画は、財政の状況が悪化した要因の分析の結果を踏まえ、財政の早期健全化を図るため必要な最小限度の期間内に、実質赤字額がある場合にあっては一般会計等における歳入と歳出との均衡を実質的に回復することを、連結実質赤字比率、実質公債費比率又は将来負担比率が早期健全化基準以上である場合にあってはそれぞれの比率を早期健全化基準未満とすることを目標として、次に掲げる事項について定めるものであること。
　① 健全化判断比率が早期健全化基準以上となった要因の分析
　② 計画期間
　③ 財政の早期健全化の基本方針
　④ 実質赤字額がある場合にあっては、一般会計等における歳入と歳出との均衡を実質的に回復するための方策
　⑤ 連結実質赤字比率、実質公債費比率又は将来負担比率が早期健全化基準以上である場合にあっては、それぞれの比率を早期健全化基準未満とするための方策
　⑥ 各年度ごとの④及び⑤の方策に係る歳入及び歳出に関する計画
　⑦ 各年度ごとの健全化判断比率の見通し

⑧ その他財政の早期健全化に必要な事項

(1) 健全化判断比率が早期健全化基準以上となった要因の分析（法第4条第2項第1号関係）

健全化判断比率が早期健全化基準以上となった要因を分析し、財政悪化の原因となった会計や事務事業等を特定する必要があること。当該会計や事務事業等について、財政悪化につながった具体的事実関係を明らかにすること。
この分析に当たっては、財政の健全化のために改善が必要と認められる事務の執行に対する個別外部監査の結果を真摯に踏まえて、検証を行うこと。

(2) 計画期間（法第4条第2項第2号関係）

財政健全化計画の計画期間は、財政の早期健全化を図るため必要な最小限の期間内とすること。なお、計画期間の長期化によって計画策定時に想定した経済環境等が変化する可能性が高くなることからも、可能な限り短期間で計画目標を達成することが重要であること。

(3) 財政の早期健全化の基本方針（法第4条第2項第3号関係）

財政の早期健全化の基本方針には、財政健全化計画に基づき実施する行財政上の措置の要綱を簡潔にとりまとめ記載すること。この場合、財政健全化計画を策定する以前から取り組まれてきたもの、取組の内容を充実させるもの、新たに取り組まれるもの等の区別を、健全化判断比率が早期健全化基準以上となった要因と関連付けながら分かりやすく記載することが望ましいものであること。

(4) 実質赤字額がある場合における一般会計等における歳入と歳出との均衡を実質的に回復するための方策（法第4条第2項第4号関係）

具体的な措置の内容を記載するとともに、その実施に係る具体的な
① 目標数値
② 実施時期
③ 当該措置により解消する赤字額及び改善される実質赤字比率の数値
についても併せて記載し、計画内容をより明確化することが望ましいこと。

(5) 連結実質赤字比率、実質公債費比率又は将来負担比率が早期健全化基準以上である場合においてそれぞれの比率を早期健全化基準未満とするための方策（法第4条第2項第5号関係）

具体的な措置の内容を記載するとともに、その実施に係る具体的な
① 目標数値
② 実施時期
③ 当該措置により改善する健全化判断比率の数値
についても併せて記載し、計画内容をより明確化することが望ましいこと。

(6) 各年度ごとの(4)及び(5)の方策に係る歳入及び歳出に関する計画（法第4条第2項第6号関係）

① 実質赤字額がある場合における一般会計等における歳入と歳出との均衡を実質的に回復するための方策及び連結実質赤字比率、実質公債費比率又は将来負担比率が早期健全化基準以上である場合におけるそれぞれの比率を早期健全化基準未満とするための方策の具体

的な措置の結果生じることが見込まれる歳入及び歳出面での効果額を、各年後ごと及び関係する会計ごとにとりまとめて記載すること。
② 歳入の見込みに当たっては、あらゆる資料に基づいて正確にその財源を補そくし、かつ、経済の現実に即応してその収入を算定する必要があること。
③ 歳出の見込みに当たっては、法令の定めるところに従い、かつ、合理的な基準によりその経費を算定する必要があること。

(7) 各年度ごとの健全化判断比率の見通し（法第4条第2項第7号関係）

各年度ごとの健全化判断比率は、財政健全化計画に定められた行財政上の措置を受けて算定されるものであることから、当該措置と健全化判断比率との関係について、適宜簡潔な説明を加えることが望ましいこと。

(8) その他財政の早期健全化に必要な事項（法第4条第2項第8号関係）

健全化判断比率の改善に与える効果自体を直ちに測ることは困難であるものの、財政の早期健全化に資する事務処理の効率化等の取組についても、具体的に記載するものであること。

第四　財政健全化計画の変更

1　財政健全化計画の変更に係る手続（法第5条関係）

(1) 財政健全化計画を変更する場合は、議会の議決を経て定めなければならないこと。

(2) 財政健全化計画を変更した場合には、速やかにこれを公表するとともに、都道府県及び指定都市にあっては総務大臣に、市町村及び特別区にあっては都道府県知事に報告しなければならないこと。この場合において、当該報告を受けた都道府県知事は、速やかに、当該財政健全化計画の概要を総務大臣に報告しなければならないこと。
当該公表は、住民自治による財政の健全化を推進する上で必要なものであり、当該財政健全化団体が取り組もうとする財政の早期健全化の基本方針や具体的な方策について、分かりやすく公表するよう努めること。
ただし、以下に該当する軽微な変更の場合には、計画変更の公表及び総務大臣又は都道府県知事への報告は不要であること。
① 行政区画、郡、区、市町村若しくは特別区内の町若しくは字若しくはこれらの名称の変更、地番の変更又は住居表示に関する法律（昭和37年法律第119号）第3条第1項及び第2項若しくは第4条の規定による住居表示の実施若しくは変更に伴う変更
② ①に掲げるもののほか、誤記の訂正、人又は物の呼称の変更その他これらに類する記載事項の修正に伴う変更

2　財政健全化計画の変更の理由

財政健全化計画を変更する必要があると認められる場合としては、大規模な災害の発生等計画の策定時に予想することが困難であった事情が発生し、従前の財政健全化計画による財政の早期健全化が困難であり、その変更がやむを得ない場合に限られるものであること。
なお、計画期間を延長するような計画変更は、原則として行うべきではないこと。

第五　財政の早期健全化の完了

1　財政の早期健全化の完了報告等（法第27条関係）

　財政健全化計画による財政の早期健全化が完了した地方公共団体の長は、財政健全化計画による財政の早期健全化が完了した年度の翌年度の９月30日までに、当該年度の前年度における決算との関係を明らかにした財政健全化計画の実施状況及び財政の早期健全化が完了した後の当該地方公共団体の財政の運営の方針を記載した書類（以下「財政健全化計画完了報告書」という。）を添えて、財政の早期健全化が完了した旨を議会に報告し、かつ、当該財政健全化計画完了報告書を公表するとともに、都道府県及び指定都市の長にあっては総務大臣に、市町村及び特別区の長にあっては都道府県知事に、当該財政健全化計画完了報告書を添えて財政の早期健全化が完了した旨を報告しなければならないこと。この場合において、当該報告を受けた都道府県知事は、速やかに、その要旨を総務大臣に報告しなければならないこと。

2　財政の早期健全化が完了した後の財政の運営の方針

(1)　財政の早期健全化が完了した後も、一般会計等以外の特別会計において実質赤字額又は資金の不足額がある場合には、可能な限り早期に当該実質赤字額及び資金の不足額を解消するよう努めるべきであること。

(2)　財政健全化計画に基づき実施していた行財政上の措置を計画の完了に伴い中止した場合等において、健全化判断比率が再び悪化することのないように注意すること。

第六　個別外部監査契約に基づく監査（法第26条関係）

(1)　財政健全化計画を定めなければならない地方公共団体の長は、これらの計画を定めるに当たっては、あらかじめ、当該地方公共団体の財政の健全化のために改善が必要と認められる事務の執行について、監査委員に対し、個別外部監査契約に基づく監査を要求しなければならないこと。

(2)　具体的な事務手続は次のとおりであり、年度内に財政健全化計画を策定する必要があることから、速やかに事務処理を行うこと。
　　① 長が監査委員に対し、地方自治法第199条第６項の規定に基づく監査を行い、かつ、監査委員の監査に代えて個別外部監査契約に基づく監査によることを要求
　　② 監査委員がそれについて意見を長に通知（地方自治法第252条の41第３項）
　　③ その意見とともに、長は個別外部監査契約に基づく監査によることについて議会に付議（地方自治法第252条の41第４項において準用する同法第252条の39第４項）
　　④ ③の議会の議決を経た場合には、長は監査委員の意見を聴いて個別外部監査契約を議会の議決を経て締結（地方自治法第252条の41第４項において準用する同法第252条の39第５項及び第６項）
　　なお、③と④の議会の議決は同じ議会で処理することとしても差し支えないこと。

(3)　当該地方公共団体の財政の健全化のために改善が必要と認められる事務の執行については、当該地方公共団体の長が選定することとなるが、個別外部監査の結果が実効性のある財政健全化計画の策定に資するものとなるよう、財政の状況が悪化した要因の分析の結果等を踏まえ、適切なテーマを選定すること。

〈資料２〉

総財務第１０８号
平成21年4月1日

各都道府県総務部長　殿
　（財政担当課及び市区町村担当課）
各指定都市財政局長　殿

総務省自治財政局財務調査課長

財政再生計画の策定等に当たっての留意事項について

　地方公共団体の財政の健全化に関する法律（平成19年法律第94号。以下「法」という。）は、平成21年4月1日から全面的に施行され、法の規定に基づき、再生判断比率のいずれかが財政再生基準以上である場合には、財政再生計画を定めなければならないこととなります。
　ついては、財政再生計画の策定に当たっての留意事項を次のとおり定めたので通知します。
　また、各都道府県におかれては、貴都道府県内の市区町村にも周知いただくようお願いします。
　なお、本通知は地方自治法（昭和22年法律第67号）第245条の4（技術的な助言）に基づくものです。

記

第一　財政再生計画策定の対象となる地方公共団体等

１　財政再生計画策定の対象となる地方公共団体（法第８条関係）

　法に基づき財政再生計画を策定しなければならない地方公共団体は、当該年度の前年度の決算に基づき算定された実質赤字比率、連結実質赤字比率及び実質公債費比率（以下「再生判断比率」という。）のいずれかが財政再生基準以上である地方公共団体であること。
　ただし、法の規定により既に財政再生計画を定めている場合は、この限りでない。

２　その他（法第８条・法附則第４条関係）

(1)　財政健全化団体が財政再生計画を定めたときは、当該財政健全化団体の財政健全化計画は、その効力を失うとされていること。

(2)　平成21年4月1日において現に存する廃止前の地方財政再建促進特別措置法（昭和30年法律第195号。以下「旧再建法」という。）第22条第２項の規定によりその例によることとされた旧再建法第２条第１項に規定する財政再建計画については、当該財政再建計画に係る地方公共団体が法第８条の規定により財政再生計画を定めるまでの間は、なお従前の例によることとされていること。

第二　財政再生計画の策定手続等

１　財政再生計画の策定期限（法第８条関係）

　財政再生計画は当該年度の末日までに策定することとされていること。

２　財政再生計画の策定手続（法第９条関係）

財政再生計画を策定することになる場合は、以下のような手続を経る必要があり、年度内に財政再生計画を策定するためには、各手続の進行管理に十分注意すること。
① 地方公共団体の決算の調製
② 健全化判断比率の算定
③ 健全化判断比率の監査委員の審査
④ 健全化判断比率の議会報告・公表
⑤ 個別外部監査の要求等(「第六個別外部監査契約に基づく監査」参照)
⑥ 財政再生計画の議会の議決・公表
⑦ 財政再生計画の同意に係る議会の議決及び総務大臣に対する協議

3 財政再生計画の公表及び報告(法第9条関係)

　地方公共団体が財政再生計画を定めたときは、速やかに、これを公表するとともに、総務大臣に(市町村及び特別区にあっては、都道府県知事を経由して総務大臣に)報告しなければならないこと。
　当該公表は、住民自治による財政の健全化を推進する上で必要なものであり、当該財政再生団体が取り組もうとする財政の再生の基本方針や具体的な方策について、分かりやすく公表するよう努める必要があること。

4 財政再生計画の実施状況の報告及び公表等(法第18条関係)

　財政再生団体の長は、毎年9月30日までに、前年度における決算との関係を明らかにした財政再生計画の実施状況を議会に報告し、かつ、これを公表するとともに、総務大臣に(市町村及び特別区の長にあっては、都道府県知事を経由して総務大臣に)報告しなければならないこと。
　財政再生計画の実施状況の公表は、当該財政再生団体の財政の再生の取組が計画に沿って着実に実施されているかどうか、住民等から不断のチェックを受けることを目的としているものであることから、前年度の決算との関係等について分かりやすく公表するよう努めること。

5 財政再生計画の同意等(法第10条・第11条関係)

(1) 地方公共団体は、財政再生計画について、議会の議決を経て、総務大臣に(市町村及び特別区にあっては、都道府県知事を通じて総務大臣に)協議し、その同意を求めることができるとされていること。

(2) 総務大臣が財政再生計画について同意をするかどうかを判断するための基準は、「財政再生計画同意基準」(平成21年総務省告示第197号)に定められており、協議を受けた財政再生計画が、この基準に照らして適当なものであると認められるときは、総務大臣はこれに同意するものであること。

(3) 財政再生計画について、総務大臣の同意を得たときは、当該財政再生団体は、速やかに、その旨を公表しなければならないこと。

(4) 再生判断比率のいずれかが財政再生基準以上である地方公共団体が、財政再生計画に係る総務大臣の同意を得ていないときは、地方財政法(昭和23年法律第109号)その他の法律の規定にかかわらず、地方債(災害復旧事業費の財源とする場合等を除く。)をもってその歳出の財源とすることができないこと。

6 その他（法第17条関係）

(1) 財政再生計画の策定又は変更に関連して予算の調製、条例等の制定改廃等が必要となる場合には、当該計画が速やかに実効性あるものとなるよう、財政再生計画の策定又は変更に関する議会の議決と同時に、これらの手続を行うことが適当であること。

(2) 地方公共団体の議会の議決が次に掲げる場合に該当するときは、当該地方公共団体の長は、地方自治法第176条及び第177条の規定によるもののほか、それぞれ当該議決があった日から起算して10日以内に、理由を示してこれを再議に付することができること。
① 財政再生計画の策定又は変更に関する議案を否決したとき。
② 法第10条第1項の規定による協議に関する議案を否決したとき。
③ 財政再生計画の達成ができなくなると認められる議決をしたとき。

(3) 市町村又は特別区である財政再生団体が法第9条第2項若しくは第3項、第18条第1項若しくは第27条第4項の規定により都道府県知事を経由して総務大臣に報告する場合又は法第10条第1項の規定により都道府県知事を通じて総務大臣に協議する場合において、当該都道府県知事は、当該財政再生団体の財政の運営又は財政再生計画の内容若しくは実施状況について、意見を付するものとされていること。
また、市町村又は特別区が行うこの他の総務大臣に対する報告、協議及び書類の提出は、都道府県知事を経由してしなければならないこと。

第三 財政再生計画の内容等

1 財政再生計画の策定に当たっての基本的な考え方（法第8条関係）

(1) 財政再生計画には、健全化判断比率を計画的に改善するための方策を定めるとともに、事務事業の見直し、組織の合理化等歳出の削減措置及び地方税、使用料等歳入の増収措置等により計画的な財政構造の改善を図り、当該地方公共団体の健全かつ持続的な財政運営を確立するための基礎となるべき方策を定めるものであること。

(2) 財政の再生を確実に推進するためには、住民等の理解と信頼を得ることが不可欠であり、当該財政再生団体が総力を挙げて行財政改革に取り組むとともに、適切に説明責任を果たし、その基本方針や取組内容を財政再生計画に分かりやすく示すことが必要であること。

(3) 財政再生計画を定めるに当たっては、再生判断比率が財政再生基準以上となった要因についての客観的かつ的確な分析が前提となること。この分析に当たっては、これまでの監査委員や外部監査人による監査における指摘事項を十分踏まえること。

(4) 財政再生計画には、財政の再生を図るために必要な最小限度の期間内に、計画目標を達成するための行財政上の措置が盛り込まれることとなるが、これらの措置を定めるに当たっては、当該計画の実行可能性を確保する観点から慎重な検討が行われる必要があること。

(5) 財政再生計画は、その達成に必要な当該地方公共団体の各会計ごとの取組が明らかになるよう定めなければならないこと。各会計における改善措置とそれに応じた健全化判断比率の改善を関連付け、当該地方公共団体のどの会計の取組が財政の再生に寄与しているのか明らかにする必要があること。その際、会計間の経費の負担区分についても明らかにしておく必要があること。

(6) 財政再生計画に基づく取組の結果、期待される財政上の効果額を明らかにすること。

2 他の計画との調整（法第25条関係）

　経営健全化団体が財政再生計画を定めるに当たっては、当該財政再生計画と当該経営健全化計画との整合性の確保を図らなければならないこと。
　また、当該地方公共団体において既に策定されている行財政運営上の計画と財政再生計画が一体となって、財政の再生が図られるよう、計画間の調整を行うこと。

3 財政再生計画の内容（法第8条関係）

　財政再生計画は、財政の状況が著しく悪化した要因の分析の結果を踏まえ、財政の再生を図るため必要な最小限度の期間内に、実質赤字額がある場合にあっては一般会計等における歳入と歳出との均衡を実質的に回復することを、連結実質赤字比率、実質公債費比率又は将来負担比率が早期健全化基準以上である場合にあってはそれぞれの比率を早期健全化基準未満とすることを、再生振替特例債を起こす場合にあっては当該再生振替特例債の償還を完了することを目標として、次に掲げる事項について定めるものであること。
　① 再生判断比率が財政再生基準以上となった要因の分析
　② 計画期間
　③ 財政の再生の基本方針
　④ 法第8条第3項第4号に掲げる計画（以下「歳入増加計画及び歳出削減計画」という。）及びこれに伴う歳入又は歳出の増減額
　⑤ 歳入増加計画及び歳出削減計画並びにこれに伴う歳入又は歳出の増減額を含む各年度ごとの歳入及び歳出に関する総合的な計画
　⑥ 再生振替特例債を起こす場合には、当該再生振替特例債の各年度ごとの償還額
　⑦ 各年度ごとの健全化判断比率の見通し
　⑧ その他財政の再生に必要な事項

(1) 再生判断比率が財政再生基準以上となった要因の分析（法第8条第3項第1号関係）

　　再生判断比率が財政再生基準以上となった要因を分析し、財政悪化の原因となった会計や事務事業等を特定する必要があること。当該会計や事務事業等について、財政悪化につながった具体的事実関係を明らかにすること。
　　この分析に当たっては、財政の健全化のために改善が必要と認められる事務の執行に対する個別外部監査の結果を真摯に踏まえて、検証を行うこと。
　　なお、財政健全化団体が財政再生計画を定める場合においては、財政健全化計画に基づく財政の早期健全化の取組を実施してもなお再生判断比率が財政再生基準以上となった要因について、特に、意を用いた分析が必要であること。

(2) 計画期間（法第8条第3項第2号関係）

　　財政再生計画の計画期間は、財政の再生を図るため必要な最小限の期間内とすること。なお、計画期間の長期化によって計画策定時に想定した経済環境等が変化する可能性が高くなることからも、可能な限り短期間で計画目標を達成することが重要であること。

(3) 財政の再生の基本方針（法第8条第3項第3号関係）

　　財政の再生の基本方針には、財政再生計画に基づき実施する行財政上の措置の要綱を簡潔に

とりまとめ記載すること。この場合、財政再生計画を策定する以前から取り組まれてきたもの、取組の内容を充実させるもの、新たに取り組まれるもの等の区別を、再生判断比率が財政再生基準以上となった要因と関連付けながら分かりやすく記載することが望ましいものであること。

(4) 歳入増加計画及び歳出削減計画並びにこれに伴う歳入又は歳出の増減額（法第8条第3項第4号関係）

ア 歳入増加計画及び歳出削減計画は、当該計画の実施に伴う歳入又は歳出の増減額を明らかにした上で、財政の再生の基本方針に基づき実施する具体的な措置に関する計画（②及び③については、その実施要領を含む。）を、次に掲げる区分ごとに定めるものであること。
　ただし、⑤については、財政の再生のため特に必要と認められる地方公共団体に限られるものであること。
① 事務及び事業の見直し、組織の合理化その他の歳出の削減を図るための措置に関する計画
② 当該年度以降の年度分の地方税その他の収入について、その徴収成績を通常の成績以上に高めるための計画
③ 当該年度の前年度以前の年度分の地方税その他の収入で滞納に係るものの徴収計画
④ 使用料及び手数料の額の変更、財産の処分その他の歳入の増加を図るための措置に関する計画
⑤ 地方税法（昭和25年法律第226号）第4条第2項若しくは第5条第2項に掲げる普通税について標準税率を超える税率で課し、又は同法第4条第3項若しくは第5条第3項の規定による普通税を課することによる地方税の増収計画

イ アに掲げる計画を定めるに当たっては、次のような措置を講ずることを前提として、その検討を行うこと。
① 人件費等
・ 支所、出張所その他の施設についてはできる限り統廃合を行なう等行政機構の簡素合理化を図るとともに、事務の集中管理、職員の配置転換等による職員の適正な配置に取り組むこと。
・ 類似団体等に比較して職員数の多い団体にあっては、計画的に職員数の削減措置を講ずること。
・ 類似団体等に比較して給与単価が高い団体にあっては、計画的にその是正を図ること。なお、給与水準が類似団体等より高く、かつ、財政構造上人件費の比率が類似団体等を上回る団体にあっては、昇給延伸等の措置も考慮すること。
・ 初任給基準及び昇給・昇格の基準が国の基準を上回る団体にあっては、その是正を図ること。
・ 諸手当については、国の基準の範囲内とするとともに、類似団体等の状況も勘案して、その適正化を図ること。
・ 特別職等の報酬については、類似団体等における額の範囲内にとどめるよう措置するものとすること。
② 物件費
　管理部門に係る物件費は類似団体等の水準以下に節減するものとし、また、行政部門に係るもののうち、特に、施設関係の物件費については、類似団体等の状況等を勘案のうえ、施設の統廃合についても検討を行ない、極力その節減に努めること。
③ 補助金等
　その効果の面から全面的に再検討を行ない、不要不急のものについては減額又は削減するものとすること。
④ 建設事業費

財政再生計画の期間中に実施を予定している主要事業についてその全体計画の概要を作成し、これに基づいて重点的かつ効率的に事業を執行するものとすること。
　⑤　繰出金
　　　一般会計等から他会計に対する繰出金を経常的に計上している場合にあっては、当該会計の合理化を促進することにより適正な繰出金の額を定めるものとすること。
　⑥　公債費
　　　実質公債費比率に係る許可団体への移行基準及び早期健全化基準を踏まえ、適切な公債費の管理を行うこと。
　⑦　地方公営企業、地方公社及び第三セクター
　　　現在行っている事業の意義、採算性等について、改めて検討の上、事業継続の是非を判断するとともに、事業を継続する場合にあっても、最適な事業手法の選択、民間的経営手法の導入を行うなど、地方公営企業、地方公社及び第三セクターの存廃を含めた抜本的改革に取り組むこと。
　⑧　地方税
　　　課税客体、課税標準等の捕そくを強化すること。また、財政の再生のため特に必要と認められる場合は、住民負担の状況及び類似団体等の状況を十分に勘案した上で、普通税に係る税率の見直し又は法定外税の新設等による増収策を検討すること。
　⑨　地方税の徴収率
　　　現年度分、滞納繰越分とも都道府県にあっては全国平均以上、市区町村にあっては類似団体等の平均以上を確保するものとし、災害等の特別の事由により徴収率が著しく悪化している団体にあっても計画期間中のできる限り早い年度に平均以上に引き上げること。
　⑩　使用料及び手数料
　　　類似団体等に比べ料率の低い地方公共団体にあっては、類似団体等以上に料率を見直すものとし、特に施設に係る使用料について原価回収が低い場合には、その見直しを検討すること。

(5)　歳入増加計画及び歳出削減計画並びにこれに伴う歳入又は歳出の増減額を含む各年度ごとの歳入及び歳出に関する総合的な計画（法第8条第3項第5号関係）

　　歳入増加計画及び歳出削減計画並びにこれに伴う歳入又は歳出の増減額を含む各年度ごとの歳入及び歳出に関する総合的な計画については、以下に掲げる事項に留意し、かつ、(4)の計画の実施に伴う歳入又は歳出の増減額を反映させた上で、「財政再生計画書」（省令第8号様式）の「第5歳入歳出年次総合計画」の各項目に計数を記載すること。

ア　歳入については、あらゆる資料に基づき正確にその財源を捕そくし、かつ、経済の現実に即応してその収入を算定した上で計上することとし、計画策定時において収入することが不確実であるものは計上しないこと。
　①　地方税については、課税客体、課税標準等の捕そくの強化、徴収率の向上、滞納整理の促進、法定外税の新設及び税率の見直しによる増収分のみを見込むこととし、自然増収分については、原則として、これを計上しないこと。
　②　基準財政需要額は計画策定年度の額を基礎とし、これに明らかに予測される測定単位の数値の増減を考慮して加減を行なった額とし、基準財政収入額は、以後の計画上の税収見積り額を基礎として算定した額とすること。
　③　繰入金については、最近の実績に基づき、将来においても収入確実と認められる額の範囲内で計上すること。

イ　歳出については、計画的かつ確実な財政の再生を行うことが可能な規模を確保した上で、財政の再生に必要な最小限度の額を合理的な基準に基づき計上すること。

(6) 再生振替特例債を起こす場合には、当該再生振替特例債の各年度ごとの償還額（法第8条第3項第6号関係）

　　財政再生団体が、再生振替特例債を発行する場合にあっては、当該再生振替特例債を発行する年度からその償還を完了する年度までにおける各年度ごとの償還額及び未償還元金の額を記載すること。

(7) 各年度ごとの健全化判断比率の見通し（法第8条第3項第7号関係）

　　各年度ごとの健全化判断比率は、財政再生計画に定められた行財政上の措置を受けて算定されるものであることから、当該措置と健全化判断比率との関係について、適宜簡潔な説明を加えることが望ましいこと。

(8) その他財政の再生に必要な事項（法第8条第3項第8号関係）

　　健全化判断比率の改善に与える効果自体を直ちに測ることは困難ではあるものの、財政の再生に資する次のような取組について記載するものであること。
　① 人員の再配置による事務処理の効率化
　② 事務処理規程の見直しによる事務処理の迅速化
　③ 事務の広域化

第四　財政再生計画の変更

1　財政再生計画の変更に係る手続（法第9条・第10条関係）

(1) 財政再生計画を変更する場合は、議会の議決を経て定める必要があること。

(2) 財政再生計画を変更した場合には、速やかに、これを公表するとともに、総務大臣に（市町村及び特別区にあっては、都道府県知事を経由して総務大臣に）報告しなければならないこと。
　　当該公表は、住民自治による財政の健全化を推進する上で必要なものであり、当該財政再生団体が取り組もうとする財政の再生の基本方針や具体的な方策について、分かりやすく公表するよう努めること。
　　ただし、以下に該当する軽微な変更の場合には、計画変更の公表及び総務大臣への報告は不要であること。
　① 行政区画、郡、区、市町村若しくは特別区内の町若しくは字若しくはこれらの名称の変更、地番の変更又は住居表示に関する法律（昭和37年法律第119号）第3条第1項及び第2項若しくは第4条の規定による住居表示の実施若しくは変更に伴う変更
　② ①に掲げるもののほか、誤記の訂正、人又は物の呼称の変更その他これらに類する記載事項の修正に伴う変更

(3) 法第10条第3項に規定する総務大臣の同意を得ている財政再生計画を変更しようとするときは、あらかじめ、総務大臣に協議し、その同意を得なければならないこと。
　　ただし、災害その他緊急やむを得ない理由により、あらかじめ、総務大臣に協議し、その同意を得る時間的余裕がないときは、事後において、遅滞なく、その変更について総務大臣に協議し、その同意を得なければならないこと。
　　なお、法第10条第6項に規定する変更同意に係る総務大臣に対する協議に当たっては、当該

財政再生団体の議会の議決を経る必要はないこと。

2　財政再生計画の変更の理由

　財政再生計画を変更する必要があると認められる場合としては、大規模な災害の発生等計画の策定時に予想することが困難であった事情が発生し、従前の財政再生計画による財政の再生が困難であり、その変更がやむを得ない場合に限られるものであること。
　なお、計画期間を延長するような計画変更は、原則として行うべきではないこと。

第五　財政の再生の完了

1　財政の再生の完了報告等（法第27条関係）
　財政再生計画による財政の再生が完了した地方公共団体の長は、財政再生計画による財政の再生が完了した年度の翌年度の９月30日までに、当該年度の前年度における決算との関係を明らかにした財政再生計画の実施状況及び財政の再生が完了した後の当該地方公共団体の財政の運営の方針を記載した書類（以下「財政再生計画完了報告書」という。）を添えて、財政の再生が完了した旨を議会に報告し、かつ、当該財政再生計画完了報告書を公表するとともに、総務大臣に（市町村及び特別区の長にあっては、都道府県知事を経由して総務大臣に）当該財政再生計画完了報告書を添えて、財政の再生が完了した旨を報告しなければならないこと。

2　財政の再生が完了した後の財政の運営の方針
　(1)　財政の再生が完了した後も、一般会計等以外の特別会計において実質赤字額又は資金の不足額がある場合には、可能な限り早期に当該実質赤字額及び資金の不足額を解消するよう努めるべきであること。
　(2)　財政再生計画に基づき実施していた行財政上の措置を計画の完了に伴い中止した場合等において、健全化判断比率が再び悪化することのないよう注意すること。

第六　個別外部監査契約に基づく監査（法第26条関係）

　(1)　財政再生計画を定めなければならない地方公共団体の長は、これらの計画を定めるに当たっては、あらかじめ、当該地方公共団体の財政の健全化のために改善が必要と認められる事務の執行について、監査委員に対し、個別外部監査契約に基づく監査を要求しなければならないこと。
　(2)　具体的な事務手続は次のとおりであり、年度内に財政再生計画を策定する必要があることから、速やかに事務処理を行うこと。
　　①　長が監査委員に対し、地方自治法第199条第６項の規定に基づく監査を行い、かつ、監査委員の監査に代えて個別外部監査契約に基づく監査によることを要求
　　②　監査委員がそれについて意見を長に通知（地方自治法第252条の41第３項）
　　③　その意見とともに、長は個別外部監査契約に基づく監査によることについて議会に付議（地方自治法第252条の41第４項において準用する同法第252条の39第４項）
　　④　③の議会の議決を経た場合には、長は監査委員の意見を聴いて個別外部監査契約を議会の議決を経て締結（地方自治法第252条の41第４項において準用する同法第252条の39第５項及び第６項）
　　　なお、③と④の議会の議決は同じ議会で処理することとしても差し支えないこと。

(3) 当該地方公共団体の財政の健全化のために改善が必要と認められる事務の執行については、当該地方公共団体の長が選定することとなるが、個別外部監査の結果が実効性のある財政再生計画の策定に資するよう、財政の状況が著しく悪化した要因の分析の結果等を踏まえ、適切なテーマを選定すること。

〈資料3〉

第2号様式

財政健全化計画

長野県　王滝村

第1　健全化判断比率が早期健全化基準以上となった要因の分析
　実質公債費比率が早期健全化基準以上となった直接的な要因は、平成19、20年度において観光施設事業会計への地方債償還の財源に充当した繰出金（以下、「債務償還繰出金」という。）が2億円を超える額になり、一般会計を含む他の会計の債務償還費用が5.8億円～6.2億円になったことにある。
　観光施設事業会計への債務償還繰出については、公営企業において平成13年4月以降、3度に亘る企業債償還繰延を実施したことにより、後年度の債務負担が財政規模に比して大きくなったこと、更に、観光施設事業会計の運営状況の悪化から、繰延した償還費用を一般会計からの補助金によって捻出せざるを得ない状況にあり、一般会計の負担が増大した。
　企業債償還繰延について、事の重要性を無視し、危機意識が欠落していたという明確な判断ミスが現在の状況を招くに至った。

第2　計画期間
　平成21年度から平成22年度まで　2年間

第3　財政の早期健全化の基本方針
　観光施設事業会計への債務償還繰出は平成16年度から実施しており、この当時から実質的な公債費比率は高い数値となっていた。「地方公共団体の財政の健全化に関する法律」公布以前の平成18年度から歳出削減を柱とした財政再建に取組み、公営企業債の一部繰上償還の実施など、後年度の債務負担の軽減を図った。企業債の一部繰上償還については、今年度も実施し、実質公債費比率の抑制を図る。
1）財政健全化計画策定以前の取組み
　企業債繰上償還の実施…平成18年度、一般会計において基金を取崩し、観光施設事業会計に繰出し、任意の繰上償還を行った。更に平成19年度及び20年度において、借換債を活用し繰上償還を実施した。
2）今後の取組み
　今年度企業債繰上償還を実施するとともに、引き続き一般会計及び観光施設事業会計における財政健全化に努める。

第4　連結実質赤字比率等を早期健全化基準未満とするための方策
　平成20年度中までに、王滝村公営企業観光施設事業会計において、企業債の一部繰上償還を実施してきており、平成21年度単年度の実質公債費比率を14.0％程度に抑制し、平成21年度決算における実質公債費比率は早期健全化基準の25.0％未満となる見込である。
　また、平成21年度においても繰上償還を実施することで、平成22年度以降においても実質公債費比率の低減を図る。
　① 目標数値23.4％（平成21年度決算における3ヵ年平均値）
　② 実施時期平成21年度（繰上償還の実施年度）
　③ 当該措置により改善する健全化判断比率の数値
　　実質公債費比率平成21年度：32.1％⇒平成22年度：23.4％（▲8.7％）

第5　各年度ごとの第4の方策に係る歳入及び歳出に関する計画

表①　一般会計　　　　　　　　　　　　　　　　　　　　　　　　　　　単位：千円

区　分	計画初年度の前年度	計画初年度（平成21年度）	平成22年度（第2年度）
歳入総額　A	1,590,133	1,885,292	1,386,087
歳出総額　B	1,464,706	1,804,816	1,234,392
公債費充当一般財源等額	324,226	328,493	308,953
公営企業に要する経費の財源とする地方債の償還の財源に充てたと認められる繰入金　C	269,049	34,086	39,695
一部事務組合等の起こした地方債に充てたと認められる補助金又は負担金	21,610	19,231	18,848
公債費に準ずる債務負担行為額	4,685	4,691	0
一時借入金利子	0	98	0
標準財政規模	1,111,261	1,152,558	1,152,558
実質公債費比率（単年度）	14.0（平成20年度）	13.7（平成21年度）	13.5（平成22年度）
実質公債費比率（3ヵ年度の平均）	41.6（H17-19))	32.1（H18-20)	23.4（H19-21)

表②　観光施設事業会計　　　　　　　　　　　　　　　　　　　　　　単位：千円

区　分		計画初年度の前年度	計画初年度（平成21年度）	平成22年度（第2年度）
公債費		441,111	225,430	29,279
	支払利息	15,037	1,390	766
	企業債償還元金	426,704	224,040	28,513
	うち繰上償還額	408,876	200,000	0
一般会計からの繰入金		249,002	233,890	35,904
	うち表①　C　に相当する額	12,383	21,000	26,000

第6　各年度ごとの健全化判断比率の見通し

(単位：％)

年　　度 健全化判断比率	計画初年度の 前年度	計画初年度 （平成21年度）	平成22年度 （第2年度）
実質赤字比率	―	―	―
連結実質赤字比率	―	―	―
実質公債費比率	41.6 (25.0)	32.1 (25.0)	23.4
将来負担比率	―	―	―

備考　計画初年度の前年度及び計画初年度については、当該地方公共団体の早期健全化基準を括弧内に記載すること。

第7　その他財政の早期健全化に必要な事項
　今年度以降、地方債を財源とする事業の実施については、事業の必要性等を精査し、後年度において公債費負担が過大とならないよう充分留意した事業計画に基づき実施するものとする。

〈資料4〉

財政健全化計画書（平成23年度変更後）

青森県　大鰐町
平成23年11月

第1　健全化判断比率が早期健全化基準以上となった要因の分析
○　平成20年度決算による「健全化判断比率」のうち「将来負担比率」が早期健全化基準の350％を超える392.6％となっている。
○　当町は、スキー場を中心としたリゾート開発を目的に昭和56年に町の100％出資による財団法人大鰐町開発公社（以下「開発公社」という。）、昭和62年に㈱藤田観光及びタウン開発㈱と大鰐地域総合開発㈱（以下「OSK」という。）の第三セクターを設立した。

　昭和62年の「総合保養地域整備法」の制定を契機に、OSKが主体となってスキー場開発や温泉施設「湯～とぴあ」等を積極的に整備した。平成2年頃にはほぼ投資を終え、施設は現在の形になった。

　その後、バブルが崩壊し、平成8年には「湯～とぴあ」が閉鎖、平成9年に㈱藤田観光、タウン開発㈱が完全に撤退し、OSKの債務の返済方法等について、町、OSK、金融機関3行の間で「五者協定」が締結された。

　五者協定等により、OSK及び開発公社の債務について一部を除き町が損失補償していることから、損失補償の一括請求を避けるため債務超過となった両法人を残し、返済資金を開発公社には補助金として年1.42億円（H9当初は1.23億円）、OSKには貸付金として年1.58億円（同1.37億円）の計3億円を財政支出することとなった。

　開発公社はスキー場運営から撤退（国民宿舎おおわに山荘の管理受託業務のみ）し、OSKがスキー場運営を継続する形でこれまで経過してきており、平成9年度から平成20年度までの町補助及び貸付として支出した総額は34.2億円となっている。

　両法人の債務に対する損失補償額は平成9年当時88.9億円であったが、以降確実に返済を続けたことにより平成20年度決算では62.7億円まで減少しているものの、これが将来負担比率の200％以上を占め、健全化判断比率が早期健全化基準以上となった主因となっている。
○　また、将来負担比率が早期健全化基準を超えている要因には、平成20年度の大鰐町土地開発公社の債務に対する町負担見込額が5.8億円であることもあげられる。
○　さらに、連結実質赤字額に算入される以下の公営企業の資金不足額も比率を押し上げる要因となっている。
・休養施設事業特別会計：国民宿舎おおわに山荘（H20資金不足額3.3億円）
・温泉事業特別会計：温泉供給事業（H20資金不足額2.5億円）
・病院事業会計：町立大鰐病院（H20資金不足額1.4億円）
○　以上が、将来負担比率が早期健全化基準を超えた主な要因と考えられる。
●　計画変更について
　今回、平成21年度に策定した計画に盛り込んでいた「OSK及び開発公社の債務償還方法等の見直し」を反映させた形で「財政健全化計画の変更」をするものである。

　これまで、OSKが金融機関に返済を棚上げしていた利息等は処理及び負担見込が未定のため、将来負担比率に含めていなかったが、「新たな返済スキーム」による償還が始まることにより、将来負担比率が平成25年度まで早期健全化基準の350％を超える見込みである。

　また、実質公債費比率についても、OSK及び開発公社の債務を『第三セクター等改革推進債（以下「三セク債」という。）の発行により損失補償の履行をする』こととしたため、平成32年度まで早期健全化基準の25％を超える見込みである。

第2　計画期間
　　　平成21年度から平成33年度まで13年間

第3　財政の早期健全化の基本方針
○　町ではこれまでも、行政改革及び財政の健全化のために以下の計画等を策定し、財政の健全化を図ってきた。
・平成18年度「大鰐町集中改革プラン」（期間H18〜H21）
・平成19年度「大鰐町財政健全化計画」（期間H19〜H26）
・平成20年度「大鰐町財政運営計画」（期間H20〜H26）
　　これまでの行財政改革及び財政健全化に向けた取組みを継続することを大前提とし、新たな取組みやこれまでの取組みの強化を図ることにより、「行政サービスの維持」と「早期の財政健全化」の両立を目指す。
　　これまでの財政健全化の主な取組みとしては、次頁第4に記載しているとおりであるが、歳入確保策として「徴収対策の充実による財源確保」、「施設使用料、各種手数料の見直し」及び「未利用財産の売却」等を実施してきている。
　　一方、「事務事業の見直しによる経費削減」、「管理体制の見直しや退職者不補充等による職員削減による人件費削減」、「職員給与、特別職給与及び議員報酬等の独自削減による人件費削減」、「町単独補助金の見直し」及び「普通建設事業の抑制」等により、歳出削減に努めてきた。
　　今後は、これまでの取組みを継続するとともに、「固定資産税の税率変更による財源確保」、「職員不補充の延長」、「給与等独自削減の延長」及び「施設管理の見直し（おおわに山荘休止、スキー場管理委託の見直し）」等の健全化に向けた取組みを行う。
　　また、これまで懸案となっていたOSK及び開発公社の債務処理問題については、金融機関等との協議により、「平成23年度に両法人の法的整理をし、町が三セク債を活用し、損失補償を履行する」ことで基本合意したため、これに係る返済スキームの着実な実行に取り組むものとする。
○　財政運営の健全化に向けた目標として、「実質公債費比率」及び「将来負担比率」を計画期間内に早期健全化基準以内とするとともに、他の指標の改善や赤字公営企業の経営健全化も併せて達成することを目指す。
・実質赤字比率
　　一般会計等における収支については、歳入確保策及び歳出削減策を徹底し収支を均衡させる（赤字を発生させない）財政運営を行う。
・連結実質赤字比率
　　一般会計の収支改善、赤字公営企業の経営健全化等により、今後赤字を発生させない財政運営を行う。
・実質公債費比率
　　OSK及び開発公社の債務処理対策として、三セク債の活用を予定していることから、比率は平成25年度から早期健全化基準を上回って推移する見込みである。
　　早期に基準を下回るようにするため、三セク債の一部繰上償還（財源ねん出のため数年間基金積立）を平成32年度に実施する。
・将来負担比率
　　起債事業の抑制による地方債残高の縮減（三セク債の償還）、赤字公営企業の経営健全化、土地開発公社の債務縮減等により、期間内の早い時期に早期健全化基準を下回る財政運営を行う。
・公営企業会計の資金不足比率
　　平成20年度決算において資金不足が発生している3会計（うち2会計資金不足比率が経営健全化基準を上回っている）について、早期に経営健全化基準未満及び資金不足の解消を図るとともに、他の公営企業会計においても今後資金不足を発生させない財政運営を行う。

第4　実質公債費比率等を早期健全化基準未満とするための方策
1　平成21年度を初年度とし、平成33年度までに実質公債費比率及び将来負担比率を早期健全化基準未満に改善するため、これまでの取組みを継続及び強化するとともに、新たに以下の方策を行うものとする。

取組事項		これまでの主な取組み内容	健全化に向けたH21以降の取組み内容
・歳入確保策			
町税の確保		臨戸徴収、夜間徴収、県等合同徴収実施による税収確保	固定資産税の税率引き上げ H23～　1.4%⇒1.6%
使用料・手数料の見直し		諸証明手数料の見直し（H17） 福祉センター入浴料有料化（H19）	家庭ごみ収集の有料化（H21）
財産収入		未利用地の売却 　（保育所3施設、町営住宅、旧役場跡地等）	整理、財産評価等による売却促進 　（保育所用地等）
損失補償履行財源の確保			OSK及び開発公社の損失補償履行財源として三セク債を活用
・歳出削減策			
人件費の抑制			
	職員	事務事業の見直し、施設管理の見直し、退職者不補充等による職員削減 H16=137人⇒H21=89人　▲48人	退職者不補充の継続 ▲26人（H21～24）
		給与の削減 H17=一律2%削減、H20=一律7%削減	給与の削減の継続 H21=5%～10%削減、H22～H23=5%～10%削減
	特別職	給与の削減 H17～18=20%削減、H19～20=30%削減	給与の削減の継続 H21=40%削減　H22～H23=40%削減
	議員	議員報酬等の減額 H20.7月～　10%削減	議員報酬等の減額の継続 H21=10%削減　H22～H23=10%削減
公債費の抑制		事業の抑制による公債費負担の減 低利資金への借換えによる利息軽減	事業の抑制継続 低利資金への借換えによる利息軽減
繰上償還の実施			三セク債の一部繰上償還による公債費負担の軽減
町営施設等管理の見直し		事務事業の見直しによる経費削減 　（保育所民営化等）	事務事業の見直しによる経費削減 　（H21へき地保育所廃止、鰐come指定管理、H22スキー場管理の見直し、おおわに山荘休止等）
補助費等の削減		町単独補助金の削減 団体等補助金の削減 バス路線見直しによる補助金削減	町単独補助金の削減 団体等補助金の削減 バス路線廃止検討（代替運行による経費削減）
建設事業の抑制		緊急、危険箇所以外の事業見送り H16=449百万円⇒H20=94百万円	事業抑制の継続（直営工事対応強化） スキー場管理運営委託による経費削減
第三セクター等の整理			OSK及び開発公社を整理し、新たな財政支出を抑制

2　健全化に向けた取組みの目標効果額等
　1）町税税率の見直し
　　　平成23年度から固定資産税の税率引き上げ　現行1.4%から1.6%へ変更
　　　《目標効果額》H23～H33=453百万円
　2）家庭ごみ収集の有料化
　　　平成21年度から家庭ごみの収集を有料化する
　　　《目標効果額》H21～H33=105百万円
　3）人件費の抑制
　　①退職者不補充による職員給の削減
　　　　H21～H24（前年度末）までの退職予定（実績）者数　26人（一般会計）
　　　　《目標効果額》H21～H24=255百万円　※H25以降の退職者補充未定
　　②職員給与の削減
　　　　H21～H22　職級に応じて独自削減率5%～10%
　　　　《目標効果額》H21～H23=65百万円※H24以降の独自削減率未定

③特別職給与の削減
　　　H21〜H22　独自削減率40%
　　　《目標効果額》H21〜H23=23百万円　※H24以降の独自削減率未定
　④議員報酬の削減
　　　H21〜H22　独自削減率10%
　　　《目標効果額》H21〜H23=11百万円　※H24以降の独自削減率未定
4）公債費負担の軽減
　　　H21　低利資金への借換え実施による利息負担の軽減
　　　《目標効果額》H21〜H33=24百万円
5）施設管理等の見直しによる経費削減
　①へき地保育所の廃止
　　　平成21年度から2箇所あったへき地保育所を廃止
　　　《目標効果額》年間=12百万円（人件費を除く）
　②地域交流センター鰐come（日帰り温泉施設）の指定管理者制度導入
　　　平成21年6月から運営を直営から指定管理者（利用料金制）に移行
　　　《目標効果額》「指定管理者制度移行に伴う運営コストの減」
　③スキー場運営管理の見直し
　　　平成22年度からスキー場運営を指定管理等の見直しにより経費を削減
　　　《目標効果額》H22〜H33=260百万円
　④国民宿舎おおわに山荘休館による赤字拡大抑制
　　　平成22年度おおわに山荘を営業休止、新たな営業赤字を発生させない
　　　《目標効果額》H22〜H33=360百万円
6）未利用財産の売却
　　　旧保育所用地及び旧町営住宅等の売却
　　　《目標効果額》H21〜H22=13百万円
7）赤字公営企業の廃止
　　　休養施設事業特別会計の廃止
　　　施設の譲渡等がなかった場合の解体処分費用182百万円（見込）について、三セク債を活用する

第5 各年度の第4の方策に係る歳入及び歳出に関する計画 (1/2)

(単位：百万円)

項目	年度・効果額	平成21年度 (計画初年度) 計画値	平成21年度 実績値	平成22年度 (第2年度) 計画値	平成22年度 実績値	平成23年度 (第3年度) 計画値	平成24年度 (第4年度) 計画値	平成25年度 (第5年度) 計画値	平成26年度 (第6年度) 計画値	平成27年度 (第7年度) 計画値
町税の歳入確保		-	-	-	-	48	45	44	44	41
家庭ごみ収集の有料化		11	10	11	11	10	10	10	9	9
人件費の抑制		81	80	87	95	101	78	-	-	-
うち	職員数削減	45	45	54	63	69	78	-	-	-
	給与等の独自削減	36	35	33	32	32	-	-	-	-
公債費負担の軽減		1	1	3	3	4	2	2	3	1
施設管理の見直し		12	12	50	70	50	50	50	50	50
うち	へき地保育所廃止	12	12	-	-	-	-	-	-	-
	鰐come指定管理	-	-	-	-	-	-	-	-	-
	スキー場運営管理	-	-	20	40	20	20	20	20	20
	山荘営業休止	-	-	30	30	30	30	30	30	30
未利用財産の売却		8	8	5	5	-	-	-	-	-

各年度の第4の方策に係る歳入及び歳出に関する計画 (2/2)

(単位:百万円)

項目\年度・効果額	平成28年度(第8年度)計画値	平成29年度(第9年度)計画値	平成30年度(第10年度)計画値	平成31年度(第11年度)計画値	平成32年度(第12年度)計画値	平成33年度(第13年度)計画値	平成21年度以降の合計 実績値(〜22)計画値(23〜)
町税の歳入確保	41	41	38	38	38	35	453
家庭ごみ収集の有料化	9	9	9	9	9	9	105
人件費の抑制	-	-	-	-	-	-	354
うち職員数削減	-	-	-	-	-	-	255
うち給与等の独自削減	-	-	-	-	-	-	100
公債費負担の軽減	1	1	2	2	1	1	24
施設管理の見直し	50	50	50	50	50	50	632
へき地保育所廃止	-	-	-	-	-	-	12
うち鰐come指定管理	-	-	-	-	-	-	-
うちスキー場運営管理	20	20	20	20	20	20	260
山荘営業休止	30	30	30	30	30	30	360
未利用財産の売却	-	-	-	-	-	-	13

資料

第6 各年度の健全化判断比率の見通し (1/2)

(単位：%)

健全化判断比率＼年度	計画初年度の前年度 実績値	平成21年度 (計画初年度) 計画値	平成21年度 実績値	平成22年度 (第2年度) 計画値	平成22年度 実績値	平成23年度 (第3年度) 計画値	平成24年度 (第4年度) 計画値	平成25年度 (第5年度) 計画値	平成26年度 (第6年度) 計画値
実質赤字比率	— (15.00)	— (15.00)	— (15.00)	— (15.00)	— (15.00)	—	—	—	—
連結実質赤字比率	15.36 (20.00)	14.67 (20.00)	14.02 (20.00)	9.24 (20.00)	— (20.00)	—	—	—	—
実質公債費比率	16.8 (25.0)	16.0 (25.0)	15.9 (25.0)	15.7 (25.0)	15.4 (25.0)	20.0	24.0	27.6	27.0
将来負担比率	392.6 (350.0)	371.6 (350.0)	367.0 (350.0)	359.0 (350.0)	323.1 (350.0)	359.2	354.5	352.7	345.7

※ ( ) 内は早期健全化基準、赤字がない場合は「—」と表記

1) 実質赤字比率：福祉、教育、まちづくり等を行う地方公共団体の一般会計等としての財政運営の悪化の度合いを示すもの
2) 連結実質赤字比率：すべての会計の赤字や黒字を合算して赤字の程度の度合いを示すもの
3) 実質公債費比率：借入金 (地方債) の返済額及びこれに準じる額の大きさを指標化し、資金繰りの程度を示すもの
4) 将来負担比率：地方公共団体の一般会計の借入金 (地方債) や将来支払っていく可能性のある負担等の現時点での残高を指標化し、将来財政を圧迫する可能性の度合いを示すもの

各年度の健全化判断比率の見通し (2/2)

(単位:%)

年度 健全化判断比率	平成27年度 (第7年度) 計画値	平成28年度 (第8年度) 計画値	平成29年度 (第9年度) 計画値	平成30年度 (第10年度) 計画値	平成31年度 (第11年度) 計画値	平成32年度 (第12年度) 計画値	平成33年度 (第13年度) 計画値
実 質 赤 字 比 率	-	-	-	-	-	-	-
連結実質赤字比率	-	-	-	-	-	-	-
実質公債費比率	27.0	27.3	27.0	26.4	25.6	25.0	24.6
将 来 負 担 比 率	329.8	328.2	314.5	305.2	289.5	276.5	277.7

資料　217

第7　その他財政の早期健全化に必要な事項
○　財政健全化計画の各計画項目の実施に当たっては、町民、議会及び職員の理解と協力が不可欠であり、一体となって取り組む必要がある。

○　財政健全化に向けた主な検討事項
　① 人件費削減の検討
　　　　職員給与については、平成17年度に一律2％、平成20年度に一律7％、平成21年度から平成23年度まで職級により5％～10％の独自削減を実施している。平成24年度以降の削減については、これまでの取組みの継続及び強化を基本としながら、平成23年度中に方針を決定する。
　　　　特別職給与についても、平成17年度から平成18年度に20％、平成19年度から平成20年度に30％、平成21年度から平成23年度まで40％の独自削減を実施している。平成24年度以降の削減については、これまでの取組みの継続及び強化を基本としながら、平成23年度中に方針を決定する。また、副町長に関しては現在欠員となっている。
　　　　議員報酬等についても、平成20年7月から現在まで独自削減（10％)を実施している。平成24年度以降の削減については、議会の自主的な取組みとして、平成23年度中に方針を決定する。
　② 町立小学校の統廃合の検討
　　　　町立小学校については、児童数の減少等から平成7年に大鰐第三小学校が大鰐小学校へ統合、平成9年に唐牛小学校が長峰小学校へ統合し、現在4校となっている。
　　　　今後も児童数は減少傾向にあり、数年後には複式学級となる学校も見込まれるため、平成23年度にPTAや地域代表と「大鰐町立小学校統合問題検討委員会」を立ち上げ、統廃合を含めた町立小学校の適正配置について、23年度末までに答申を出す予定であり、その内容を踏まえ方針を決定する。
　③ 施設の維持管理、存廃及び管理体制等の検討
　　　　以下の施設の維持管理・存廃、管理体制について検討する。
　　　・国民宿舎おおわに山荘（休止後の処理）
　　　・大鰐温泉スキー場（新管理体制、町負担内容）
　　　・役場庁舎（移転、改築等）
　④ 未利用財産の処分
　　　　平成22年度内に町有財産の評価、整理及びデータ化等を実施するとともに、処分可能資産については積極的に売却等を行い歳入の確保に努める。
　⑤ 五者協定の見直し等
　　　　当初の健全化計画では、OSK及び開発公社の債務の償還方法等の見直しについて、町と関係金融機関が協議することとしていた。
　　　　本協議が以下のとおりまとまった。
　　　●OSK及び開発公社の解散（破産）により法人を整理する
　　　●債務の弁済方法等について、「債務弁済協定調停」により決定する
　　　●法人の債務処理を「三セク債」の活用により、損失補償を履行する
　　　　（棚上げ利息等の債務を一部免除）
　　　●三セク債の償還期間を30年とし、地元金融機関が低利で引き受ける
　　　以上が、債務処理内容の概要となっている。
　　　◎結果として
　　　・五者協定上で整理されていなかった、平成38年度末に残る元金及び棚上げ利息を含めた処理策決定
　　　・三セク債の活用により、毎年度の町支出が3億円から2億数千万円に軽減（利息の約1/2特別交付税措置）
　　　・棚上げ利息の一部を町が負担することにより「将来負担比率」が平成25年度まで基準を超える見込み

・今後、町債として償還することで「実質公債費比率」が平成25年度から平成32年度まで早期健全化基準を超える見込み
⑥　土地開発公社の債務削減策
　　土地開発公社に関しては、平成22年度末で借入残が788百万円（うち大鰐町からの貸付金110百万円）となっている。
　　公有用地取得事業により先行取得した土地の町による買戻しと土地造成事業の残地処理の遅れ等が、負債額が膨らんだ要因となっている。
　　この負債の減少対策として、「長期低利資金を活用した公有用地の買戻し」を早期に実施することにより、土地開発公社の債務削減を図る。
⑦　行政機構改革の検討
　　行政機構のスリム化による財政支出の軽減と、住民ニーズの多様化に的確に応えるため、行政機構の再配置及び統廃合等を検討する。
⑧　一部事務組合（久吉ダム水道企業団）の経営改善
　　地方公営企業法適用の久吉ダム水道企業団（平川市と大鰐町で構成）に関して、経営健全化によって資金不足を解消し、「町の基準外繰出」の回避に努める。

【参考資料】
財政健全化計画における一般会計の財政推計等（健全化の取組み実施後）（1/3）

○歳入 (単位：百万円)

区分	計画初年度の前年度 実績	平成21年度（計画初年度）計画	平成21年度 実績	平成22年度（第2年度）計画	平成22年度 実績	平成23年度（第3年度）計画	平成24年度（第4年度）計画
町税	773	719	716	704	724	729	697
地方譲与税	86	86	81	80	78	80	80
地方消費税交付金等	137	147	133	128	135	128	128
地方交付税（臨時財政対策債含む）	2,981	3,142	3,186	3,116	3,499	3,292	3,209
分担金・負担金	53	55	55	57	54	52	52
使用料・手数料	24	34	34	32	31	31	31
国・県支出金	683	958	1,022	671	1,087	930	597
繰入金	2	20	10	75	4	150	128
地方債	203	222	135	115	164	7,329	130
その他	359	357	340	280	144	272	60
計	5,301	5,740	5,712	5,258	5,920	12,993	5,112

○歳出 (単位：百万円)

区分	計画初年度の前年度 実績	平成21年度（計画初年度）計画	平成21年度 実績	平成22年度（第2年度）計画	平成22年度 実績	平成23年度（第3年度）計画	平成24年度（第4年度）計画
人件費	901	921	899	846	876	840	763
扶助費	519	543	517	645	635	684	684
公債費	612	599	595	786	581	1,149	1,071
物件費	432	539	548	512	507	564	485
補助費等	1,084	1,265	1,203	1,203	1,073	7,581	898
投資・出資・貸付金	360	355	440	344	191	0	0
繰出金	891	827	961	647	1,203	884	729
普通建設事業費	94	519	390	56	332	404	150
その他	118	93	100	78	220	760	140
計	5,011	5,661	5,652	5,117	5,618	12,866	4,930

○実質収支等の見込 (単位：百万円)

区分	計画初年度の前年度 実績	平成21年度（計画初年度）計画	平成21年度 実績	平成22年度（第2年度）計画	平成22年度 実績	平成23年度（第3年度）計画	平成24年度（第4年度）計画
実質収支額	119	59	38	141	245	127	182
連結実質収支額	▲557	▲555	▲531	▲345	18	71	150
基金残高	203	284	310	268	358	339	419
標準財政規模	3,624	3,785	3,785	3,726	3,991	3,911	3,823

財政健全化計画における一般会計の財政推計等（健全化の取組み実施後）（2/3）

○歳入 (単位：百万円)

区分＼年度	平成25年度 （第5年度） 計画	平成26年度 （第6年度） 計画	平成27年度 （第7年度） 計画	平成28年度 （第8年度） 計画	平成29年度 （第9年度） 計画
町税	689	682	650	644	638
地方譲与税	80	80	80	80	80
地方消費税交付金等	128	128	128	128	128
地方交付税（臨時財政対策債含む）	3,183	3,091	3,074	2,868	2,785
分担金・負担金	52	52	52	52	52
使用料・手数料	31	31	31	31	31
国・県支出金	599	603	603	603	603
繰入金	182	276	271	227	73
地方債	140	140	100	100	100
その他	59	59	60	59	59
計	5,143	5,142	5,049	4,792	4,583

○歳出 (単位：百万円)

区分＼年度	平成25年度 （第5年度） 計画	平成26年度 （第6年度） 計画	平成27年度 （第7年度） 計画	平成28年度 （第8年度） 計画	平成29年度 （第9年度） 計画
人件費	706	676	676	676	676
扶助費	697	719	719	719	719
公債費	1,033	1,027	979	886	773
物件費	485	486	486	488	488
補助費等	890	881	878	847	844
投資・出資・貸付金	0	0	0	0	0
繰出金	765	792	794	803	800
普通建設事業費	150	150	150	150	150
その他	140	140	140	110	110
計	4,866	4,871	4,823	4,679	4,560

○実質収支等の見込 (単位：百万円)

区分＼年度	平成25年度 （第5年度） 計画	平成26年度 （第6年度） 計画	平成27年度 （第7年度） 計画	平成28年度 （第8年度） 計画	平成29年度 （第9年度） 計画
実質収支額	277	271	226	113	23
連結実質収支額	269	271	226	113	23
基金残高	499	579	659	709	759
標準財政規模	3,790	3,691	3,645	3,434	3,338

財政健全化計画における一般会計の財政推計等（健全化の取組み実施後）（3/3）

○歳入　　　　　　　　　　　　　　　　　　　　　　　　　　（単位：百万円）

区分＼年度	平成30年度 （第10年度） 計画	平成31年度 （第11年度） 計画	平成32年度 （第12年度） 計画	平成33年度 （第13年度） 計画
町　　　　税	607	601	595	566
地 方 譲 与 税	80	80	80	80
地方消費税交付金等	128	128	128	128
地 方 交 付 税 （臨時財政対策債含む）	2,785	2,783	2,773	2,639
分 担 金 ・ 負 担 金	52	52	52	52
使 用 料 ・ 手 数 料	31	31	31	31
国 ・ 県 支 出 金	603	603	603	594
繰　 入　 金	73	63	569	99
地　 方　 債	100	100	100	100
そ　 の　 他	59	60	60	57
計	4,518	4,501	4,991	4,346

○歳出　　　　　　　　　　　　　　　　　　　　　　　　　　（単位：百万円）

区分＼年度	平成30年度 （第10年度） 計画	平成31年度 （第11年度） 計画	平成32年度 （第12年度） 計画	平成33年度 （第13年度） 計画
人　 件　 費	676	676	676	671
扶　 助　 費	719	719	719	713
公　 債　 費	722	696	1,244	622
物　 件　 費	488	488	488	485
補 助 費 等	841	838	836	812
投資・出資・貸付金	0	0	0	0
繰　 出　 金	799	803	799	790
普 通 建 設 事 業 費	150	150	150	150
そ　 の　 他	110	110	60	60
計	4,506	4,481	4,972	4,304

○実質収支等の見込　　　　　　　　　　　　　　　　　　　　（単位：百万円）

区分＼年度	平成30年度 （第10年度） 計画	平成31年度 （第11年度） 計画	平成32年度 （第12年度） 計画	平成33年度 （第13年度） 計画
実 質 収 支 額	12	20	19	42
連 結 実 質 収 支 額	12	20	19	42
基 金 残 高	759	759	209	129
標 準 財 政 規 模	3,316	3,310	3,298	3,160

〈資料5〉

財政健全化計画完了報告書

(青森県大鰐町)

第1　財政健全化計画の平成26年度実施状況
　1　具体的な措置の実施状況
　　　平成21年度に策定した当該計画は、平成21年度を計画初年度とし、平成24年度決算において将来負担比率を早期健全化基準未満とすることとしていた。平成23年度に、懸案となっていた大鰐地域総合開発株式会社及び財団法人大鰐町開発公社の債務について、「両法人を清算し、第三セクター等改革推進債を財源として、町が損失補償を履行する」こととしたところ、実質公債費比率が早期健全化基準以上となる見込みとなったため、財政健全化計画を変更し、計画期間を平成33年度までの13年間としたものである。
　　　平成26年度においては、以下の方策等を行った。その結果、健全化判断比率は計画を上回って改善され、今後も早期健全化基準以上とならない見込みとなったため、計画より7年前倒しで財政の早期健全化を完了するものである。

　(1)　歳入に関する事項
　　　ア　町税の確保
　　　　・平成23年度から固定資産税の税率改正を計画どおり実施。
　　　イ　使用料・手数料の見直し
　　　　・平成21年度から家庭ごみ収集の有料化を計画どおり実施。

　(2)　歳出に関する事項
　　　ア　人件費の抑制
　　　　・職員給料の独自削減（職員給料5％～10％削減）を継続。
　　　　・特別職等給与の独自削減（町長、教育長の給料及び期末手当40％削減（期末手当の役職加算なし））を継続。
　　　　・議員報酬等の独自削減（議員報酬及び期末手当10％削減）を継続。
　　　イ　公債費の抑制
　　　　・建設事業等を抑制し、計画どおり公債費負担を抑制。
　　　ウ　繰上償還の実施
　　　　・第三セクター等改革推進債の一部繰上償還について、計画を前倒して実施。
　　　エ　町営施設等管理の見直し
　　　　・大鰐温泉スキー場を含む都市公園施設等について、平成26年度から指定管理者制度を導入。
　　　オ　建設事業の抑制
　　　　・建設事業の抑制を計画どおり実施。

2 歳入及び歳出に関する計画の実施状況 (1/2)

(単位：百万円)

年度・効果額 項目	平成21年度 (計画初年度) 計画値	平成21年度 実績値	平成22年度 (第2年度) 計画値	平成22年度 実績値	平成23年度 (第3年度) 計画値	平成23年度 実績値	平成24年度 (第4年度) 計画値	平成24年度 実績値	平成25年度 (第5年度) 計画値	平成25年度 実績値	平成26年度 (第6年度) 計画値	平成26年度 実績値	平成27年度 (第7年度) 計画値
町税の歳入確保	-	-	-	-	48	47	45	46	44	45	44	44	41
家庭ごみ収集の有料化	11	10	11	11	10	9	10	10	10	9	9	8	9
人件費の抑制	81	80	87	95	101	102	78	113	-	108	-	112	-
うち職員数削減	45	45	54	63	69	69	78	81	-	78	-	81	-
うち給与等の独自削減	36	35	33	32	32	33	-	32	-	30	-	31	-
公債費負担の軽減	1	1	3	3	4	4	2	2	2	2	3	4	1
施設管理の見直し	12	12	50	70	50	66	50	67	50	77	50	70	50
うちへき地保育所廃止	12	12	-	-	-	-	-	-	-	-	-	-	-
鰐come指定管理	-	-	-	-	-	-	-	-	-	-	-	-	-
うちスキー場運営管理	-	-	20	40	20	36	20	37	20	47	20	40	20
うち山荘営業休止	-	-	30	30	30	30	30	30	30	30	30	30	30
未利用財産の売却	8	8	5	5	-	-	-	-	-	29	-	-	-

224

歳入及び歳出に関する計画の実施状況 (2/2)

(単位：百万円)

年度・効果額 項　目	平成28年度 (第8年度) 計画値	平成29年度 (第9年度) 計画値	平成30年度 (第10年度) 計画値	平成31年度 (第11年度) 計画値	平成32年度 (第12年度) 計画値	平成33年度 (第13年度) 計画値
町税の歳入確保	41	41	38	38	38	35
家庭ごみ収集の有料化	9	9	9	9	9	9
人件費の抑制	ー	ー	ー	ー	ー	ー
うち　職員数削減	ー	ー	ー	ー	ー	ー
うち　給与等の独自削減	ー	ー	ー	ー	ー	ー
公債費負担の軽減	1	1	2	2	1	1
施設管理の見直し	50	50	50	50	50	50
うち　へき地保育所廃止	ー	ー	ー	ー	ー	ー
うち　鰐come指定管理	ー	ー	ー	ー	ー	ー
うち　スキー場運営管理	20	20	20	20	20	20
うち　山荘営業休止	30	30	30	30	30	30
未利用財産の売却	ー	ー	ー	ー	ー	ー

3 健全化判断比率の状況 (1/2)

(単位：％)

年度 健全化判断比率	計画初年度の前年度		平成21年度 (計画初年度)		平成22年度 (第2年度)		平成23年度 (第3年度)		平成24年度 (第4年度)		平成25年度 (第5年度)		平成26年度 (第6年度)	
	実績値		計画値	実績値	計画値	実績値	計画値	実績値	計画値	実績値	計画値	実績値	計画値	実績値
実質赤字比率	—	(15.00)	—	(15.00)	—	(15.00)	—	(15.00)	—	(15.00)	—	(15.00)	—	(15.00)
連結実質赤字比率	15.36	(20.00)	14.67	14.02	9.24	—	—	(20.00)	—	(20.00)	—	(20.00)	—	(20.00)
実質公債費比率	16.8	(25.0)	16.0	15.9	15.7	15.4	20.0	19.1	24.0	21.5	27.6	23.8	27.0	22.4
						(25.0)		(25.0)		(25.0)		(25.0)		(25.0)
将来負担比率	392.6	(350.0)	371.6	367.0	359.0	323.1	359.2	334.8	354.5	313.4	352.7	277.0	345.7	256.8
			(350.0)	(350.0)	(350.0)	(350.0)	(350.0)	(350.0)	(350.0)	(350.0)	(350.0)	(350.0)	(350.0)	(350.0)

※ ( ) 内は早期健全化基準、赤字がない場合は「—」と表記

健全化判断比率の状況 (2/2)

(単位：%)

年度 健全化判断比率	平成27年度 (第7年度) 計画値	平成28年度 (第8年度) 計画値	平成29年度 (第9年度) 計画値	平成30年度 (第10年度) 計画値	平成31年度 (第11年度) 計画値	平成32年度 (第12年度) 計画値	平成33年度 (第13年度) 計画値
実質赤字比率	−	−	−	−	−	−	−
連結実質赤字比率	−	−	−	−	−	−	−
実質公債費比率	27.0	27.3	27.0	26.4	25.6	25.0	24.6
将来負担比率	329.8	328.2	314.5	305.2	289.5	276.5	277.7

資料　227

4 その他財政の早期健全化に必要な事項の措置の実施状況

(1) 人件費削減の検討
　　職員の採用については、平成24年度までは原則として退職者不補充とし、期間を限定した臨時事務員等で対応してきた。平成25年度以降は、「大鰐町定員適正化計画（平成25年度～平成29年度）」により、行政需要の動向と財政状況を勘案し、定員の適正化を図ることとした。

(2) 町立小学校の統廃合の検討
　　4校の町立小学校については、平成27年度に1校に統合し、維持管理費等の節減を図ることとした。安全・安心な学校環境の整備をはじめ、統合が円滑に実施できるよう取り組んだ。

(3) 施設の維持管理、存廃及び管理体制等の検討
　　大鰐温泉スキー場を含む都市公園施設等について、指定管理者制度を導入し（平成26年度～平成28年度）、民間事業者が有するノウハウを活用することにより、サービスの質の向上及び経費の節減を図ることとした。

(4) 五者協定の見直し等
　　スキー場関連リゾート施設の整備等を行った大鰐地域総合開発株式会社と財団法人大鰐町開発公社の債務を、「第1 具体的な措置の実施状況」に記載したとおり平成23年度に処理し、平成24年度に両法人に対する町の債権放棄を行った。
　　平成23年度に借り入れた第三セクター等改革推進債について、財政健全化策の継続実施による減債基金の積み立て等により、計画を前倒して一部繰上償還を実施し、財政健全化計画期間の短縮を図った。

第2 今後の財政の運営の方針

1 健全財政の確保に関する事項
　　持続的かつ安定的な財政運営を図るため、引き続き財政健全化に取り組むこととし、公債費負担及び将来負担の軽減に努める。

(1) 経費の効率的使用に関する事項
　　ア　人件費の抑制
　　　・「大鰐町定員適正化計画（平成25年度～平成29年度）」により、定員の適正化を図る。
　　イ　公債費の抑制
　　　・建設事業の計画的な実施により、公債費負担の抑制を図る。
　　　・減債基金の積み立て等により繰上償還を実施し、公債費負担を軽減する。
　　ウ　建設事業の抑制
　　　・長期的な視点をもって、計画的に公共施設等の更新・統廃合・長寿命化等を行うことにより、財政負担を軽減・平準化する。

(2) 収入の確保に関する事項
　　ア　町税の確保
　　　・新たな納付方法の検討や滞納整理の強化等により、徴収率の向上を図る。
　　イ　未利用財産の売却等
　　　・町有財産を整理し、未利用財産については、売却及び貸付等を積極的に行う。

(3) その他
　ア　地方公営企業等の経営健全化
　　・地方公営企業の経営の健全化に努め、今後資金不足を発生させない経営を行う。
　　・土地開発公社の債務縮減に努め、早期に健全化を図る。

2　その他財政の運営の合理化に関する事項
　　財政状況を町ホームページ及び広報誌等に掲載し、財政運営への理解を深め、町民と協働した財政運営を行う。

〈資料6〉

〈地方公共団体の財政の健全化に関する法律による個別外部監査の実施に係る質疑応答〉

	質　問	回　答	関係条項
1	地方公共団体の長は、財政健全化計画等を定めるに当たって、「当該地方公共団体の財政の健全化のために必要と認められる事務の執行」について監査委員に対し個別外部監査の要求をしなければならないとされているが、どのような事務の執行（監査のテーマ）について要求をすべきか。	法において個別外部監査の要求が義務付けられた趣旨は、地方公共団体の長に、これまでの行財政運営に関わりのない専門的な第三者の見地から必要な指摘を受ける責務を負わせることにより、財政の健全化に関し問題があると思われる事項について徹底した原因究明を行うことである。財政健全化計画等は、財政の状況が悪化した要因の分析を踏まえ、早期健全化のための方策を盛り込むこととなるが、これらの方策のうち、地方公共団体外部の視点からの検討が必要な事務を地方公共団体の長において選定することとなる。当該長がどのような事務の執行について個別外部監査を要求するかは、各地方公共団体の財政状況の悪化の内容に応じて決定されるべきものであるが、監査対象となる会計や事務を特定し、それらに係る事務の執行について個別外部監査を要求することとなる。※監査のテーマの参考事例は、別紙のとおり。	健全化法 §26①
2	経営健全化計画の策定に当たって個別外部監査の要求をする場合、どのような事務の執行について監査の要求をすべきか。当該公営企業の事務のうち、一部の事務を必ず特定して監査の要求をしなければならないのか。	監査のテーマについては、経営健全化必要な公営企業の経営状況が悪化した要因、経営健全化に必要な期間等を勘案して、地方公共団体の長が判断するものであり、当該公営企業の経営状況が悪化した要因から地方公共団体の長が考えられる特定の事項について個別外部監査の要求をすることに限らず、当該公営企業の経営全般について個別外部監査の要求をすることも可能である。	健全化法 §23、§26①
3	複数の健全化判断比率以上である場合、複数の監査のテーマについて個別外部監査を要求しなければならないのか。	問1において述べた第三者の見地から財政悪化の要因分析が必要な事項が複数ある場合には、地方公共団体の長の判断により、当該複数の監査のテーマについて個別外部監査の要求を行うこととなる。	健全化法 §26①

230

4	財政健全化計画の策定と同時に、経営健全化計画の策定が必要な場合、それぞれの計画の策定にあたり、別個の個別外部監査を要求する必要があるのか。	問1において述べた個別外部監査の要求が義務付けられた趣旨に則り、各地方公共団体において、財政の健全化又は経営の健全化のために、必要な個別外部監査を要求することが求められており、それぞれ異なる監査のテーマが必要であると判断される場合には個別の監査を要求することが基本である。 ただし、ある特定の特別会計の資金不足額の存在が、健全化判断比率が早期健全化基準以上である経営健全化基準以上である資金不足比率以上であること及び特定の原因で経営健全化が認められるなど、法に基づく個別外部監査が財政健全化計画及び経営健全化計画の趣旨に資すると認められる場合には、一つの個別外部監査契約を締結することも妨げられるものではない。	健全化法§4、§23、§26①
5	地方自治法に基づく包括外部監査の対象団体が健全化法に基づく個別外部監査を要求しなければならない場合、当該個別外部監査で取り上げる事件については、既に包括外部監査で取り上げた特定の事件と、内容が重複してもよいのか。	健全化法に基づく個別外部監査と地方自治法に基づく包括外部監査とは、両者の制度趣旨を踏まえた個別の役割分担を行うことが想定されている。地方自治法に基づく包括外部監査のテーマの選定に当たっても、財政健全化等に基づく個別外部監査で取り上げられた特定の事件から、再年度専門的な第三者の見地から検討することが必要であるならば、監査のテーマとして選定することは妨げられるものではない。 ただし、その場合であっても、監査内容の重複を避けるとともに、調査の対象を絞り込むこと等を通じて、財政健全化計画等に有効な情報を得る工夫が不可欠である。	健全化法§26①、健全化法§26①により読み替えて適用される地方自治法§252の41①、地方自治法§252の37①
6	健全化法に基づく個別外部監査を実施した事務以外の事務について、財政健全化に係る改革方策を、財政健全化計画等に盛り込むことはできるか。	お見込みのとおり。必要な最小限度の監査で財政の早期健全化等の期間で財政の早期健全化を図るため、方策については、すべて財政健全化計画等に掲載することが望ましい。	健全化法§4、§8、§23
7	地方公共団体の長が「理由を付して」個別外部監査を求めることができるか。	長の要求に基づく個別外部監査では、住民に対して責任を有している監査委員の監査が原則とされている中で、個別外部監査契約に基づく監査による	健全化法§26①、健全化法§26条

資料　231

	けければならないことに関し、この「理由」としてどのようなことを記述すべきか。	ことが特に必要であると認められる理由について、記述することが想定されている。これと同様に、財政健全化計画等の策定に当たって、個別外部監査によることが特に必要と認められる理由（①地方公共団体の財政の健全化に関する法律第26条第1項の規定に基づく個別外部監査が必要と認められる理由によること、②個別外部監査契約に基づく監査の執行について専門的な見地から指摘を受けること、財政健全化計画の策定に資するものであること等）について、記述することが考えられる。	①により読み替えて適用される地方自治法§252条の41①
8	監査委員が地方公共団体の長に対して通知する「監査委員の監査に代えて個別外部監査契約に基づく監査によること」とは、どのような「意見」にすべきか。	個別外部監査の要求に当たって、監査委員の意見を通知することとしているのは、議会が個別外部監査に付することについて判断するに当たって、監査委員の有している専門的知識等を活用し、監査のテーマが一致しているか、監査を担当する執行機関での監査委員の意見を参考にするためである。したがって、監査委員に代えて、個別外部監査契約に基づく監査によることが適当かどうか等について、意見を述べることが考えられる。	健全化法§26①、地方自治法§252の41③
9	「個別外部監査契約を締結する場合においては、当該普通地方公共団体の長は、あらかじめ監査委員の意見を聴くこと」について、この「意見」はどのようなものにすべきか。	問8と同様に、契約締結に当たっての議会の判断に資するものとするため、監査委員の有している専門的知識等を活かし、当該個別外部監査契約の内容と要求のあった監査のテーマが一致しているか否か、個別外部監査人、契約期間、費用等の契約の内容が妥当であるか否か、などについて、意見を述べることが考えられる。	健全化法§26①、地方自治法§252の41①により準用される地方自治法§252条の39⑥
10	健全化法に基づく個別外部監査は、財政健全化計画等の計画期間が終了するまで、毎年実施しなければならないのか。	当該個別外部監査は、財政健全化計画を策定する地方公共団体の長が要求するものであるため、財政健全化計画等の策定前に実施されるものである。なお、財政健全化計画に基づく個別外部監査を実施することが妨げられるものではない。	健全化法§26①、地方自治法§252の41①

11	個別外部監査契約に基づく監査によることの議会の議決及び個別外部監査契約を締結する際の議会の議決において、議会にはどのようなことが期待されているのか。	個別外部監査の契約の締結までに二つの議決を要することとされた趣旨は、個別外部監査によることの判断と個別外部監査契約の相手方を判断することについて、二つの判断があり、これを区別して判断する必要があると考えられたためである。その際、長の個別外部監査の提案に対し、議会は住民代表の機関として長の求める監査のテーマや契約内容が恣意的なものにならないよう、その妥当性等をチェックすることが期待されている。	健全化法§26①、地方自治法§252の41④により準用される地方自治法§252の39④及び⑥
12	個別外部監査契約に基づく監査によることと個別外部監査契約を締結することの議決について、両者を同じ会期の議決（例えば、両者を同じ9月議会に提案することなど）に提案することはできるか。	問11に記載された趣旨に反する場合を除いて、両者の議案を同じ会期の議会に提案することは可能である。	健全化法§26①、地方自治法§252の41④により準用される地方自治法§252の39④及び⑥
13	健全化法に基づく個別外部監査契約の締結について、国としての財政支援措置如何。	現行の地方自治法による個別外部監査を対象としていることを踏まえ、健全化法による個別外部監査についても特別交付税の算定対象とする経費について特別交付付措置を講じる予定である。	
14	健全化法に基づく個別外部監査契約の監査委員への要求の手順如何。	当該個別外部監査の実施に際しては、長から監査委員に対する監査の要求と、監査委員に代えて個別外部監査によることを求める必要がある。なお、この二つを一つの文書により求めることは可能である。	健全化法§26①、地方自治法§252の41①

別　紙

〇監査のテーマの参考例

・一般会計等の歳出項目に係る事務等
　（例）他団体に比較し、ラスパイレス指数が高い場合又は総務省が示している類似団体の職員数に比べ当該地方公共団体の職員数が多い場合には、給与水準や行政体制に関する事項

・一般会計等の歳入項目に係る事務
　（例）他団体に比較し、当該地方公共団体の税の徴収率が低いと認められる場合には、当該税の徴収事務
　（例）他団体に比較し、公の施設の使用料の水準が低く、使用料収入が低いと認められる場合には、当該公の施設の管理事務

・一般会計等以外の特別会計の経営状況に関する事務
　（例）公立病院の経営に関する事務
　（この公立病院の経営に関する事務のうち、例えば「職員給与及び手当の適正化や効率的な人員配置に関する事務」として、より具体的な事務を監査のテーマとすることも可能。）

・将来負担比額に関する事項
　（例）他団体に比較し、第三セクター等に係る損失補償債務等に係る一般会計等負担見込額の将来負担額全体に占める割合が高い場合には、当該第三セクター等に対する財政援助に関する事務

〈資料7〉

第8号様式

財政再生計画書

（北海道夕張市）

第1 再生判断比率が財政再生基準以上となった要因の分析

・本市は、我が国の主要な産炭地として発展してきたが、エネルギー事情の大きな変化により昭和30年代後半以降平成2年までの間、炭鉱閉山が相次ぎ、人口はピーク時の10万8千人から、平成17年には1万3千人まで激減するなど、地域の経済社会構造は急激に変化してきた。
・このような歴史的経過の中で、雇用の場を創出し、人口の流出を食い止めるとともに、市民に対する行政サービスを確保するため、石炭産業に代わる観光振興、住宅や教育、福祉対策などに多額の財政支出を行ったことにより、後年次の公債費負担が財政運営を大きく圧迫することとなった。
・また、人口の減少に伴い市税や地方交付税が大幅に減少する一方で、歳入の減少に対応したサービス水準の見直しや人口の激減に対応すべき組織のスリム化も大きく立ち遅れ、総人件費の抑制も不十分であった。加えて、地域振興のための観光施設整備による公債費等の負担や観光関連の第三セクターの運営に対する赤字補てんの増大などにより財政負担は増加し、歳出規模は拡大した。
・さらに、公営事業会計においても、病院事業会計では、患者数の減少や病床利用率の低下により多額の資金不足が生じ、公共下水道事業会計では、集落が分散し、かつ傾斜地であるという地理的な条件により嵩む固定経費と人口減などに伴う料金収入の減少などから同様に資金不足が生じた。
・このように、財政状況が逼迫する中で、一時借入金を用いた会計間での年度をまたがる貸付、償還という不適正な会計処理を行い、赤字決算を先送りしてきたことにより実質的な赤字は膨大な額となった。平成18年度には観光事業会計や病院事業会計などを廃止し、累積債務の清算などを行った結果、実質収支赤字は約353億円となった。
・このため、平成19年3月に地方財政再建促進特別措置法に基づく「財政再建計画」を策定し、市民の理解と協力のもとで着実に赤字解消を図っているところであるが、平成20年度決算においては、実質赤字比率（703.60％）、連結実質赤字比率（705.67％）、実質公債費比率（42.1％）と、いずれも財政再生基準以上となったものである。

第2 計画期間

・平成21年度から平成41年度まで21年間
＜赤字を解消する実質的な計画期間は平成22年度から平成38年度までの17年間＞

第3 財政再生の基本方針

・本市においては、過去の財政悪化に至った種々の要因を踏まえ、巨額の赤字を確実に解消するため、平成18年度に「財政再建計画」を策定し、歳入の確保及び全国で最も効率的な水準となるよう徹底した行政のスリム化と事務事業の抜本的な見直しを図ったところであり、平成20年度までの3年間で約31億円の赤字を解消した。
・本計画では、引き続きこうした取組を基本としながら、市民生活の安全安心の維持確保の観点から、財政再建計画策定後に生じた諸課題に的確に対応しつつ、財政の健全化を進めるものとする。
・少子高齢化、人口減少が進む中で、財政の健全化を確実なものとするためには、地域の活力を維持するための取組や将来的なまちづくりに資する事業が必要であり、限られた財源の中で効果的な政策展開を図るものとする。

・財政の再建と地域の再生に向けて、国・道の助言や支援のもとで着実に取り組んでいく。

(1) 歳入の確保
・財政再建計画では税率の見直しによる市税の増収、ごみ処理の有料化や各種施設使用料などの受益者負担の見直しによる収入の増加を図ったところであり、引き続き、こうした取組により歳入確保を図る。
・税や使用料などについて、一層の徴収対策、滞納整理を進めるとともに、市有財産の有効活用や売却を促進し、歳入確保に努める。
・公共施設の使用料、手数料については、受益者負担の観点から引き続き適切な設定に努める。

(2) 歳出の削減
・人件費については、職員の大量退職により、平成18年4月時点の職員数309名が平成21年4月には147名へと半減することで効率化が大きく進み、給与についても全国最低水準を下回る大幅な削減を行った。今後においても、行政執行体制の確保に留意しながら、人口規模が同程度の市町村で最も少ない職員数の水準を基本として、夕張市の地域特性等を考慮しつつ職員数の適正化を進めるとともに、職員給与についても全国の市町村の中で最も低い水準を基本として、適切な比較のもとで削減を行う。
・事務事業は市民生活に真に必要なものに限定し、補助金の支出についても必要最小限とする。経常的経費は、効率的な行政運営を継続することにより、徹底した削減を行う。
・投資的事業は真に必要な事業以外は行わない。市営住宅再編整備、老朽化した診療所やし尿処理場の改築など市民生活に直結する課題については、効率的な整備に留意しながら適切に対応する。
・公共施設等は大幅な統廃合を行ったところであり、維持管理を行う施設については必要最小限の経費を計上するとともに、引き続き指定管理者制度の活用など民間活力の導入による効率化と経費の削減を図る。また、市が所有する観光関連施設については、売却または指定管理者制度により管理委託する。売却先または委託先が定まらない施設は、原則として休廃止する。

(3) まちづくりの推進及び高齢者・子育て・教育への配慮
・夕張市においては、人口減少と高齢化が急激に進む中で、広大な土地に集落が分散していることから、行政コストが割高で非効率な現状となっている。このため、市中心部への将来的な公共施設の集約により都市機能を充実するとともに住宅再編事業を進めることで、コンパクトで効率的なまちづくりを目指すものとする。
・本市の高齢化率は43％を超え全国都市の中で最も高い割合であり、15歳未満の年少人口の割合も8％以下と全国都市で最も低くなっている。このため、財政の健全化にあたっては、お年寄りが暮らしやすい住環境の整備や医療、福祉の確保に努めるとともに、地域の将来を担う子どもたちが健やかに育ち、学べる環境にも配慮する。
・学校教育については、今後も児童生徒数の減少が見込まれることから、中学校については平成22年度、小学校については平成23年度に各1校に統合し、教育条件を整備するとともに、よりよい教育環境の確保に努める。
・美術館、旧図書館等に所蔵されている郷土資料については、児童生徒の郷土学習や教科教育に資するため、その保全・保護に努める。

第4 財政の再生に必要な計画及び歳入又は歳出の増減額

※各措置により見込まれる計画期間中の効果額は附表に記載
1 事務及び事業の見直し、組織の合理化その他の歳出削減計画
(1) 人件費
ア 職員数の適正化
・普通会計職員（消防職員を除く）は、平成21年4月現在で88人であり、人口千人当たり職員数

は7.6人と人口規模が同程度の市町村の平均11.9人を下回っているが、引き続き、他市町村との適切な比較のもとで職員数の適正化を進め、効率的な行政執行体制を確保する。
・消防職員については、消防の広域化の動向などを踏まえ、将来的な体制の検討を行う。
・特別会計（国民健康保険、公共下水道、介護保険、後期高齢者医療、水道）職員については現在の体制を維持する。

イ　一般職給与の削減
・職員給与については、国家公務員準拠を原則とした上で、平成22年4月から以下の削減を行う。
・給料月額は平均20％削減とする。
・管理職手当は条例本則では13％以下としているが、課長10％、総括主幹8％、主幹5％、消防長12％、消防署長11％とする。
・時間外勤務手当は、災害等特別な事情を除き、給料総額の8.2％の範囲内とする。
・期末勤勉手当については、削減後の給料月額を算出基礎とし、支給月数を1月削減、役職加算は凍結する。
・退職手当支給月数の上限は、平成18年度の57月から平成21年度には30月まで削減したところであるが、職員数の削減が大幅に進んだことから、平成22年度は33月とし、以降毎年3月ずつ復元し、平成30年度から条例本則の月数とする。
・特殊勤務手当は財政再建計画で廃止したところであり、引き続き支給しない。

ウ　特別職給与及び報酬等の削減
・市長、副市長、教育長の給料については財政再建計画と同様、条例本則の額から平均で60％以上削減するとともに、期末手当は削減後の給料を算定基礎として、支給月数は年間2.45月に削減し、役職加算は凍結する。また、退職手当は当面支給しない。
・議員報酬は、当分の間、全国都市の中で最も低い水準とする。期末手当は削減後の報酬を基礎として、支給月数は年間2.45月に削減し、役職加算は凍結する。
・非常勤特別職報酬は、各種委員会の委員報酬等を平均で60％削減したところであり、引き続き効率的な運営に努める。

(2)　物件費
・賃金は、業務内容と必要性を十分検討の上、必要最小限の人員とすることで経費の削減を図る。
・旅費は、公用車使用の場合は支給しない。日当の廃止を継続するとともに、宿泊料は全道都市最低水準とし、真にやむを得ない必要最小限の出張とすることで、経費の削減を図る。
・需用費は、物品等の集中管理を図るなど徹底した経費の削減に努める。
・委託料は、特殊な専門的技術・技能を要する事務事業など委託業務の内容とその必要性を十分勘案の上、徹底した経費の削減に努める。
・交際費を全廃するとともに、必要最小限の備品以外は購入しない。

(3)　維持補修費
・各種公共施設や公営住宅等に要する維持補修費は必要最小限とする。
・住民の利用が少ない公共施設の休廃止により、維持補修費の抑制を図る。

(4)　扶助費
・単独事業は、高齢者や教育活動への給付以外は原則として実施しない。

(5)　補助費等
・各種補助金は、真に必要なものに限定し、経費の削減を図る。

(6)　投資的経費

・普通建設事業は真に必要な事業以外は実施しないこととし、事業の抑制と効率的な執行に努め、経費の削減を図る。

(7) 公債費
・地方債の新規発行の抑制に努め、公債費負担の軽減を図ることにより、実質公債費比率の計画的な改善を進める。

(8) 他会計繰出金
・各事業会計への繰出金は、事業の経営改善、収入の適正化等の取組み状況を踏まえ、適正な額を措置する。
・診療所事業会計については、病院事業債や病院職員の退職手当債の償還に係る経費等について所要額の繰出しを行う。
・市場事業会計については、指定管理者制度による公設卸売市場の管理委託、もしくは民間への譲渡を検討し、原則として市場会計への繰出しは行わない。
・公共下水道事業会計については、経営健全化計画に基づき、平成21年度末累積赤字約11億円を一般会計からの繰出しにより解消するほか、各年度において国の繰出基準に基づく繰出し、低所得者を対象とした負担軽減措置に係る繰出し及び収支の改善に努力してもなお解消できない単年度収支の不足額を補填する繰出しを行う。
・水道事業会計については、低所得者を対象とした負担軽減措置に係る繰出しのほか、原則として会計収支が安定する平成25年度まで国の繰出基準による繰出しを行う。
・国民健康保険事業会計、介護保険事業会計、後期高齢者医療事業会計、老人保健医療事業会計については、それぞれ国の繰出基準による繰出しを行う。

(9) その他
・土地開発公社については、平成25年度までに公社が所有する土地を計画的に買い戻した後、廃止する。
・旧第三セクターに係る損失補償契約に基づく債務については、平成28年度までに計画的に解消する。

2　地方税その他の収入の増徴計画
・市税その他の収入の徴収にあたっては、課税客体及び課税標準の的確な把握に努め、課税の公平を期する。また、納期内の納税を促進し、徴収率の向上を図るため合理的な計画徴収に努める。

3　地方税その他の収入で滞納に係るものの徴収計画
・税や使用料等の滞納者に対しては、財産調査の推進や滞納処分の強化など法令に基づく厳正な処分を実施し、滞納分の整理を行う。
・市営住宅使用料については滞納額が増加していることから、高額滞納者対策を徹底するとともに、明渡し訴訟の実施など引き続き徴収強化を図る。
・水道及び下水道使用料については、給水停止予告や個別相談の実施などにより納入を促進する。

4　使用料及び手数料の額の変更、財産の処分その他の歳入の増加計画
・使用料は、それぞれ対応する経費との均衡を考慮して平成19年度に見直し、新設を行ったところであり、引き続き適正に措置する。基準額が定められている使用料は適正な額を徴収する。
・手数料は、地方公共団体の手数料の標準に関する政令の規定を踏まえるとともに、所要経費との関連を考慮して平成19年度に見直しを行ったところであり、引き続き適正に措置する。また、し尿処理場の施設建設にあわせ、公平な受益者負担の観点から現行手数料の見直しを行う。
※使用料・手数料引上げの内容
　施設使用料：平成19年度から50％引き上げ

下水道使用料：平成19年度から2,440円／10㎡に引き上げ
　　各種交付・閲覧手数料：平成19年度から150〜200円引き上げ
　　各種検診料：平成19年度から100〜500円引き上げ
　　ごみ処理手数料：平成19年度新設（家庭系混合ごみ2円／㍑など）
　　し尿処理手数料：し尿処理施設の新設に併せ、平成27年度から従来の収集料に加え、新たに処理料を徴収
・インターネットオークションによる市有財産の売却など、積極的な財産処分を進める。
・庁舎の空きスペースを貸し付けるなど、市有財産の有効活用を図る。
・公用車や公用封筒、ＨＰなどの広告募集により、収入確保を図る。
・市有施設のネーミングライツの販売を検討する。

5　超過課税又は法定外普通税による地方税の増収計画
・市税については、法令上の上限の税率などを踏まえ平成19年度から見直しを行ったところであり、引き続き、以下のとおりとする。
　　個人市民税均等割　　3,500円
　　個人市民税所得割　　6.5％
　　固定資産税　　　　　1.45％
　　軽自動車税　　　　　標準税率の1.5倍

第5　歳入歳出年次総合計画（別紙様式）

第6　再生振替特例債の各年度の償還額（別紙様式）
　借入額　32,199,000,000円
　利　率　年　1.8％

第7　各年度の健全化判断比率の見通し（別紙様式）

第8　その他財政の再生に必要な事項
・夕張市においては、財政再生計画策定に際して、国や道への提案・要望を行っているところであり、引き続きその実現を働きかけるとともに歳入の確保と歳出の削減を図り、計画期間の短縮を目指すものとする。
・財政再建を着実なものとするためには、地域の再生が不可欠である。このため、市民生活や地域再生に関連する懸案事項を本計画に盛り込んだところであるが、財源が限られる中で、計画策定段階で事業費、実施年度等が未確定で、財源が確保できていない事項については計画変更で対応することとした。これらの事業については、実施年度の財政状況、国や道の支援、各種交付金の状況等を見極め、適切に計画変更を行うこととする。
・また、人件費については、財政の再建と地域の再生との両立を図る観点から、行政執行体制の確保に留意し、他市町村の動向なども踏まえ、必要に応じて適切な見直しを行うものとする。
・夕張市の消防組織については単独消防となっているが、現在南空知圏域（4市5町）で平成24年度までに広域化を図ることとなっている。このことにより、スケールメリットを生かした質の高い消防サービスの提供と消防行政の効率化を目指すものとする。
・本計画においては、再生振替特例債の償還により平成38年度には実質赤字を解消するものであるが、その後も財政再生団体となる3年間については財政状況の改善が見込まれることから、住民福祉の向上を図るための自主的な取組などについて今後検討し、必要な計画変更を行うものとする。
・夕張市においては、近年、観光・食品関連、農業関連の企業進出が相次いでいるところであり、今後とも積極的な企業誘致を進めるとともに、地場産業の振興を図ることで、定住人口の増加及び地方税の増収などに努め、地域経済の活性化を図るものとする。

・夕張市の再生のためには市民、議会、行政が一体となって取り組むことが欠かせないことから、情報公開の推進による透明性の高い行財政運営に努めるとともに、市民参加や民間活力の導入など、市民・企業との協働による活力のあるまちづくりを目指すものとする。

(附表)

第4 財政の再生に必要な計画及び歳入又は歳出の増減額(各措置により見込まれる効果額)

1 事務及び事業の見直し、組織の合理化その他の歳出削減計画

(単位:百万円)

区 分	計画期間中の歳出削減額	左のうち一般財源相当額	算定方法
(1)人件費	33,074	32,406	H17決算と各年度の差額の積上げ
(2)物件費	11,128	10,513	〃
(3)維持補修費	3,250	2,218	〃
(4)扶助費	5,670	2,198	〃
(5)補助費等	1,663	1,663	〃
(6)投資的経費	16,332	2,807	〃
(7)公債費	29,953	23,025	〃
(8)他会計繰出金	436	0	H20決算と各年度の差額を積上げ
計	101,505	74,830	
(参考)給与削減による効果	5,084	5,084	給与削減措置の期間中の効果額

注 本市では、財政再建計画により平成18年度以降、財政再建のための取組を継続して実施しているため、歳出削減としては、財政再建計画策定の前年度である平成17年度決算を基準として算出している。ただし、「(8)他会計繰出金」については、繰出対象である他会計の廃止、新設による影響を除外するため、平成20年度決算を基準として算出している。

2 地方税その他の収入の増徴計画

(単位:百万円)

区 分	計画期間中の増徴額	左のうち一般財源相当額	算定方法
徴収率向上対策	596	596	H20からの徴収率向上分を積上げ

3 地方税その他の収入で滞納に係るものの徴収計画

(単位:百万円)

区 分	計画期間中の増収額	左のうち一般財源相当額	算定方法
徴収率向上対策	337	211	H20からの徴収率向上分を積上げ

4 使用料及び手数料の額の変更、財産の処分その他の歳入の増加計画

(単位:百万円)

区 分	計画期間中の歳入額	左のうち一般財源相当額	算定方法
使用料の引上げ	59	0	引上げ効果額を積上げ(文化スポーツセンターなど)
手数料の引上げ	887	3	引上げ効果額を積上げ(ごみ・し尿手数料など)
その他の収入の引上げ	63	0	引上げ効果額を積上げ(各種検診料など)
下水道使用料の引上げ	421	0	引上げ効果額を積上げ
計	1,429	3	

5 超過課税又は法定外普通税による地方税の増収計画

(単位:百万円)

区 分	計画期間中の増収額	左のうち一般財源相当額	算定方法
超過課税	676	676	超過課税分の増収額を積上げ

第5 歳入歳出年次総合計画

1 一般会計等の実質収支

(1) 一般会計

(単位:千円)

区分	計画初年度の前年度 (平成20年度)		財政再生計画を策定した年度 (初年度)			平成22年度 (第2年度)			平成23年度 (第3年度)			平成24年度 (第4年度)		
	入額	一般財源	入額	一般財源	一般財源の前年度対比増減額	入額	一般財源	一般財源の前年度対比増減額	入額	一般財源	一般財源の前年度対比増減額	入額	一般財源	一般財源の前年度対比増減額
歳入														
1 地方税	1,009,387	1,009,387	893,098	893,098	△116,289	906,557	906,557	13,459	884,434	884,434	△22,123	858,298	858,298	△26,136
2 地方譲与税	86,053	86,053	71,196	71,196	△14,857	71,196	71,196	0	71,196	71,196	0	71,196	71,196	0
3 地方交付税	4,423,071	4,423,071	4,541,017	4,541,017	117,946	5,105,179	5,105,179	564,162	5,347,217	5,347,217	242,038	5,313,643	5,313,643	△33,574
4 国都道府県支出金	1,122,970	71,518	1,622,035	15,700	△55,818	1,706,832	15,700	0	1,529,502	15,700	0	1,411,098	16,526	826
5 繰入金	26,159	10	87,552	0	△10	13,852	0	0	14,861	0	0	14,335	0	0
6 地方債	679,664	214,364	33,669,791	31,906,403	31,692,039	2,710,549	498,049	△31,408,354	697,700	0	△498,049	551,100	0	0
うち再生振替特例債	0	0	32,199,000	32,199,000	32,199,000	0	0	△32,199,000	0	0	0	0	0	0
7 その他	1,335,444	387,742	1,297,600	342,923	△44,819	1,348,348	287,440	△55,483	1,051,230	296,702	9,262	975,713	338,318	41,616
歳入計	8,682,748	6,192,145	42,182,289	37,770,337	31,578,192	11,862,513	6,884,121	△30,886,216	9,596,140	6,615,249	△268,872	9,195,383	6,597,981	△17,268
歳出														
1 人件費	725,413	630,671	827,045	760,631	129,960	857,400	769,595	8,964	831,868	759,752	△9,843	887,077	818,062	58,310
2 物件費	674,765	518,139	718,632	463,589	△54,550	762,627	525,993	62,404	642,403	640,340	△45,653	547,268	425,644	△54,696
3 維持補修費	340,741	174,526	641,198	250,683	76,157	418,195	200,044	△50,639	416,524	214,179	14,135	379,415	196,528	△17,651
4 扶助費	1,283,403	316,850	1,429,885	405,836	89,086	1,416,613	384,362	△21,574	1,336,966	389,510	5,148	1,312,309	382,934	△6,576
5 建設事業費	992,595	542,345	1,018,544	467,831	△74,514	2,502,947	1,223,265	755,434	1,501,877	422,005	△801,260	997,458	182,824	△239,181
(1) 普通建設事業費	992,595	542,345	1,018,544	467,831	△74,514	2,502,947	1,223,265	755,434	1,501,877	422,005	△801,260	997,458	182,824	△239,181
(2) 災害復旧事業費	0	0	0	0	0	0	0	0	0	0	0	0	0	0
6 公債費	2,226,521	1,710,056	2,417,707	641,574	△1,068,482	3,674,058	1,842,654	1,201,080	2,028,990	1,631,126	△211,528	1,982,582	1,611,149	△19,977
うち再生振替特例債	0	0	0	0	0	581,964	501,135	501,135	579,582	499,084	△2,051	579,582	499,084	0
7 繰出金	855,614	774,767	1,855,473	1,751,586	976,819	992,831	903,461	△848,125	1,018,788	930,793	27,332	996,973	910,267	△20,526
8 その他	33,756,836	33,069,931	33,273,805	33,028,507	△669,424	1,237,842	1,034,747	△31,993,760	1,818,724	1,787,544	752,797	2,092,301	2,070,573	283,029
歳出計	40,855,888	38,365,285	42,182,289	37,770,337	△594,948	11,862,513	6,884,121	△30,886,216	9,596,140	6,615,249	△268,872	9,195,383	6,597,981	△17,268
歳入歳出差引額 (A)	△32,173,140		0		32,173,140	0		0	0		0	0		
翌年度へ繰り越すべき財源 (B)	26,326		0			0			0			0		
実質収支額 (A)-(B)=(C)	△32,199,466		0		32,173,140	0		0	0		0	0		
(C)のうち地方自治法第233条の2の規定による基金繰入額	0		0			0			0			0		

資料 241

(単位 千円)

区　分	平成25年度（第5年度）			平成26年度（第6年度）			平成27年度（第7年度）			平成28年度（第8年度）			平成29年度（第9年度）		
	額	一般財源	一般財源の前年度対比増減額	額	一般財源	一般財源の前年度対比増減額	額	一般財源	一般財源の前年度対比増減額	額	一般財源	一般財源の前年度対比増減額	額	一般財源	一般財源の前年度対比増減額
歳入															
1 地方税	839,176	839,176	△19,122	821,101	821,101	△18,075	795,047	795,047	△26,054	777,861	777,861	△17,186	918,347	918,347	140,486
2 地方譲与税	71,196	71,196	0	71,196	71,196	0	71,196	71,196	0	71,196	71,196	0	71,196	71,196	0
3 地方交付税	5,261,229	5,261,229	△52,414	5,101,286	5,101,286	△159,943	4,957,133	4,957,133	△144,153	4,694,147	4,694,147	△262,986	4,512,308	4,512,308	△181,839
4 国都道府県支出金	1,552,333	15,986	540	1,485,707	15,123	△863	1,357,831	15,123	0	1,094,031	15,159	36	1,057,449	15,159	0
5 繰入金	593,131	569,424	569,424	541,492	526,483	△42,941	499,167	486,066	△40,417	668,070	655,063	168,997	12,786	0	△655,063
6 繰越金	781,700	0	0	768,400	0	0	296,500	0	0	37,200	0	0	36,200	0	0
うち再生振替特例債															
7 その他	966,248	361,865	23,547	960,924	369,173	7,308	969,714	432,524	63,351	940,397	416,128	△16,396	927,041	412,221	△3,907
歳入計	10,065,013	7,118,876	520,895	9,750,106	6,904,362	△214,514	8,946,588	6,757,089	△147,273	8,282,902	6,629,554	△127,535	7,535,327	5,929,231	△700,323
歳出															
1 人件費	871,921	792,832	△25,230	847,273	776,051	△16,781	952,489	870,408	94,357	903,120	835,965	△34,443	901,718	835,411	△554
2 物件費	594,492	450,529	24,885	540,935	426,405	△24,124	549,279	401,240	△25,165	541,872	395,719	△5,521	551,755	414,985	19,266
3 維持補修費	377,076	196,068	△460	374,437	209,243	13,175	345,461	199,241	△10,002	356,701	212,916	13,675	353,691	205,423	△7,493
4 扶助費	1,282,566	374,376	△8,558	1,257,415	367,364	△7,012	1,237,086	365,546	△1,818	1,213,733	363,265	△2,281	1,191,363	356,730	△6,535
5 投資的事業費	1,401,692	226,517	43,693	1,245,033	92,158	△134,359	599,336	42,738	△49,420	74,661	3,545	△39,193	65,244	7,160	3,615
(1) 普通建設事業費	1,401,692	226,517	43,693	1,245,033	92,158	△134,359	599,336	42,738	△49,420	74,661	3,545	△39,193	65,244	7,160	3,615
(2) 災害復旧事業費															
6 公債費	3,971,238	3,625,333	2,014,184	3,955,818	3,610,588	△14,745	3,757,912	3,479,654	△130,934	3,722,324	3,452,577	△27,077	3,355,896	3,097,103	△355,474
うち再生振替特例債	2,612,159	2,533,074	2,033,990	2,612,159	2,538,735	5,661	2,612,159	2,544,409	5,674	2,612,159	2,550,098	5,689	2,612,159	2,555,801	5,703
7 繰出金	998,192	912,770	2,503	982,183	897,755	△15,015	946,919	863,301	△34,454	926,611	844,727	△18,574	812,463	732,212	△112,515
8 その他	567,836	540,451	△1,530,122	547,012	524,798	△15,653	558,106	534,961	10,163	543,880	520,840	△14,121	303,197	280,207	△240,633
歳出計	10,065,013	7,118,876	520,895	9,750,106	6,904,362	△214,514	8,946,588	6,757,089	△147,273	8,282,902	6,629,554	△127,535	7,535,327	5,929,231	△700,323
歳入歳出差引額（A）	0	0	0	0	0	0	0	0	0	0	0	0	0	0	0
翌年度へ繰り越すべき財源（B）	0			0			0			0			0		
実質収支額（C）（A）－（B）	0			0			0			0			0		
(C)のうち地方自治法第233条の2の規定による基金繰入額	0			0			0			0			0		

(単位 千円)

年度	平成30年度 (第10年度)			平成31年度 (第11年度)			平成32年度 (第12年度)			平成33年度 (第13年度)			平成34年度 (第14年度)		
区分	入額	一般財源	一般財源の前年度対比増減額	入額	一般財源	一般財源の前年度対比増減額	入額	一般財源	一般財源の前年度対比増減額	入額	一般財源	一般財源の前年度対比増減額	入額	一般財源	一般財源の前年度対比増減額
歳入															
1 地方税	889,723	889,723	△28,624	866,783	866,783	△22,940	844,812	844,812	△21,971	819,919	819,919	△24,893	808,874	808,874	△11,045
2 地方譲与税	71,196	71,196	0	71,196	71,196	0	71,196	71,196	0	71,196	71,196	0	71,196	71,196	0
3 地方交付税	4,518,137	4,518,137	5,829	4,475,701	4,475,701	△42,436	4,449,302	4,449,302	△26,399	4,194,164	4,194,164	△255,138	4,103,998	4,103,998	△90,166
4 国都道府県支出金	1,022,664	16,159	1,000	1,015,774	10,659	△5,500	983,041	10,659	0	946,576	10,659	0	918,198	10,659	0
5 繰入金	6,240	0	0	6,356	0	0	6,316	0	0	281,351	275,081	275,081	63,977	58,077	△217,004
6 地方債	32,800	0	0	14,300	0	0	14,900	0	0	4,000	4,000	0	4,000	0	0
うち災害復旧特例債	0	0	0	0	0	0	0	0	0	0	0	0	0	0	0
7 その他	915,220	399,248	△12,973	901,360	390,315	△8,933	889,032	410,961	20,646	863,056	407,787	△3,174	849,845	436,004	28,217
歳入計	7,455,980	5,894,463	△34,768	7,351,470	5,814,654	△79,809	7,258,599	5,786,930	△27,724	7,180,262	5,778,806	△8,124	6,820,088	5,488,808	△289,998
歳出															
1 人件費	800,562	734,261	△101,150	885,333	814,125	79,864	814,416	760,338	△53,787	1,034,388	968,439	208,101	805,710	736,846	△231,593
2 物件費	537,639	401,428	△13,557	545,750	405,561	4,133	525,486	396,348	△9,213	526,646	395,827	△521	529,901	403,832	8,005
3 維持補修費	352,577	213,068	7,645	357,087	220,689	7,621	350,555	219,005	△1,634	349,229	219,737	682	352,907	222,134	2,397
4 扶助費	1,170,474	350,444	△6,286	1,149,618	344,353	△6,091	1,127,174	338,189	△6,164	1,105,812	332,038	△6,151	1,083,820	325,688	△6,350
5 建設事業費	55,759	7,857	697	38,847	3,887	△3,970	51,427	14,643	10,756	17,382	3,422	△11,221	12,447	8,447	5,025
(1) 普通建設事業費	55,759	7,857	697	38,847	3,887	△3,970	51,427	14,643	10,756	17,382	3,422	△11,221	12,447	8,447	5,025
(2) 災害復旧事業費	0	0	0	0	0	0	0	0	0	0	0	0	0	0	0
6 公債費	3,353,064	3,094,198	△2,905	3,312,948	3,060,077	△34,121	3,271,053	3,049,587	△10,490	3,238,202	3,041,222	△8,365	3,136,677	2,982,012	△59,210
うち災害復旧特例債	2,612,159	2,561,519	5,718	2,612,159	2,567,250	5,731	2,612,159	2,572,996	5,746	2,612,159	2,578,756	5,760	2,612,159	2,584,531	5,775
7 繰出金	829,315	750,616	18,404	811,945	734,712	△15,904	800,301	724,445	△10,267	787,644	713,405	△11,040	779,919	707,254	△6,151
8 その他	356,590	342,591	62,384	249,942	231,250	△111,341	298,187	284,325	53,075	120,959	104,716	△179,609	118,707	102,595	△2,121
歳出計	7,455,980	5,894,463	△34,768	7,351,470	5,814,654	△79,809	7,258,599	5,786,930	△27,724	7,180,262	5,778,806	△8,124	6,820,088	5,488,808	△289,998
歳入歳出差引額（A）	0			0			0			0			0		
翌年度へ繰り越すべき財源（B）	0			0			0			0			0		
実質収支額（A）-（B）=（C）	0			0			0			0			0		
(C)のうち地方自治法第233条の2の規定による基金繰入額	0			0			0			0			0		

資料　243

(単位:千円)

年度 区分	平成35年度(第15年度) 歳入額	一般財源の前年度対比増減額	平成36年度(第16年度) 歳入額	一般財源	一般財源の前年度対比増減額	平成37年度(第17年度) 歳入額	一般財源	一般財源の前年度対比増減額	平成38年度(第18年度) 歳入額	一般財源	一般財源の前年度対比増減額	平成39年度(第19年度) 歳入額	一般財源	一般財源の前年度対比増減額
歳入														
1 地方税	789,522	789,522	△19,352	767,163	767,163	△22,359	751,820	751,820	△15,343	736,784	736,784	△15,036	722,048	722,048	△14,736
2 地方譲与税	71,196	71,196	0	71,196	71,196	0	71,196	71,196	0	71,196	71,196	0	71,196	71,196	0
3 地方交付税	4,007,197	4,007,197	△96,801	3,927,771	3,927,771	△79,426	3,867,256	3,867,256	△60,515	3,806,219	3,806,219	△61,037	3,753,469	3,753,469	△52,750
4 国都道府県支出金	888,252	10,659	0	857,125	10,659	0	837,334	10,532	△127	817,771	10,407	△125	799,895	10,283	△124
5 繰入金	176,018	169,784	111,707	187,575	181,383	11,599	151,260	145,068	△36,315	167,385	161,193	16,125	6,192	0	△161,193
6 地方債	4,000	0	0	4,000	0	0	0	0	0	0	0	0	0	0	0
うち再生振替特例債	0	0	0	0	0	0	0	0	0	0	0	0	0	0	0
7 その他	837,760	431,087	△4,917	826,606	446,739	15,652	816,006	441,010	△5,729	805,581	435,376	△5,634	795,327	429,834	△5,542
歳入 計	6,773,945	5,479,445	△9,363	6,641,436	5,404,911	△74,534	6,494,872	5,286,882	△118,029	6,404,936	5,221,175	△65,707	6,148,127	4,986,830	△234,345
歳出															
1 人件費	852,936	784,926	48,080	837,876	774,211	△10,715	850,603	786,692	12,481	879,257	816,396	29,704	775,275	713,446	△102,950
2 物件費	539,732	418,253	14,421	522,030	405,367	△12,886	500,369	389,256	△16,111	491,178	375,989	△13,267	476,443	363,145	△12,844
3 維持補修費	349,901	225,610	3,476	348,509	226,308	698	338,054	215,381	△10,927	327,912	207,255	△8,126	318,075	199,399	△7,856
4 扶助費	1,061,879	319,357	△6,331	1,043,481	313,991	△5,366	1,001,742	269,437	△44,554	961,872	241,401	△28,036	923,205	214,761	△26,640
5 投資的事業費	6,231	2,231	△6,216	13,788	13,788	7,557	0	0	△9,788	0	0	0	0	0	0
(1) 普通建設事業費	6,231	2,231	△6,216	13,788	13,788	7,557	0	0	△9,788	0	0	0	0	0	0
(2) 災害復旧事業費	0	0	0	0	0	0	0	0	0	0	0	0	0	0	0
6 公債費	3,053,074	2,905,999	△76,013	2,991,438	2,874,108	△31,891	2,943,382	2,854,890	△19,218	2,918,641	2,835,982	△18,908	284,957	206,682	△2,629,300
うち再生振替特例債	2,612,159	2,590,320	5,789	2,612,159	2,596,124	5,804	2,612,159	2,601,942	5,818	2,612,151	2,607,775	5,833	0	0	△2,607,775
7 繰出金	779,275	708,085	831	768,231	698,629	△9,456	740,197	670,326	△28,303	713,285	644,562	△25,764	687,449	619,854	△24,708
8 その他	130,917	114,984	12,389	116,083	102,509	△12,475	114,525	100,900	△1,609	112,991	99,590	△1,310	2,682,723	2,669,543	2,569,953
歳出 計	6,773,945	5,479,445	△9,363	6,641,436	5,404,911	△74,534	6,494,872	5,286,882	△118,029	6,404,936	5,221,175	△65,707	6,148,127	4,986,830	△234,345
歳入歳出差引額 (A)	0			0			0			0			0		
翌年度へ繰り越すべき財源 (B)	0			0			0			0			0		
実質収支額 (A)-(B)=(C)	0			0			0			0			0		
(C)のうち地方自治法第233条の2の規定による基金繰入額	0			0			0			0			0		

(単位：千円)

区分	平成40年度(第20年度) 歳入額	一般財源	一般財源の前年度対比増減額	平成41年度(第21年度) 歳入額	一般財源	一般財源の前年度対比増減額
1 地方税	707,607	707,607	△14,441	693,455	693,455	△14,152
2 地方譲与税	71,196	71,196	0	71,196	71,196	0
3 地方交付税	3,727,053	3,727,053	△26,416	3,700,890	3,700,890	△26,163
4 国都道府県支出金	786,637	10,161	△122	773,610	10,040	△121
5 繰入金	6,192	0	0	6,192	0	0
6 地方債	0	0	0	0	0	0
うち再生振替特例債						
7 その他	785,241	424,383	△5,451	775,320	419,021	△5,362
歳入計	6,083,926	4,940,400	△46,430	6,020,663	4,894,602	△45,798

区分	平成40年度(第20年度) 歳出額	一般財源	一般財源の前年度対比増減額	平成41年度(第21年度) 歳出額	一般財源	一般財源の前年度対比増減額
1 人件費	840,555	779,501	66,055	784,147	724,090	△55,411
2 物件費	462,150	350,271	△12,874	448,286	338,234	△12,037
3 維持補修費	308,533	191,344	△8,055	299,277	184,002	△7,342
4 扶助費	886,277	186,709	△28,052	850,826	162,682	△24,027
5 建設事業費						
(1) 普通建設事業費	0	0	0	0	0	0
(2) 災害復旧事業費	0	0	0	0	0	0
6 公債費	265,837	191,764	△14,918	201,965	127,892	△63,872
うち再生振替特例債	0	0	0	0	0	0
7 繰出金	662,647	595,899	△23,955	638,837	573,179	△22,720
8 その他	2,657,927	2,644,912	△24,631	2,797,325	2,784,523	139,611
歳出計	6,083,926	4,940,400	△46,430	6,020,663	4,894,602	△45,798
歳入歳出差引額（A）	0			0		
翌年度へ繰り越すべき財源（B）	0			0		
実質収支（C）＝（A）－（B）	0			0		
(C)のうち地方自治法第233条の2の規定による基金繰入額	0			0		

(2) 特別会計（特別会計のうち法第2条第1号イロハに掲げる以外のもの）
【診療所事業会計】

(単位：千円)

年度		計画初年度の前年度 (平成20年度)			財政再生計画を策定した年度 (初年度)			平成22年度 (第2年度)			平成23年度 (第3年度)			平成24年度 (第4年度)		
区	分	額	一般財源	一般財源の前年度対比増減額	額	一般財源	一般財源の前年度対比増減額	額	一般財源	一般財源の前年度対比増減額	額	一般財源	一般財源の前年度対比増減額	額	一般財源	一般財源の前年度対比増減額
歳	入															
1 財産収入		89	89	0	1,200	1,200	1,111	1,200	1,200	0	1,200	1,200	0	600	600	0
2 繰入金		104,017	104,017	0	146,798	146,798	42,781	168,381	168,381	21,583	186,149	186,149	17,768	166,021	166,021	△ 20,128
3 諸収入		167	167	0	100	100	△ 67	40	40	△ 60	40	40	0	0	0	△ 40
4 地方債		0	0	0	625,504	625,504	625,504	0	0	△ 625,504	0	0	0	0	0	0
計		104,273	104,273	0	773,602	773,602	669,329	169,621	169,621	△ 603,981	187,389	187,389	17,768	166,621	166,621	△ 20,768
歳	出															
1 物件費		0	0	0	0	0	0	0	0	0	19,660	19,660	19,660	39,013	39,013	19,660
2 維持補修費		0	0	0	1,260	1,260	1,260	0	0	△ 1,260	0	0	0	0	0	0
3 補助費等		26,436	26,436	0	13,414	13,414	△ 13,022	39,013	39,013	25,599	39,153	39,153	140	39,013	39,013	△ 140
4 建設事業費		2,804	2,804	0	758,928	758,928	683,895	0	0	△ 2,804	0	0	0	205	205	205
5 公債費		75,033	75,033	0	0	0	0	130,608	130,608	△ 628,320	128,576	128,576	△ 2,032	127,403	127,403	△ 1,173
計		104,273	104,273	0	773,602	773,602	669,329	169,621	169,621	△ 603,981	187,389	187,389	17,768	166,621	166,621	△ 20,768
歳入歳出差引額			0			0			0			0			0	

年度		平成25年度 (第5年度)			平成26年度 (第6年度)			平成27年度 (第7年度)			平成28年度 (第8年度)			平成29年度 (第9年度)		
区	分	額	一般財源	一般財源の前年度対比増減額	額	一般財源	一般財源の前年度対比増減額	額	一般財源	一般財源の前年度対比増減額	額	一般財源	一般財源の前年度対比増減額	額	一般財源	一般財源の前年度対比増減額
歳	入															
1 財産収入		0	0	△ 600	0	0	0	0	0	0	0	0	0	0	0	0
2 繰入金		162,728	162,728	△ 3,293	149,359	149,359	△ 13,369	122,291	122,291	△ 27,068	116,045	116,045	△ 6,246	25,853	25,853	△ 90,192
3 諸収入		0	0	△ 3,893	0	0	△ 13,369	0	0	△ 27,068	0	0	△ 6,246	0	0	0
4 地方債		0	0	0	0	0	0	0	0	0	0	0	0	0	0	0
計		162,728	162,728	△ 3,893	149,359	149,359	△ 13,369	122,291	122,291	△ 27,068	116,045	116,045	△ 6,246	25,853	25,853	△ 90,192
歳	出															
1 物件費		0	0	0	0	0	0	0	0	0	0	0	0	0	0	0
2 維持補修費		0	0	0	0	0	0	0	0	0	0	0	0	0	0	0
3 補助費等		39,013	39,013	0	39,013	39,013	0	29,013	29,013	△ 10,000	29,013	29,013	0	0	0	△ 29,013
4 建設事業費		0	0	△ 205	0	0	0	0	0	0	0	0	0	0	0	0
5 公債費		123,715	123,715	△ 3,688	110,346	110,346	△ 17,068	93,278	93,278	△ 17,068	87,032	87,032	△ 6,246	25,853	25,853	△ 61,179
計		162,728	162,728	△ 3,893	149,359	149,359	△ 13,369	122,291	122,291	△ 27,068	116,045	116,045	△ 6,246	25,853	25,853	△ 90,192
歳入歳出差引額			0			0			0			0			0	

(単位：千円)

区分		平成30年度 (第10年度)			平成31年度 (第11年度)			平成32年度 (第12年度)			平成33年度 (第13年度)			平成34年度 (第14年度)		
		額入	一般財源	一般財源の前年度対比増減額	額入	一般財源	一般財源の前年度対比増減額	額入	一般財源	一般財源の前年度対比増減額	額入	一般財源	一般財源の前年度対比増減額	額入	一般財源	一般財源の前年度対比増減額
歳入	1 財産収入	67,388	67,388	41,535	67,387	67,387	0	67,387	67,387	0	67,387	67,387	0	67,387	67,387	0
	2 繰入金	0	0	0	0	0	0	0	0	0	0	0	0	0	0	0
	3 諸収入	0	0	0	0	0	0	0	0	0	0	0	0	0	0	0
	4 地方債	0	0	0	0	0	0	0	0	0	0	0	0	0	0	0
	歳入計	67,388	67,388	41,535	67,387	67,387	0	67,387	67,387	0	67,387	67,387	0	67,387	67,387	0
歳出	1 物件費	0	0	0	0	0	0	0	0	0	0	0	0	0	0	0
	2 維持補修費	0	0	0	0	0	△1	0	0	0	0	0	0	0	0	0
	3 補助費等	0	0	0	0	0	0	0	0	0	0	0	0	0	0	0
	4 建設事業費	0	0	0	0	0	0	0	0	0	0	0	0	0	0	0
	5 公債費	67,388	67,388	41,535	67,387	67,387	△1	67,387	67,387	0	67,387	67,387	0	67,387	67,387	0
	歳出計	67,388	67,388	41,535	67,387	67,387	△1	67,387	67,387	0	67,387	67,387	0	67,387	67,387	0
歳入歳出差引額		0	0	0	0	0	0	0	0	0	0	0	0	0	0	0

区分		平成35年度 (第15年度)			平成36年度 (第16年度)			平成37年度 (第17年度)			平成38年度 (第18年度)			平成39年度 (第19年度)		
		額入	一般財源	一般財源の前年度対比増減額	額入	一般財源	一般財源の前年度対比増減額	額入	一般財源	一般財源の前年度対比増減額	額入	一般財源	一般財源の前年度対比増減額	額入	一般財源	一般財源の前年度対比増減額
歳入	1 財産収入	67,387	67,387	0	67,387	67,387	0	67,387	67,387	0	67,387	67,387	0	67,387	67,387	0
	2 繰入金	0	0	0	0	0	0	0	0	0	0	0	0	0	0	0
	3 諸収入	0	0	0	0	0	0	0	0	0	0	0	0	0	0	0
	4 地方債	0	0	0	0	0	0	0	0	0	0	0	0	0	0	0
	歳入計	67,387	67,387	0	67,387	67,387	0	67,387	67,387	0	67,387	67,387	0	67,387	67,387	0
歳出	1 物件費	0	0	0	0	0	0	0	0	0	0	0	0	0	0	0
	2 維持補修費	0	0	0	0	0	0	0	0	0	0	0	0	0	0	0
	3 補助費等	0	0	0	0	0	0	0	0	0	0	0	0	0	0	0
	4 建設事業費	0	0	0	0	0	0	0	0	0	0	0	0	0	0	0
	5 公債費	67,387	67,387	0	67,387	67,387	0	67,387	67,387	0	67,387	67,387	0	67,387	67,387	0
	歳出計	67,387	67,387	0	67,387	67,387	0	67,387	67,387	0	67,387	67,387	0	67,387	67,387	0
歳入歳出差引額		0	0	0	0	0	0	0	0	0	0	0	0	0	0	0

(単位:千円)

年度区分		平成40年度(第20年度)			平成41年度(第21年度)		
		額	一般財源	一般財源の前年度対比増減額	額	一般財源	一般財源の前年度対比増減額
歳入	1 財産収入	0	0	0	0	0	0
	2 繰入金	67,387	67,387	0	67,387	67,387	0
	3 諸収入	0	0	0	0	0	0
	4 地方債	0	0	0	0	0	0
	歳入計	67,387	67,387	0	67,387	67,387	0
歳出	1 物件費	0	0	0	0	0	0
	2 維持補修費	0	0	0	0	0	0
	3 補助費等	0	0	0	0	0	0
	4 建設事業費	0	0	0	0	0	0
	5 公債費	67,387	67,387	0	67,387	67,387	0
	歳出計	67,387	67,387	0	67,387	67,387	0
歳入歳出差引額		0			0		

(3) 一般会計等の実質収支

(単位：千円)

年度 / 区分	計画初年度の前年度(平成20年度)	財政再生計画を策定した年度(初年度)	平成22年度(第2年度)	平成23年度(第3年度)	平成24年度(第4年度)	平成25年度(第5年度)	平成26年度(第6年度)	平成27年度(第7年度)
歳入歳出差引額 (A)	△32,173,140	26,326	0	0	0	0	0	0
翌年度へ繰越すべき財源 (B)	0	△32,199,466	0	0	0	0	0	0
実質収支額 (A)－(B) (C)	703.60	0	0	0	0	0	0	0
(C)のうち地方自治法第233条の2の規定による基金繰入額	703.60	0	0	0	0	0	0	0
実質赤字比率 (%)	0.00	0.00	0.00	0.00	0.00	0.00	0.00	0.00
参考 再生振替特例債を発行しなかった場合の実質赤字比率	703.60	686.91	623.53	634.90	611.23	588.44	574.09	555.58

年度 / 区分	平成28年度(第8年度)	平成29年度(第9年度)	平成30年度(第10年度)	平成31年度(第11年度)	平成32年度(第12年度)	平成33年度(第13年度)	平成34年度(第14年度)	平成35年度(第15年度)
歳入歳出差引額 (A)	0	0	0	0	0	0	0	0
翌年度へ繰越すべき財源 (B)	0	0	0	0	0	0	0	0
実質収支額 (A)－(B) (C)	0	0	0	0	0	0	0	0
(C)のうち地方自治法第233条の2の規定による基金繰入額	0	0	0	0	0	0	0	0
実質赤字比率 (%)	0.00	0.00	0.00	0.00	0.00	0.00	0.00	0.00
参考 再生振替特例債を発行しなかった場合の実質赤字比率	555.30	499.50	438.45	383.58	323.70	291.15	233.60	176.40

年度 / 区分	平成36年度(第16年度)	平成37年度(第17年度)	平成38年度(第18年度)	平成39年度(第19年度)	平成40年度(第20年度)	平成41年度(第21年度)
歳入歳出差引額 (A)	0	0	0	0	0	0
翌年度へ繰越すべき財源 (B)	0	0	0	0	0	0
実質収支額 (A)－(B) (C)	0	0	0	0	0	0
(C)のうち地方自治法第233条の2の規定による基金繰入額	0	0	0	0	0	0
実質赤字比率 (%)	0.00	0.00	0.00	0.00	0.00	0.00
参考 再生振替特例債を発行しなかった場合の実質赤字比率	115.04	48.56	0.00	0.00	0.00	0.00

資料　249

2 連結実質収支

(単位：千円)

区　分	計画初年度の前年度 (平成20年度)	財政再生計画を策定した年度 (初年度)	平成22年度 (第2年度)	平成23年度 (第3年度)	平成24年度 (第4年度)	平成25年度 (第5年度)	平成26年度 (第6年度)	平成27年度 (第7年度)
(1) 一般会計等の実質収支 (A)	32,199,466	0	0	0	0	0	0	0
(2) (1)及び(3)以外の特別会計の実質黒字額 (B)	24,475	24,475	18,503	13,047	8,029	3,445	0	0
会計の実質赤字額 (B)								
国民健康保険事業会計	24,475	24,475	18,503	13,047	8,029	3,445	0	0
実質赤字額								
(3) 公営企業会計の資金不足額(C)	100,507	0	0	0	0	0	0	0
水道事業会計(法適用企業)								
資金不足額	0							
下水道事業会計(法適用企業)	100,507							
資金不足額								
(4) (1)及び(3)以外の特別会計の実質黒字額 (D)	29,604	0	0	0	0	0	0	0
老人保健医療事業会計	29,403							
介護保険事業会計	0							
後期高齢者医療事業会計	201							
(5) 公営企業会計の資金剰余額 (E)	809	0	0	0	0	0	0	0
市場事業会計	809							
連結実質黒字額 (A＋B＋C)－(D＋E) (F)	32,294,035	24,475	18,503	13,047	8,029	3,445	0	0
標準財政規模 (G)	4,576,329	4,687,507	5,088,032	4,803,701	4,740,426	4,673,838	4,520,298	4,377,461
連結実質赤字比率　F／G (％)	705.67	0.52	0.36	0.27	0.16	0.07	0.00	0.00

(単位:千円)

区分\年度	平成28年度 (第8年度)	平成29年度 (第9年度)	平成30年度 (第10年度)	平成31年度 (第11年度)	平成32年度 (第12年度)	平成33年度 (第13年度)	平成34年度 (第14年度)	平成35年度 (第15年度)
(1) 一般会計等の実質収支 (A)	0	0	0	0	0	0	0	0
(2)(1)及び(3)以外の特別会計の実質赤字額 (B)	0	0	0	0	0	0	0	0
国民健康保険事業会計 実質赤字額	0	0	0	0	0	0	0	0
(3) 公営企業会計の資金不足額(法適用企業)	0	0	0	0	0	0	0	0
水道事業会計(法適用企業) 資金不足額	0	0	0	0	0	0	0	0
下水道事業会計(法適用企業) 資金不足額	0	0	0	0	0	0	0	0
(4)(1)及び(3)以外の特別会計の実質赤字額 (D)	0	0	0	0	0	0	0	0
老人保健医療事業会計	0	0	0	0	0	0	0	0
介護保険事業会計	0	0	0	0	0	0	0	0
後期高齢者医療事業会計	0	0	0	0	0	0	0	0
(5) 公営企業会計の資金剰余額 (E)	0	0	0	0	0	0	0	0
市場事業会計	0	0	0	0	0	0	0	0
連結実質赤字額 (A+B+C)-(D+E) (F)	0	0	0	0	0	0	0	0
標準財政規模 (G)	4,109,676	4,094,631	4,100,892	4,064,432	4,045,817	3,783,268	3,713,227	3,629,027
連結実質赤字比率 F/G (%)	0.00	0.00	0.00	0.00	0.00	0.00	0.00	0.00

(単位:千円)

区　分	平成36年度(第16年度)	平成37年度(第17年度)	平成38年度(第18年度)	平成39年度(第19年度)	平成40年度(第20年度)	平成41年度(第21年度)
(1) 一般会計等の実質収支(A)	0	0	0	0	0	0
(2) (1)及び(3)以外の特別会計の実質赤字額(B)	0	0	0	0	0	0
国民健康保険事業会計　実質赤字額	0	0	0	0	0	0
(3) 公営企業会計の資金不足額(C)	0	0	0	0	0	0
水道事業会計(法適用企業)　資金不足額	0	0	0	0	0	0
下水道事業会計(法適用企業)　資金不足額	0	0	0	0	0	0
(4) (1)及び(3)以外の特別会計の実質黒字額(D)	0	0	0	0	0	0
老人保健医療事業会計	0	0	0	0	0	0
介護保険事業会計	0	0	0	0	0	0
後期高齢者医療事業会計	0	0	0	0	0	0
(5) 公営企業会計の資金剰余額(E)	0	0	0	0	0	0
市場事業会計	0	0	0	0	0	0
連結実質赤字額(F)(A+B+C)−(D+E)	0	0	0	0	0	0
標準財政規模(G)	3,560,701	3,521,033	3,483,283	3,446,077	3,409,399	3,373,243
連結実質赤字比率 F/G (%)	0.00	0.00	0.00	0.00	0.00	0.00

3 実質公債費比率

(単位：千円)

区　分	計画初年度の前年度 (平成20年度)	財政再生計画を策定した年度 (初年度)	平成22年度 (第2年度)	平成23年度 (第3年度)	平成24年度 (第4年度)	平成25年度 (第5年度)	平成26年度 (第6年度)	平成27年度 (第7年度)
(1) 地方債の元利償還金	2,058,218	1,598,684	2,434,176	2,157,566	2,109,985	4,094,953	4,066,164	3,851,190
(2) 準元利償還金	746,779	717,648	1,268,329	628,722	283,285	286,585	267,992	262,288
(3) 元利償還金又は準元利償還金に充てられる特定財源	498,151	415,494	497,652	433,883	405,706	379,584	378,328	309,206
(4) 算入公債及び算入準公債費の額	611,539	599,341	607,262	611,204	603,675	612,523	636,084	541,392
(5) 標準財政規模	4,576,329	4,687,507	5,088,032	4,803,701	4,740,426	4,673,838	4,520,298	4,377,461

(単位：％)

区　分	平成20年度	初年度	平成22年度	平成23年度	平成24年度	平成25年度	平成26年度	平成27年度
(6) 実質公債費比率(単年度)	42.8	31.8	58.0	41.5	33.5	83.5	85.5	85.1
(7) 実質公債費比率(3か年の平均)	42.1	36.9	44.1	43.7	44.3	52.8	67.4	84.6

(単位：千円)

区　分	平成28年度 (第8年度)	平成29年度 (第9年度)	平成30年度 (第10年度)	平成31年度 (第11年度)	平成32年度 (第12年度)	平成33年度 (第13年度)	平成34年度 (第14年度)	平成35年度 (第15年度)
(1) 地方債の元利償還金	3,809,356	3,381,749	3,420,452	3,380,335	3,338,440	3,305,589	3,204,064	3,120,461
(2) 準元利償還金	257,605	244,402	230,062	219,157	213,724	210,681	211,397	219,099
(3) 元利償還金又は準元利償還金に充てられる特定財源	300,158	288,678	287,294	280,806	248,917	223,092	180,325	172,291
(4) 算入公債及び算入準公債費の額	521,724	494,337	515,135	500,923	493,132	487,245	435,364	371,307
(5) 標準財政規模	4,109,676	4,094,631	4,100,892	4,064,432	4,045,817	3,783,268	3,713,227	3,629,027

(単位：％)

区　分	平成28年度	平成29年度	平成30年度	平成31年度	平成32年度	平成33年度	平成34年度	平成35年度
(6) 実質公債費比率(単年度)	90.4	79.0	79.4	79.1	79.1	85.1	85.4	85.8
(7) 実質公債費比率(3か年の平均)	86.9	84.8	82.9	79.1	79.1	81.1	83.2	85.4

(単位：千円)

区　分　　　　　年　度	平成36年度 (第16年度)	平成37年度 (第17年度)	平成38年度 (第18年度)	平成39年度 (第19年度)	平成40年度 (第20年度)	平成41年度 (第21年度)
(1) 地方債の元利償還金	3,058,825	3,010,769	2,986,028	352,344	333,224	269,352
(2) 準元利償還金	218,274	212,842	207,628	202,623	197,818	193,205
(3) 元利償還金又は準元利償還金に充てられる特定財源	141,319	112,001	105,616	100,693	95,963	95,449
(4) 算入公債費及び算入準公債費の額	319,695	280,195	242,000	211,588	182,956	141,951
(5) 標準財政規模	3,560,701	3,521,033	3,483,283	3,446,077	3,409,399	3,373,243

(単位：%)

(6) 実質公債費比率(単年度)	86.9	87.4	87.8	7.5	7.8	7.0
(7) 実質公債費比率 (3か年の平均)	86.0	86.6	87.3	60.8	34.3	7.4

4 将来負担比率

(単位:千円)

年度 区分	計画初年度の前年度 (平成20年度)	財政再生計画を策定した年度 (初年度)	平成22年度 (第2年度)	平成23年度 (第3年度)	平成24年度 (第4年度)	平成25年度 (第5年度)	平成26年度 (第6年度)	平成27年度 (第7年度)
(1) 一般会計等に係る地方債の現在高	13,270,250	45,100,848	44,790,212	44,143,924	44,641,034	42,076,958	39,483,630	36,588,459
(2) 債務負担行為に基づく支出予定額	5,151,858	4,299,046	2,847,857	2,076,963	1,661,577	1,246,191	830,805	415,419
(3) 一般会計等以外の特別会計に係る地方債の償還に充てるための一般会計等からの繰入れ見込額	1,839,546	1,751,979	1,632,454	1,526,016	1,453,911	1,389,970	1,338,013	1,234,135
(4) 組合又は地方開発事業団が起こした地方債の償還に係る地方公共団体の負担見込額	0	0	0	0	0	0	0	0
(5) 退職手当支給予定額に係る一般会計等負担見込額	695,505	589,372	898,591	992,673	1,053,360	1,118,792	1,204,833	1,189,982
(6) 設立法人の負債の額等に係る一般会計等負担見込額	1,627,314	1,222,561	893,825	805,972	324,443	0	0	0
(7) 連結実質赤字額	32,294,035	24,475	18,503	13,047	8,029	3,445	0	0
(8) 組合等の連結実質赤字額に係る一般会計等負担見込額	0	0	0	0	0	0	0	0
(9) 地方債の償還額等に充当可能な基金の残高の合計額	272,617	250,763	719,728	1,935,162	3,447,968	2,858,167	2,320,056	1,824,464
(10) 地方債の償還額等に充当可能な特定の歳入	3,005,074	2,665,238	2,369,589	2,331,484	2,285,641	2,263,301	2,239,014	2,310,706
(11) 地方債の償還等に基づく経費として基準財政需要額に算入されることが見込まれる額	5,449,187	5,338,142	5,646,758	5,517,292	5,820,614	5,638,139	5,414,301	4,954,165
(12) 標準財政規模	4,576,329	4,687,507	5,088,032	4,803,701	4,740,426	4,673,838	4,520,298	4,377,461
(13) 算入公債費及び算入準公債費の額	611,539	599,341	607,262	611,204	603,675	612,523	636,084	541,392

(単位:%)

(14) 将来負担比率	1,164.0	1,094.2	945.0	948.7	908.6	863.6	846.6	790.8

(単位：千円)

区分	平成28年度 (第8年度)	平成29年度 (第9年度)	平成30年度 (第10年度)	平成31年度 (第11年度)	平成32年度 (第12年度)	平成33年度 (第13年度)	平成34年度 (第14年度)	平成35年度 (第15年度)
(1) 一般会計等に係る地方債の現在高	33,423,389	30,629,437	27,743,280	24,827,305	21,901,834	18,946,102	16,039,411	13,164,519
(2) 債務負担行為に基づく支出予定額	0	0	0	0	0	0	0	0
(3) 一般会計等以外の特別会計に係る地方債の償還に充てるための一般会計等からの繰入見込額	1,134,535	1,049,813	974,025	896,394	820,287	753,669	844,147	851,473
(4) 組合又は地方開発事業団が起こした地方債の償還に係る地方公共団体の負担見込額	0	0	0	0	0	0	0	0
(5) 退職手当支給予定額に係る一般会計等負担見込額	1,202,531	1,196,703	1,253,356	1,264,019	1,298,406	1,162,742	1,186,219	1,173,360
(6) 設立法人の負債の額等に係る一般会計等負担見込額	0	0	0	0	0	0	0	0
(7) 連結実質赤字額	0	0	0	0	0	0	0	0
(8) 組合等の連結実質赤字額に係る一般会計等負担見込額	0	0	0	0	0	0	0	0
(9) 地方債の償還額等に充当可能な基金の残高の合計額	1,160,209	1,326,343	1,563,763	1,678,108	1,856,061	1,579,738	1,521,035	1,350,536
(10) 地方債の償還額等に充当可能な特定の歳入	2,126,940	1,947,789	1,761,994	1,574,208	1,409,353	1,261,662	1,167,565	1,063,039
(11) 地方債の償還等に要する経費として基準財政需要額に算入されることが見込まれる額	4,540,380	4,144,849	3,717,498	3,289,237	2,863,839	2,442,465	2,079,934	1,778,482
(12) 標準財政規模	4,109,676	4,094,631	4,100,892	4,064,432	4,045,817	3,783,268	3,713,227	3,629,027
(13) 算入公債費及び算入準公債費の額	521,724	494,337	515,135	500,923	493,132	487,245	435,364	371,307

(単位：％)

(14) 将来負担比率	778.5	707.0	639.4	573.7	503.5	472.6	405.7	337.5

(単位:千円)

区 分	平成26年度(第16年度)	平成27年度(第17年度)	平成28年度(第18年度)	平成29年度(第19年度)	平成30年度(第20年度)	平成31年度(第21年度)
(1) 一般会計等に係る地方債の現在高	10,299,607	7,431,411	4,536,327	4,234,536	3,946,570	3,717,557
(2) 債務負担行為に基づく支出予定額	0	0	0	0	0	0
(3) 一般会計以外の特別会計に係る地方債の償還に充てるための一般会計等からの繰入見込額	772,093	724,117	668,892	621,067	578,870	540,773
(4) 組合又は地方開発事業団が起こした地方債の償還に係る地方公共団体の負担見込額	0	0	0	0	0	0
(5) 退職手当支給予定額に係る一般会計等負担見込額	1,174,156	1,134,737	1,055,195	1,084,178	1,046,788	1,044,692
(6) 設立法人の負債の額等に係る一般会計等負担見込額	0	0	0	0	0	0
(7) 連結実質赤字額	0	0	0	0	0	0
(8) 組合等の連結実質赤字額に係る一般会計等負担見込額	0	0	0	0	0	0
(9) 地方債の償還額等に充当可能な基金の現在高の合計額	1,168,584	1,024,141	864,766	3,270,019	5,653,155	8,178,345
(10) 地方債の償還額等に充当可能な特定の歳入	969,665	902,618	833,750	764,769	699,408	633,380
(11) 地方債の償還等に要する経費として基準財政需要額に算入されることが見込まれる額	1,506,343	1,262,752	1,053,945	870,600	711,411	593,717
(12) 標準財政規模	3,560,701	3,521,033	3,483,283	3,446,077	3,409,399	3,373,243
(13) 算入公債費及び算入準公債費の額	319,695	280,195	242,000	211,588	182,956	141,951

(単位:%)

(14) 将来負担比率	265.3	188.2	108.2	31.9	―	―

第6 再生振替特例債の各年度ごとの償還額

借入額 32,199,000千円
利 率 17年償還（3年据置） 元利均等 1.80%

(単位：千円)

区　分	発行初年度 (平成21年度)	平成22年度 (第2年度)	平成23年度 (第3年度)	平成24年度 (第4年度)	平成25年度 (第5年度)	平成26年度 (第6年度)	平成27年度 (第7年度)	平成28年度 (第8年度)
前年度末償還元金	32,199,000 (32,199,000)	32,199,000	32,199,000	32,199,000	32,199,000	30,157,277	28,078,638	25,962,415
償還額	0	581,964	579,582	579,582	2,612,159	2,612,159	2,612,159	2,612,159
元　金	0	0	0	0	2,041,723	2,078,639	2,116,223	2,154,487
利　子	0	581,964	579,582	579,582	570,436	533,520	495,936	457,672
未償還元金	32,199,000	32,199,000	32,199,000	32,199,000	30,157,277	28,078,638	25,962,415	23,807,928

区　分	平成29年度 (第9年度)	平成30年度 (第10年度)	平成31年度 (第11年度)	平成32年度 (第12年度)	平成33年度 (第13年度)	平成34年度 (第14年度)	平成35年度 (第15年度)	平成36年度 (第16年度)
前年度末償還元金	23,807,928	21,614,486	19,381,384	17,107,906	14,793,321	12,436,886	10,037,844	7,595,425
償還額	2,612,159	2,612,159	2,612,159	2,612,159	2,612,159	2,612,159	2,612,159	2,612,159
元　金	2,193,442	2,233,102	2,273,478	2,314,585	2,356,435	2,399,042	2,442,419	2,486,580
利　子	418,717	379,057	338,681	297,574	255,724	213,117	169,740	125,579
未償還元金	21,614,486	19,381,384	17,107,906	14,793,321	12,436,886	10,037,844	7,595,425	5,108,845

区　分	平成37年度 (第17年度)	平成38年度 (第18年度)	平成39年度 (第19年度)	平成40年度 (第20年度)	平成41年度 (第21年度)			計
前年度末償還元金	5,108,845	2,577,305	0	0	0			
償還額	2,612,159	2,612,151	0	0	0			38,311,346
元　金	2,531,540	2,577,305	0	0	0			32,199,000
利　子	80,619	34,846	0	0	0			6,112,346
未償還元金	2,577,305	0	0	0	0			

第7 各年度ごとの健全化判断比率の見通し

(単位：%)

年度 健全化判断比率	計画初年度の前年度 (平成20年度)	財政再生計画を策定した年度 (初年度)	平成22年度 (第2年度)	平成23年度 (第3年度)	平成24年度 (第4年度)	平成25年度 (第5年度)	平成26年度 (第6年度)	平成27年度 (第7年度)
実質赤字比率	703.60 (15.00)	0.00 (15.00)	0.00	0.00	0.00	0.00	0.00	0.00
連結実質赤字比率	705.67 (20.00)	0.52 (20.00)	0.36	0.27	0.16	0.07	0.00	0.00
実質公債費比率	42.1 (25.0)	36.9 (25.0)	44.1	43.7	44.3	52.8	67.4	84.6
将来負担比率	1,164.0 (350.0)	1,094.2 (350.0)	945.0	948.7	908.6	863.6	846.6	790.8

年度 健全化判断比率	平成28年度 (第8年度)	平成29年度 (第9年度)	平成30年度 (第10年度)	平成31年度 (第11年度)	平成32年度 (第12年度)	平成33年度 (第13年度)	平成34年度 (第14年度)	平成35年度 (第15年度)
実質赤字比率	0.00	0.00	0.00	0.00	0.00	0.00	0.00	0.00
連結実質赤字比率	0.00	0.00	0.00	0.00	0.00	0.00	0.00	0.00
実質公債費比率	86.9	84.8	82.9	79.1	79.1	81.1	83.2	85.4
将来負担比率	778.5	707.0	639.4	573.7	503.5	472.6	405.7	337.5

年度 健全化判断比率	平成36年度 (第16年度)	平成37年度 (第17年度)	平成38年度 (第18年度)	平成39年度 (第19年度)	平成40年度 (第20年度)	平成41年度 (第21年度)
実質赤字比率	0.00	0.00	0.00	0.00	0.00	0.00
連結実質赤字比率	0.00	0.00	0.00	0.00	0.00	0.00
実質公債費比率	86.0	86.6	87.3	60.8	34.3	7.4
将来負担比率	265.3	188.2	108.2	31.9	―	―

資料　259

あとがき

　自治体財政健全化法の制度設計にあたり、当時、総務省自治財政局において、青木信之財務調査課長と並んで、公営企業課長として中心部分を担当した平嶋彰英氏は、自らの論文で次のように述べています。
　自治体財政健全化法では、貸し手である金融機関の責任は重い。地方自治体による財政指標の算定の適正さを担保するために、監査委員による監視責任を設けているが、不適切な財務報告にいち早く気が付くのは地方自治体の口座管理をしている指定金融機関である。指定金融機関が地方自治体の不適切決算に厳しい姿勢で臨めば、自治体財政健全化法の枠組みは確実に機能する。それが健全な地方債市場の維持につながり、金融機関にとってもメリットとなる。悪質な不適切決算に対して指定金融機関が告発する仕組みの導入など、自治体財政健全化法の運用改善は引き続き必要である（平嶋彰英「地方公共団体財政健全化法成立から三年を経て〜制度設計を振り返り、影響を検証する〜」『地方財政』2010年7月号）。
　同論文が述べているように、自治体財政健全化法では、資産や負債、あるいは赤字などを、正確かつ中立的に捕捉するかが生命線であって、そのために何か制度の不備があれば、今後も必要な見直しを実施しなければなりません。また、本書では、健全化判断比率等の正確な算定において、監査委員による監査の重要性を指摘しましたが、平嶋論文では、それを超えて金融機関による不適切決算等への告発制度を設けることをあげています。第二の夕張を防ぐためには、そのことも重要な選択肢です。
　一方、その夕張市は、なお、長く続く再建過程の途上にあります。筆者は、本書で紹介した夕張市の再生方策に関する検討委員会に加わり、再生計画の抜本見直しに関わりました。夕張市が、財政再建と地域再生のバランスを失うことなく、再建過程を無事終了することを強く祈念しています。第二の夕張は絶対に出現させてはなりません。そのことが本書を執筆した原点です。
　本書は2008年発刊の『自治体財政健全化法』（以下、「旧著」という。）を全面改訂しましたが、その編集作業を行いながら、法制定当時のこの法律

に対する注目度を思い返しました。同時に、現在、健全化判断比率が、制度発足時に比べて大きく改善されたことはよいに違いないですが、この制度への理解度が下がり、健全化判断比率の算定という単なる面倒なルーティンがそこにあるという状態になっていることに強い危機感を覚えました。

　かつて、制度が発足した当時、多くの財政課職員が、新しい法律の趣旨を懸命に勉強しました。しかし、いまは、その意味を深く突き詰めようとせず、ただ徒に算定作業をしているだけではないか。そうだとすれば、実に大きな問題です。旧著のあとがきには、「自治体財政健全化法は前向きで画期的な制度ですが、その施行によって、自治体の現場でこれまで顧みられなかったさまざまな点が掘り起こされ、よい面も悪い面も含めて実態を動かすことになると思います。それが後で振り返ってよかったといえるように、関係者の努力を強く期待します」と記していますが、現実にはそのような能動的で前向きの動きは乏しいといわざるを得ません。

　自治体財政健全化法は、危機管理の役割を負った大切な法律です。地方公会計や第三セクター等の改革、地方公営企業の改革とも大いに関連があります。そうしたことを踏まえて、自治体職員が本制度を学ぶ意義を再確認し、制度リテラシーを高めてほしいと思います。

　本書の改訂にあたって、総務省自治財政局財務調査課長である長谷川淳二氏と財政健全化専門官併課長補佐の脇本篤氏には、テクニカルな面で多くのサポートを受けました。厚く感謝申しあげます。

　学陽書房の編集者である川原正信氏からは、旧著の改訂の打診を受けましたが、いざ取りかかってみると、10年前の自分の未熟さに向き合わざるを得なくなりました。制度発足時の雰囲気はいまや薄れ、旧著の問題意識が、現在の読者に十分に伝わらないと判断し、全面的に書き直して新著としました。川原氏のご尽力によって新著の出版が許されることに心から謝意を申し述べます。

自治体財政健全化法の制定、運用、そして法制度の改訂に関わってこられた多くの関係者の努力に、本書を捧げます。また、筆者が所属する関西学院大学人間福祉学部ならびに大学院経済学研究科には、特別研究期間を許してもらい、十分な時間をいただいたことに感謝いたします。

　最後に私事ながら、筆者の研究に理解をしてくれる家族（貴子、紗起子、朝子）に謝意を伝えたい。

　　　　　　　　　2019年の小雨の夜　沖縄からの帰路の途上で

著者紹介

小西　砂千夫（こにし　さちお）

1960年　大阪市生まれ
1983年　関西学院大学経済学部卒業
1988年　関西学院大学大学院経済学研究科博士課程単位取得
1996年　関西学院大学大学院経済学研究科より博士号（経済学）
を取得。博士（経済学）
現在、関西学院大学大学院経済学研究科・人間福祉学部教授

主な著書

『地方財政改革の政治経済学』（有斐閣、2007年）
『公会計改革の財政学』（日本評論社、2012年）
『社会保障の財政学』（日本経済評論社、2016年）
『日本地方財政史』（有斐閣、2017年）
『新版　基本から学ぶ地方財政』（学陽書房、2018年）

自治体財政健全化法のしくみと運営
──制度の詳解と運用のポイントがわかる

2019年7月15日　初版発行

著　者　小西砂千夫（こにしさちお）
発行者　佐久間重嘉
発行所　学陽書房

〒102-0072　東京都千代田区飯田橋1-9-3
営業／電話　03-3261-1111　　FAX　03-5211-3300
編集／電話　03-3261-1112　　FAX　03-5211-3301
振替　00170-4-84240
http://www.gakuyo.co.jp

装幀／佐藤博　　DTP制作／みどり工芸社　　印刷・製本／三省堂印刷
© Sachio Konishi, 2019, Printed in Japan
ISBN 978-4-313-12123-2 C3033
＊乱丁・落丁本は、送料小社負担にてお取替えいたします。

JCOPY〈出版者著作権管理機構　委託出版物〉

本書の無断複製は著作権法上での例外を除き禁じられています。複製される場合は、そのつど事前に、出版者著作権管理機構（電話 03-5244-5088、FAX03-5244-5089、e-mail: info@jcopy.or.jp）の許諾を得てください。

◎好評既刊◎

制度と運営の実態を徹底的に解説し、自治体関係者の絶大な支持を得た解説書の最新版!

◎制度が複雑すぎて難しいと嘆く前に本書を読めば目から鱗が落ちる!
◎自治体財政健全化法・地方債・公営企業会計の見直し・地方公会計制度の統一などを新たに書き下ろし。
◎単純な財政用語の解説ではなく、地方財政の制度運営における基本的な論理を解説した入門書。
◎地方財政計画と地方交付税の関係などを中心に徹底的に解説し、交付税額の決定過程の誤解が解け、制度の真の姿が理解できる!

新版 基本から学ぶ地方財政

小西 砂千夫 [著]
Ａ５判ソフトカバー／本体2,600円＋税